生　长

汪桂琼　主编

光明日报出版社

图书在版编目（CIP）数据

生长 / 汪桂琼主编 . -- 北京 : 光明日报出版社，
2022.9

ISBN 978-7-5194-6706-7

Ⅰ . ①生… Ⅱ . ①汪… Ⅲ . ①中小学—师资培养②幼
教人员—师资培养 Ⅳ . ① G635.12 ② G615

中国版本图书馆 CIP 数据核字 (2022) 第 118887 号

生长
SHENGZHANG

主　　编：汪桂琼

责任编辑：许黛如　曲建文　　　　策　　划：余　鑫　丁　咚　张　华
封面设计：书点文化　　　　　　　责任校对：傅泉泽
责任印制：曹　净

出版发行：光明日报出版社
地　　址：北京市西城区永安路 106 号，100050
电　　话：010-63169890（咨询），010-63131930（邮购）
传　　真：010-63131930
网　　址：http://book.gmw.cn
E－mail：gmrbcbs@gmw.cn
法律顾问：北京市兰台律师事务所龚柳方律师

印　　刷：成都蓉军广告印务有限责任公司
装　　订：成都蓉军广告印务有限责任公司
本书如有破损、缺页、装订错误，请与本社联系调换，电话：010-63131930

开　　本：170mm×240mm
字　　数：345 千字　　　　　　　印　　张：22.5
版　　次：2022 年 9 月第 1 版　　印　　次：2022 年 9 月第 1 次印刷
书　　号：ISBN 978-7-5194-6706-7

定　　价：92.00 元

编委会

名师工作室的价值与使命

序

    教师是教育事业的第一资源，高质量的基础教育需要高素质的师资队伍。因此，培养和造就千千万万的高素质教师，是我国当前及今后较长时期教师教育的重要任务。《生长——名师工作室建设的四川样本》一书，是四川省培养和造就高素质教师的人才培养工程的成果集成。愿如书名，笔者期待通过外推性的组织与制度形态衍生出教师专业成长的团队内驱，实现教师教育生活与生命昂扬拔节生长的状态。该书阐述了四川名师、名校长工作室建设的理论基础及工作室机制建设经验，遴选了 38 个名师、名校长工作室建设典型案例，分享了数十位工作室成员的成长经验，对教师教育工作或名师工作室建设，都有一定的借鉴和启示意义。

一、名师工作室的功能及价值

    名师工作室是以教师专业发展为目标，以推动教师群体成为名师的一种教师教育组织形式。名师工作室通常以名师、名校长，即特级教师、特级校长、全国优秀班主任等领衔，选拔或招募一定数量的中青年骨干教师组成小型组织，通过名师引领、团队合作、资源共享、优势互补，达到全员提高的目的。从学术研究的角度讲，名师工作室应承担示范、引领、辐射等任务。

（1）示范，即表率、做榜样。名师应该有较高的道德感召力和行为示范效应。表现在名师应具有坚定的职业理想和强烈的敬业精神。既有很高的学识水平，又有很好的个人修养。名师专业水平高，又有优良的个性品质。名师应该谦逊和蔼、热情亲切、淡泊名利，为他人树立榜样。名师出高徒，名师应该成为工作室成员的道德楷模、专业发展的榜样、教学艺术的示范。示范是最有效的教学方法，在名师工作室里，名师对教师现身说法，言传身教，才能使教师受益更多、成长更快。因此，名师工作室要通过多种平台对骨干教师、青年教师进行道德示范、教学示范、科研示范、课题示范、人格示范等，通过网络平台、送教下乡、示范教学、传帮结对、讲座论坛等多种形式的活动做出示范。通过结对交流的传帮带活动，影响一批教师逐渐成为本地区课程改革的骨干。

（2）引领，即带领、引导。通常指由具备某方面先进专业理论知识、专业技能的专家或专家型人才，对该领域的专业人员进行思想启迪、理论指导、技能演示、方法传递，从而达到全员提高、行业发展的目的。因此，名师工作室的引领是专业引领。专业引领表现在教育思想是否科学，教育理论是否自洽，教师实践是否有效。所以，专业引领决定着名师工作室的先进性、学术性与学科品质。对于中小学名师工作室来说，名师不仅要有高尚的师德、良好的个性品质，还要具备先进的教育理念、扎实的专业素养、丰富的实践经验、高超的教学水平、精湛的教学艺术、自觉的反思行为和强烈的研究意识。名师工作室要传承优良师德师风，传播先进的教育理念、最新的学科前沿理论、切磋教育教学技术，帮助骨干教师、青年教师提高专业素养、提炼自身的教学特色，形成独特的教学风格。

（3）辐射，即由一个中心向各个方向直接伸展出去，这是辐射的本义。这里的辐射，是指将已获得的某种成果或某个先进理念，推广至某个领域的特定对象或对其产生一定的积极影响。名师工作室的辐射作用，是指将先进的教育理念、先进的教育教学模式、教学策略、教学方法和教学艺术以及教育科研成果，通过名师工作室及其成员的示范、引领活动，向邻近区域的专业学科及相关学科的教师推广、延伸、扩散，从而影响一批教师，带动一个教师群体共同追求专业发展。所以，示范、引领和辐射是名师工作室的基本功能和使命。从宏观层面来说，名师工作室既可以促进名师的进步和发展，又可以促进骨干教师的成长，从而加快建设一支高素质、高水平的教师队伍，促进学校教育教学改革，提升教育质量，这是名师工作室设计的初衷。

二、名师工作室的迭代更新与价值提升

教师的成长一般沿着入职教师、合格教师、骨干教师、卓越教师、专家型教师的路径向前发展。由于多种原因，部分教师发展到一定阶段，产生高原现象和职业倦怠后，就停止了继续向前发展，这种状况是中小学教育都面临的现实问题。

名师工作室这一新生事物自 2000 年在上海出现以来，开辟了一条教师专业发展的新路径。20 多年来，名师工作室已被推广到全国 28 个省及直辖市，人们对名师工作室的功能与价值有多种多样的解读：名师工作室是教师专业发展的学习型组织，是专业学习共同体，是教师团队学习的课堂；名师工作室是教学思想的集成库，是教学资源的汇聚地，是教学艺术的交流场；名师工作室更是团队合作攻关的场所，是教学改革的试验田，是优秀教师德才识能的展示舞台，是名师、名校长训练营。

这些功能的发挥因各个工作室的特殊情况而有所不同，但都有力地推动了教师的专业成长，提升了教师的专业素质，提高了教育质量，助推了当地教育的发展，因此名师工作室这种研修组织能够扩散开来。以四川为例，四川省构建了"1+10+5"的工作室链条式人员架构，即每个工作室以 1 位领衔人指导 10 位成员，每位成员带领 5 位学员。这种设计意在形成省、市、区、县多级组织管理层级，强化学科专业的示范、引领、辐射，发挥教师培养的级层效应，科学推动不同地区、不同层级、不同学科的教师专业发展。

2018 年 10 月以来，四川名师工作室成员强化了学习和锻炼，教师素质和教学水平得到了提高，高素质教师群体不断壮大，参与者得到更快的专业成长。不少名师工作室取得了丰硕的研修及科研成果，在全省产生了强大的区域影响力和带动力。

但首届省级名师工作室作为借鉴引进、创新推广的教师教育新模式，许多措施和方法都处于探索试验阶段，加上时间紧，名师工作室的建设机制、运行机制、管理机制和保障机制都不是很完善，高质量、学术性强的优秀成果尤待提炼。因此，以后的名师工作室要分析前代工作室的经验、教训，做好名师工作室运行机制的迭代更新、经验和成果的迭代更新、功能和价值的迭代更新。

三、名师工作室的未来发展

四川省首届名师工作室3年的实践探索，给我们提供了多方面的启示。名师工作室未来发展，应继续强化和深化"六个一"目标：

第一，培养一个专家。

杰出人物的领导作用不可忽视。《四川省中小学省级名师、名校长工作室建设实施办法（试行）》明确定位名师、名校长工作室领衔人属于"关键少数"，要求相关部门完善中小学教师、校长队伍建设工作机制，建立规范化、制度化、常态化的专业发展支持体系，充分发挥"关键少数"的示范、引领、辐射作用，全面推进四川新时代教师队伍建设。这些"关键少数"，必须是杰出的专业工作者，是未来教育家。所以，希望每一个名师工作室领衔人，通过三年的群体专业研修，成为理论水平高、实践经验丰富、教学技艺精湛的教育专家。

第二，带动一门学科。

学科是知识的最重要的组织方式，通过学科的组织方式，人类的知识得到有规律、有系统、有效率的组织和传输。

正因为如此，人类的知识大多是按照学科的方式组织起来。学校教育的一项重要任务是传递通过其他社会活动难以传递的知识，促进人的身心的发展。名师工作室应站在学科发展的前沿，通过不同的形式，有计划、有步骤地学习本学科的最新研究成果，掌握研究动态，引领教师关注学科的发展现状和未来发展趋势，推动学科教育与时俱进。

第三，引领一个团队。

名师工作室应做好课堂研究、课程研究、课题研究，即"三课"研究。"三课"是学校发展的源动力，是教师专业成长的关键，是引领名师工作室专业发展的抓手。名师工作室应引领骨干教师通过课堂研究，把握学科教学规律，教书育人，让学科教育发挥更好的作用。

通过课程研究，深刻认识学校课程的功能和价值，推进新课程改革，课程内容更符合学习者和社会的发展需要；通过课题研究，总结教学实践、反思教学行为，推动课程教学改革，推广教育科研及教学成果，从而引领工作室团队成员的专业成长、群体成才。

第四，结出一批成果。

这里的"成果"主要包括教学成果和教育科研成果。教学成果是在一定的教育理论指导下，经过长期的实践探索形成的反映教育教学规律，对提高教育质量、实现培养目标产生明显效果的教育教学方案。教育科研成果作为教师、校长、教育行政管理人员对教育问题进行科学实验或理性思考后的创造性成果，通常以论文、科研报告、实验报告、专著等形式表现出来。

教学成果如何，需要理论性、实践性和实施成效来检验。而教育科研成果如何则需要通过其针对性、科学性、创新性和可行性加以认定。作为省级名师工作室，无论获得的是教学成果，还是教育科研成果，都应代表省级的最高水平。只有这样，才能发挥省级名师工作室成果导向的引领作用。

第五，建设一批资源。

教师是重要的课程资源，这是新课程改革确立的一个重要的课程理念，彰显了教师在课程教学中的重要地位。名师工作室是优秀教师群体，理应成为优秀课程资源的汇聚地。四川省名师工作室每3年一届，根据名师工作室3年的时效性，每一位名师都可以在这段时间内，把自己最富有教育智慧的课程开发内容、学科教学设计、课堂教学精彩片段、生动的教学案例、富有启发的作业设计等教学成果整理出来，形成一批慕课资源。

名校长工作室可以在学校发展规划、课程建设、学校文化建设、教师专业发展等方面进行总结提炼，形成一批课程资源；名师工作室可以进行联合攻关，形成小学段、初中段、高中段全学段、全学科的名师教学视频课程；

名师工作室还可以根据学科课程与教学特点，推动信息技术与教育教学的深度融合，进行数字资源建设与开发，为全省优质数字教育资源建设做出示范，为全省中小学师生提供丰富的、多种风格的、高质量的数字教学资源。

第六，辐射一个区域。

英国教师专业标准认定"高级技能教师"，即人们所说的"专家型教师"，最关键的一条标准是"将自己的影响力扩大到校外"。这里的影响力，本质上说，就是该教师的教学实践发生的辐射作用。教师的辐射作用越大、越宽，影响力就越大，其教育贡献就越多。所以，希望名师工作室各位成员积极开展团队研修，努力通过送教下乡、送培到校、教育扶贫、薄弱学校帮扶等教育活动扩大自己的影响力。通过学术讲座、示范课、观课议课、同课异构、评课变课等教学活动，将先进的教育理念、智慧的教学策略、高效的教学模式、创新的教学方法和精湛的教学艺术，辐射到一个区域又一个区域，推动一个区域又一个区域的教师专业成长。

教育的意义在于发现人的价值，发掘人的潜能，发展人的个性，发挥人的力量。名师工作室的研修活动，也是深度寻找教育意义的过程。祝愿每一位名师工作室成员，都找到教育对自身的意义。

汪桂琼　陈元辉

目　录

第一篇　理论与机制建设

第二篇　工作室建设典型案例

第三篇　成员（学员）成长故事

第一篇

理论与机制建设

名师、名校长工作室产生背景及职能发挥

——在全省名师、名校长工作室领衔人培训班上的讲话

四川省委教育工委　　刘立云

伴随着《中共中央　国务院关于全面深化新时代教师队伍建设改革的意见》及四川省教师队伍建设改革意见的出台，四川省名师、名校长工作室应运而生，这标志着四川省以名师、名校长工作室为阵地，以教育领军人物为标杆，助推教师专业成长迈出了坚实的步伐。

一、四川省组建名师、名校长工作室的背景意义

（一）组建名师、名校长工作室是新时代教师队伍建设迫切需要

党的十九大报告明确提出，"建设教育强国是中华民族伟大复兴的基础工程"。《中共中央　国务院关于全面深化新时代教师队伍建设改革的意见》进一步指出，"全面提高中小学教师质量，建设一支高素质专业化的教师队伍"，"加强中小学校长队伍建设，努力造就一支政治过硬、品德高尚、业务精湛、治校有方的校长队伍"。习近平总书记在全国教育大会上再次指出，建设社会主义现代化强国，对教师队伍建设提出新的更高要求，要坚持将教师队伍建设作为基础工作，这为教师的工作指明了前行方向。建设教育强省是四川教育人正在努力追求的目标，培养一支高素质、专业化的教师队伍，是义不容辞的历史使命。

（二）组建名师、名校长工作室是我国基础教育发展经验的总结

2000 年，上海发布《中共卢湾区教育局委员会卢湾区教育局关于建立"名师、名校长工作室"的通知》，标志着我国教育系统"名师工作室"开辟出了一条教师专业成长的新路径。出现了江苏南通、泰州，安徽亳州，福建泉州、三明等名师工作室建设卓有成效的三大区域，涌现了一大批全国影响较大的名师工作室。2016 年 8 月，全国名师工作室发展联盟在南京成立。"中国名师工作室发展指数项目组"历经 2 年时间，对 28 个省份名师、名校长工作室的建设情况用大数据进行采样分析发现，江苏、浙江、上海等省（市）的名师工作室发展水平都走在全国前列，这与 3 个省（市）基础教育发展程度一直位居全国前列是相一致的。实践证明，名师、名校长工作室有力地提升了教师专业水平，有力地助推了当地教育的发展。

（三）组建名师、名校长工作室是基于四川省教育发展现状的充分考量

2012 年至 2017 年，成都市首批名师、名校长工作室圆满结束，出现了一批在四川、西部，乃至全国都很有名的"蓉派名师"。成都组建了 80 个名师工作室和 20 个名校（园）长工作室，各地也有"国培计划"层面的名师、名校长工作室，但缺少了省级层面的顶层设计、制度保障和高位运行。四川省教育规模位列全国第四，但"大而不强"问题比较突出。成都平原教育可与东部发达地区比肩，盆周贫困山区教育则相对滞后，3 个民族自治州教育更加滞后。截至 2018 年 10 月，四川省 165 个县（市、区）通过了国家督导评估认定，按规划实现了全省县域义务教育均衡发展目标。在县域义务教育均衡发展工作接近尾声之际，全省义务教育学校的办学条件得到极大提升，学校与学校之间的硬件设施差异得以极大缩小。今后区域、校际的差距将更多地体现在教师专业发展水平的差距上。基于这个背景，在全省教师培训经费较为紧张的现实条件下，2018 年 7 月 31 日，四川省印发《四川省中小学省级名师名校长工作室建设实施办法（试行）》，目的是完善四川省中小学教师、校长队伍建设的工作机制，建立规范化、制度化、常态化的专业发展支持体系。充分发挥"关键的少数"的示范、引领、辐射作用，全面推进四川新时代教师队伍建设。

二、四川省名师工作室和领衔人的职能定位

从教师专业成长来看，教师的成长是呈阶梯形的，沿着入职教师、合格教师、成熟教师、骨干教师、卓越教师、专家型教师（教育家）的路子不断前进。名师、名校长工作室旨在集全省这批卓越师资队伍，引领骨干教师向卓越教师发展，催生领衔人向未来教育家迈进。将工作室建设成四川省培养未来教育家的平台、创新教师教育的平台、攻坚教育教学改革难题的平台和提炼推广教育教学改革成果的平台是我们的期望。因此，名师、名校长既是荣誉，更是责任。希望大家能够认真履职，做好四川省新时代教师专业发展的领航人，带动一批业务骨干更好地发展成长，为四川省教师专业发展播下希望的种子。在此，结合各位的职责，我也想对大家提几点要求：

一是致力于教育科研。名师、名校长要从微观及实践层面，坚持科研课题引领、研究推动，围绕当前四川省教育体制机制改革的关键问题、围绕四川省教师队伍建设的长效机制、围绕本学科（领域）教育教学（教育管理）当中的重难点等开展课题研究，主动承担教育教学改革与管理的攻坚任务，不断建言献策，形成一批对四川省教育教学或教育管理改革具有引领作用的高水平研究成果。

二是致力于教师培训培养。致力于教师、校长的培训、培养，是四川省设立名师工作室的首要目的。各位工作室领衔人及成员要积极开展团队研修、送教下乡、送培到校、教育扶贫、对薄弱区域（学校）开展支持帮扶等研训活动，努力形成"培养一个，带动一批，辐射一片"这个根本目标，激发四川省教师专业发展的内生动力。

三是致力于优质资源开发。教师培训培养中存在一个亟待解决的问题——优质的教师培训培养资源缺乏。表现在培训课程、培训教材等培训载体的研发不足。希望各名师工作室在学科教学设计、课堂教学视频、教学案例、创新性作业与评价等课程资源的开发上多做努力；名校长工作室在学校发展规划、课程建设、学校文化建设、教师专业发展等方面多进行总结提炼。

四是致力于带动学科（领域）发展。名师、名校长工作室的根本任务应是带动所在区域的学科（领域）的发展，服务所在地方的教育教学改革。因此，名师工作室团队应主动承担地方组织的示范课、研究课等公开教学任务，名校长工作室团队应主动开展学校特色、品牌创建活动，不断提升学科素养和专业能力。

三、做好名师、名校长工作室的保障工作

今天与会的还有省教师培训项目办负责同志、各市州师培工作负责人及领衔人所在区县教育行政部门的同志。各位更要充分认识全省首批名师、名校长工作室建设的重要意义，努力创造适合工作室发展的环境及条件，在促进名师、名校长领航人功能发挥上提供有力支持。具体而言要做好以下几个方面的工作：

一是加强管理。省教师培训项目办公室要加强工作室的过程管理及年度考核指标制订、考核评估等工作，做好评估监督的角色。工作室所在地方教育行政部门和单位要加强对工作室的管理和指导，根据《四川省中小学省级名师名校长工作室建设实施办法（试行）》制订和完善工作室管理细则，建立激励机制，提供必要支持与条件保障；要积极搭建平台，主动对接工作室开展各类活动，不断提升本地教师、校长队伍的专业能力。

二是保障经费。除了省级教师培训专项资金安排每个工作室 10 万元建设补助经费外，鼓励有条件的地区，根据建设需要对工作室给予经费支持，并纳入当地相关人才支持计划。同时，要在符合规定的前提下，给予工作室成员更多经费使用的便利，让他们从烦琐的财务报销制度中解放出来，更多地投入专业发展及教师培训培养工作中。

三是做好服务。领衔人所在单位须做好工作室职能发挥的服务工作，提供独立的工作场所并配备必要的办公设施设备；领衔人和成员所在单位要合理安排其工作任务，并将其参与工作室活动的工作量纳入教育教学或管理工作量，使他们有更多的时间来做好工作室的规划、成员的培养，服务好区域教育发展。

各位同仁，"国之将兴，必贵师而重傅"，教育兴则国兴，教师强则教育强。基于"专业学习共同体"的名师、名校长工作室是推进四川省教育优质发展、均衡发展下的新创举，直接关系到教师队伍的建设和优质教育资源的普及，全省名师、名校长及教师教育、管理工作者们要共同努力，深化合作，积极探索领军人才培养的有效模式，做好、做强四川省教师教育事业，助力四川省教师队伍建设，为建设四川教育强省的目标而奋斗。

名师工作室建设的理性思考与实践反思

——基于四川省名师工作室的实践探索与思考

四川省教育科学研究院　　汪桂琼

名师工作室即以名师领衔、推动教师团体成为名师的一种教师教育新范式。自 2000 年在上海卢湾区诞生以来，在 20 多年的发展进程中，研修形式不断丰富，作用功能不断强大，成效影响不断提升，已逐渐成为培育和造就优秀教师的重要方式。

一、名师工作室建设的价值认知

（一）名师工作室的本质是一种师培新模式

名师，一定是在教育领域某个区域或范围内享有一定知名度和影响力的教师。这样的教师既有先进的教育教学理念，更有高超的实践能力。重要的是，他们在教师职后培训中有着不可替代的优势。正如顾泠沅所言，一是他们具有从初入职到逐渐积累经验，再到成为专家教师的全程经历，无论是面对哪一个阶段的教师，他们都能以身说法。二是他们或在学科教学，或在学生工作，甚至在学校管理方面有过硬的功力，有"独门绝活"。三是他们一般善于以例说事，不仅能隐喻深远，而且与教师的话语体系天然融合。充分发挥名师的这种优势作用，建立以工作室为载体，用行政保障、组织助力的方式，围绕促进教师专业成长的目标开展系统性的研学、研培、研用一体的教育教学活动，相较于传统的培训模式更为贴近一线，更加具备针对性和实效性。这正是新时期教师培训降低重心、阵地前移的新方式。

（二）名师工作室的特点是集群成长

工作室的核心目标就是实现教师集体成长，这种集体成长是在满足工作室成员个体需求基础上的个性成长与共性发展。一方面，工作室领衔人的指导引领需建立在深入调查，充分了解成员不同年龄、不同际遇、不同工作岗位、不同发展速度等基础上的不同专业发展需求，实施分类指导，个性服务；另一方面，领衔人需要结合自身专业发展优势与特长，依靠自身强大的学术和人格魅力，凝聚共识，建立共同愿景，形成合力，抱团发展，集群共生。从"我"到"我们"，构筑教师专业成长的共同体，最终形成群英汇聚、智慧共享的教师"共生体"。

（三）名师工作室的高阶发展是品牌品质

事实上，名师们最易在"功成名就"后由于发展通道的"窄化"和天然的"惰性"等原因处于专业发展"高原期"，停滞不前。来自工作室内外的专业能力、人格情怀的考验与挑战，必将成为名师再发展与提高的内动力与新引擎。因此，每个工作室领衔人立足自身教育教学实践成果基础上，形成鲜明的个性特色，独特的教学主张、研修方式与教科研成果是铸就工作室品质特色的关键因素。工作室自然成为培育名师和自我提升的双重载体。只有这样，工作室才能在不同区域产生学术影响力和带动区域内学校、学科的发展力和教师追随力，形成以点连线、以线带面的区域整体辐射效应。四川小学语文冯学敏工作室提出的大美语文教学主张，从教学理念、课堂教学实践路径与评价标准到课程资源研发，在四川各市州产生了强大区域影响力和带动力，形成属于冯学敏工作室独特的品质特色。

二、名师工作室的运行机制

（一）工作室的组建模型

工作室的组建一般由工作室领衔人（也有称主持人或导师的，下同）和成员（或学员，下同）两部分人员组成。领衔人和成员根据遴选要求，按照本人自愿、逐级推荐、组织遴选等方式确定。工作室管理现有模式通常为教育行政部门主管、教科研机构或高校主牵、导师团主导、成员主体的"四主"

格局，形成行政与学术各司其职、管办分离、内外结合机制。教育行政主要在工作室目标定位、制度建设、经费供给等方面出台政策规定和制度保障；教科研机构或高校重点在工作室具体运行过程中的服务支持、监管考核等业务性工作的具体执行；导师团主导是指各个工作室建设的专业性指导，如教学主张凝练、科研成果提取、工作室文化锻造等；成员主体是指在工作室丰富多彩的研修活动中，工作室成员要以主人翁姿态自主投入，积极参与，这就需要工作室内部机制的建立与运行，如工作室内部的成员考核评等，实现工作室内外机制的创新融合。

（二）工作室的目标设计

2018年9月10日，四川省委、省政府颁发《关于全面深化新时代教师队伍建设改革的实施意见》，意见明确指出：实施名师、名校长培养计划，建设一批"名师、名校长工作室"，充分发挥传帮带作用，壮大中小学骨干教师和领军人才队伍。由此可见，工作室主要职责是造就和培育优秀的教师队伍。事实上，工作室聚集的是德才兼备的领衔人【各地遴选出的正高职称、特级教师或在某学科（领域）中有极高造诣的教育领军人才】和追求上进的骨干教师，是一群优秀的教师群体，因此各地工作室还肩负着引领区域教育教学改革、针对区域教育重难点问题克难攻坚、组织教师进行系列研训活动、开展区域性的扶贫支教、组织开发优质课程资源、带动某学科（领域）的发展等重大任务。四川名师工作室建设围绕"培养一个专家，带动一门学科（领域）、引领一个团队、结出一批成果、建设一批资源、辐射一个区域"的六个一目标，出台专项文件，要求每个工作室结合学科优势，推动信息技术与教育教学的深度融合，进行全学段、全学科的名师优质课程数字资源建设与开发，为全省优质数字教育资源建设与应用做出示范，以任务驱动形成四川名师工作室特有品质特征。

（三）工作室运行的支持系统

工作室的建设离不开规范、合理的学习、研讨、考核、经费保障等制度的制定与执行，更离不开强有力的硬件与软件支持。一是智力支撑。由教育行政遴选组建本土强大的导师团进行业务专项培育指导，同时依托高校或教科研机构的教育教学专家指导引领工作室建设的智力支持。二是平台支撑。搭建常态化的工作室成果推广、学术交流的平台。四川出台专项名师课题，借助省级刊物《四川教育》《教育科学论坛》等开辟工作室专栏，定期推出工作室研究成果。建设专项工作室网站，要求每个工作室设立微信公众号，展示宣传工作室科研成果，开展每年一期的工作室学术论坛，为工作室搭建学术交流平台。三是空间支撑。主要体现在工作室内部研修形式与内容上的充分自主与工作室之间通过活动共建、互动交流、联手打造、资源共享和网上拓展等方式，充分放权领衔人，聚焦工作室各自的研究方向，统整工作室成员力量，由零散到系统，由浅表到深层，深度共研，带动区域学科建设与品质铸就。

三、名师工作室多形态的研修模式

名师工作室虽有行政保驾护航、组织助力支持，但实际上是非行政性研修团队，主要依靠领衔人学术与人格魅力驱动。要使工作室形成良性持续的研修动力，研修活动既要立足工作室内部"常态化、系列化和多样化"的研修方式，也要形成工作室与区域、工作室之间的纵横联动研修模式。

一是课题研讨式。这种模式把名师工作室定位为一个研究所，集智聚力，克难攻坚，服务地方教育教学质量的提升。工作室围绕领研课题，带领工作室成员开展序列实践探索，提升成员的教育教学实践与教育科研能力，产出科研成果，服务基础教育质量提升。一般方式为工作室将研究课题划分为若干子课题，根据成员需求与优势进行认领，以集中学习、研讨和返岗自主实践、研修方式为主。在自主序列研究过程中，需要导师团队全程指导，不断提升课题研究过程中的理论深度与实践效度。

二是主题系列式。这种模式一般应用于工作室领衔人已有较为成熟的教学主张或教育教学成果，需要组织成员共同深入研讨与全面推广组织的系列活动。如名师何立新工作室围绕"群文阅读"教学主张开展的"系列阅读、系列沙龙、系列展课、系列研讨、系列写作"等主题活动，通过每个成员的积极参与和带动去"影响一群人，推动一所学校，形成一种风格"。

三是任务驱动式。这种模式往往把工作室定位为一个生产基地或加工厂，以具体的任务推动工作室所有的研修活动。如四川名师工作室以重点研制本学科（领域）系统化的数字课程资源为任务驱动，每个工作室结合学段学科特点，分析研读教材、结合教学重难点知识设计教学重点环节、开发教学资源、研制微课堂教学视频录制，生成整个基础教育序列化、体系化、优质化数字教学资源，提升全省教育资源服务供给能力。

四是送教帮扶式。送教帮扶既是工作室的责任，也是工作室常态化的研修模式。通过工作室送教下乡、送培到校、进校诊断和对薄弱区域（学校）开展支持帮扶等研训活动，充分发挥工作室的示范、引领、辐射作用，促进教育优质、均衡发展。四川名师工作室以制度保障工作室研训活动每年不少于2次以上，以民族地区为辐射地，针对性开展覆盖民族地区乡村教师发展需求的学术研讨和教学实践指导活动。

五是多元联动式。这种模式在于工作室不局限于内部的研修，而在于工作室与外部力量的整合，开阔工作室研修的视野与理论深度。主要体现在以下方面：第一，工作室之间的联动，如工作室的纵向贯通（国、省、市、县、校几级工作室）、力量整合，不同区域之间（含省内外）同学科工作室联动或同一学科不同学段工作室之间的联动研修。这种研修模式在于开阔工作室视野，形成工作室学科系统思维。第二，工作室与高校、教科研机构的联盟研修，这种模式在于充分借助高校或教科研机构教育专家加强对工作室研修的理论提升和思想引领。第三，工作室与其他学术机构联合，如教育学会与工作室联盟搭建展示与交流的平台等。

四、名师工作室建设的问题与发展建议

（一）工作室定位不明确和专业引领不够

各地工作室如雨后春笋般涌现，但各级工作室在价值取向、目标定位等方面较为模糊，特别是国、省、市、县、校各级工作室之间交织重复，定位不清。各地工作室建设也存在盲目跟风现象，未能充分和区域教育与教师专

业发展实际匹配，领衔人专业引领、示范与辐射作用发挥不够。如某些工作室集省、市、县三级工作室于一体，工作室领衔人在如何统合资源、兼顾学员层次、分层分类指导研修等方面思考不清。同时，由于很多地区工作室领衔人队伍并非是通过系统培训、培养和考核组建的，仅通过一定条件在现有名师队伍中直接遴选命名，导致工作室领衔人在专业指导、研修方式、工作室内涵建设等方面出现较大差异，甚至个别工作室领衔人将此作为名誉，在对工作室的态度、意识和能力等方面存在一些问题。

（二）工作室建设区域和学科发展不平衡

由于师培观念、经费与教育教学现状等相关因素影响，工作室建设存在区域与学科发展不均的情况。四川 78 个省级名师工作室中，教育发达的成都地区占比近半，甘孜、阿坝和凉山等民族地区省级工作室为数甚少。同时，各市州、区县在工作室建设的数量和质量方面也存在较大差距。相较于语文、数学等主学科而言，心理健康、劳动教育、音乐、美术、体育等紧缺学科工作室建设相对薄弱。由于学科性质、教师数量与结构分布等的不同，也影响不同学科、区域工作室研修活动的丰富性和多元性，致使工作室研修活动不平衡。

（三）工作室建设的根基不够稳固

工作室是一个区域教师队伍建设的重要举措，需要长效机制保障良性运行与发展。事实上，各地工作室建设缺乏长期规划，缺乏缓解工学矛盾的制度保障和行政举措。多数工作室成为领衔人与成员本职工作之外的"义务劳动"或"公益活动"。领衔人及成员所在单位在场地、时间、经费等方面缺乏有力支持，工作室缺乏智力支持，领衔人专业发展受限，工作室建设发展后劲和持续性不足。

（四）工作室建设的制度不够成熟

各地虽然出台了工作室建设管理办法，对工作室的职责任务、组织管理、条件保障、绩效评价、监督检查等有了明确规定，但在工作室章程制订、发展规划、活动特色、课题研究、文化建设等方面，缺乏专业引领的制度或方案设计。特别是如何针对工作室建设做增值性、发展性、综合性评价等方面极为欠缺，对工作室之间如何协同、成员之间如何合作等指导性意见不够。

针对工作室建设的现状与问题，工作室发展建议如下：

一是结合区域需求，明确工作室建设目标。工作室建设目标要与本地区域教育发展与教师实际结合，充分发挥工作室的专业引领作用，服务地方教育发展。以四川名师工作室为例。四川基础教育呈现的成都教育的高峰与凉山等民族地区教育的洼地泾渭分明。名师工作室建设需要结合四川乡村振兴计划，造峰填谷，促进教育优质均衡发展。名师工作室的重要目标是研发优质课程数字资源，强化辐射民族地区教育的"三个课堂"建设。同时，每个工作室遴选2名民族地区教师，每年不低于2次深入民族地区学校送教送培的研修活动，以强化工作室的辐射引领与示范作用发挥。

二是强化组织保障，规范工作室发展路径。由于工作室建设具有级层性和学科（领域）特性，需要对不同层级工作室建设准确定位，避免各级工作室的重复交叉。四川省为规范各级工作室的准确定位与功能发挥，建立了由校级工作室领衔人逐级晋升的工作室建设体系（如下图所示），即工作室周期结束后考核优秀的校级工作室领衔人方可晋升县级工作室领衔人，以此类推。

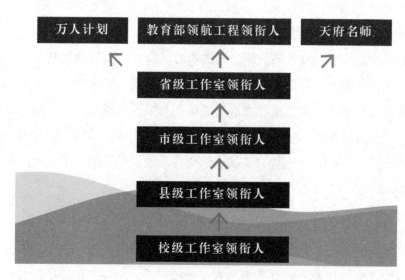

四川名师工作室建设体系

同时，还需规范工作室人员的组织架构和强化工作室的级层效应。四川省构建了"1+10+5"的工作室链条式人员架构，即每个工作室以1位领衔人指导10位成员，每位成员带领5位学员组成。只有落实各级组织管理功能，才能强化每个学科（领域）直接辐射引领不同地区、不同层级的教师专业发展，真正发挥人才培养的级层效应。

三是夯实专业指导，牢固工作室建设根基。各工作室领衔人在教育科研、师德修养、人格魅力与教育情怀等方面有着共性特质，但在学科（领域）特性上差异较大，需要进一步配置精深学科（领域）专业与理论高度的导师团队，强化工作室在课程建设、课题研究等方面的深入与专业指导，凝练提升工作室教育思想与教学主张，树立工作室品质品牌。将信息化与教育教学深度融合，进一步开阔视野，跨学科、跨区域、跨界建设工作室，丰富工作室研修活动，开展系列读书讲书、会课辩课、演讲演教、研学研修、送教支教、交流研讨、写书著述等活动，夯实专业指导，牢固工作室建设根基。

四是完善机制建设，提升工作室发展后劲。避免工作室重建轻管，促进工作室发展后劲有力。需进一步完善工作室规划机制、管理机制和考核机制。特别是完善过程管理与成果展评。可视化、可量化的任务驱动管理是最有效的方式。如以一次优质展示课、一次聚焦主题的学术报告（支教活动、演讲、访谈、成果展评）等形式，能有效调动工作室内生动力。四川省专项开展"川越视界，天府师说"在线工作室每周公益论坛，拟举办一年一度的"成渝双城名师优质展示暨高峰论坛"活动和名师教学风格学术研讨会、名师工作室成果发布会暨名校长办学思想研讨会等。同时，强化年度工作室成果展评的绩效考核，促进工作室自主良性运行，可持续发展后劲有力。

名师工作室运行的学理基础探微

四川省教师发展中心　　陈元辉

群体动力学认为，与他人相处，即使不发生任何接触，人的思想行为与他独处时也会有所不同。个体的许多社会行为，都是在社会环境影响下，通过人的自我状态和心理环境两种力量相互作用所构成的心理动力场而发生的，这种变化叫社会促进。社会促进作用的实质就是群体影响个体。群体通常比个人能够更快、更好、更有效地解决实际问题。名师工作室是运用社会促进原理推进教师专业成长的一种重要手段。名师工作室是针对传统教师培训方式的不足而采取群体或"团队"培训教师的一种学习方式。以"群体"的方式组建"名师工作室"，旨在推动教师专业成长，以提高名师培训的效率。那么，为什么要以"名师工作室"的形式培训教师？其运行的科学依据何在？怎样提高名师工作室运行的效率？本文将运用多学科理论，对上述问题进行一些探讨。

一、场动力理论与影响名师成长的关键因素

场动力理论是社会心理学家库尔特·勒温（Kurt Lewin）提出的心理学理论。场动力理论包括场论与动力论两大理论，由"心理生活空间"（Psychological Life Space，简称 PLS）和"心理紧张系统"（Mental Tension System）两大核心概念构成。"心理生活空间"是人的行为发生的"心理场"（Psychological Field），"场"不仅指知觉到的环境，而且还包括个人的信念、感情、目的等内容。它是个体在特定时空中体验到的整个世界，包括该时空中决定个体

行为的全部事实。勒温用一个行为公式阐述他的理论发现：B=f（P，E）=f（PLS）。该公式中，B 指行为（Behavior），f 指函数（Function），P 指人（Person），E 指环境（Environment）。公式表明：一个人的行为（Behavior）是其人格或个性（Personality）与其当时所处情景或环境（Environment）的函数。勒温认为，人是一个复杂的能量系统，该能量系统存在一个由准物理、准社会和准概念的事实组成的心理环境和人的需要、欲望与意图等内部个人区域和知觉运动区域构成的心理生活空间。处于特定生活空间的个人，其身心需要及发展愿望，往往产生一种心理上的紧张或张力，它是推动个体行为的心理环境，是个体行为得以发生的基础。勒温将心理紧张所产生的张力称为"引拒值"。引拒值有正负之分，正引拒值具有吸引力，负引拒值则具有排拒力。人的需求强度越大，与该需求相关的目标引起的正引拒值也就越大，而引拒值的增加又会反过来影响需求的强度，这是心理场的动力性。外部刺激是否能够成为激励因素，要看内部动力的大小。所谓动力，顾名思义是指动机与力量，涵盖影响个体行为的各类因素及其所产生的各种力量，对事物发展起着积极推动作用。个人的内部动力与外部环境两者的乘积决定个人的行为方向。如果个人的内部动力为零，那么外部环境的刺激就不会发生作用；如果个人的内部动力为负数，外部环境的刺激就可能产生相反的作用。

"人的行为是个体与其周围环境相互作用的结果。"人的学习行为也是这样，这个发现也揭示了人类学习的基本规律。这对名师工作室成员的"团队"学习提供了有益的启示。基于心理学理论的科学运用而推进的名师工作室建设，既可以优化工作绩效，也可以提升工作室的运行品质。名师工作室除了追求培养名师的规模效应外，通过这个平台，触发名师团队成员的内部动力这个关键因素，也是重要的考量。所以，名师工作室建设应找准名师工作室成员的真正需求，触发成员自我发展的动力，通过团队目标，使每位成员准确定位自身的专业发展目标，形成一定的目标任务张力，增大正引拒值，促进个体目标的有效达成，通过个体目标的高质量达成从而实现团队目标。名师工作室作为一个群体组织，遵循群体组织的运行规律，它需要发展团队成员之间拥有良好的社会关系，需要良好的沟通和社会互动，需要团队凝聚力。凝聚力来自团队成员之间的情感联结，良好的沟通有赖于理解和信任。人的表现是由自身的素质和当时面对的情景共同决定的，任何社会团队都容易出现关系紧张和性格冲突的问题，如果团队成员未能建立良好的社会关系，就会发生沟通不畅，导致工作受到影响。

二、通过改变团队来改变个体更有效率

"改变一个群体比改变一个人容易。"这是勒温对群体工作的又一个新发现。该发现为团队学习提供了有力的理论支撑，也提供了基于群体、通过群体、借助群体达到改变个体思想行为的目的。群体动力学理论认为，群体作为一种由内在关系组成的系统，其影响力或作用远远大于互不相干的个体。一个已经建立的群体（团队）有共同的群体目标、价值标准，会形成一种强有力的纽带把各个成员凝聚在一起，使个体的动机和群体的目标融为一体。群体的决定比个体做出的决定对团队中的个人有更持久的影响。如果先使个体所属的团队发生相应的变化，再通过团队来改变个体的行为，效果远比直接去改变个体效果更好。反过来，只要团队的价值观没有发生变化，个体的行为就不容易发生变化。所以，通过一定的策略与措施，引起群体的变化，从而改变个体的观念或行为，比直接一个个地去改变个体要容易得多。名师工作室成员通过"组团"方式，将需要专业提升的个体置于"工作室"这个团队之中，让每一位准名师参与规划工作室的发展愿景，共同制订工作室的目标，设计实现目标的工作路线，为实现工作室目标而不懈努力。既投入团队合作、集体攻关，又能发挥个体的专长，在团队实践中重塑自身的教育教学理念、改变落后的行为习惯，从而科学提升自身的专业素质与专业能力。这是名师工作室运行的又一学理基础。

三、同频互激与群体共振

优化群体结构使群体成员之间产生思想、智慧的碰撞、交流，从而激发

个体的潜能，这是同频互激。当被激发、放大和强化了的个体功能聚集到一起时，便会形成巨大的能量，使整体功能大于个体功能之和，这是群体共振。群体共振并不是任何群体、任何场合都会发生。群体共振是有条件的：第一，团队必须"同频"，即群体成员的兴趣、情感、观念、目标，基本上趋于一致，团队成员各种观点、思想相互借鉴，各种材料相互补充，各种见解相互交锋，突破个人思维定式，引发灵感，相互启迪，否则就不会发生同频共振；第二，团队必须"互激"，如果没有碰撞、交锋、启迪，即使大家看问题的角度一致，见解深度相近，掌握材料相似，思维模式相同，也不会发生共振。所以，互激是群体共振的前提条件。互激使自己的思想更完善、更成熟，最终促成创新或创造，或者使事物发生重大的突破或产生质的飞跃。

团队作为一定的社会关系结合起来的集体，因有相似的社会生活经历与相近的价值观而聚集在一起，从而在理念与行为上相互产生影响，通过推动团队成员应对不断变化的工作环境，在新的生活空间中改变思维定式，建立新的认知结构，推动群体行为的改变从而改变个体，进而提升群体成员的专业素质。名师工作室作为一个专业群体，可以通过设置共同的工作室目标，促使工作室成员产生新的需要、欲望，打破成员专业发展的心理平衡，引发群体共振，使他们产生一定的专业发展张力，在共同的教育理念与教育理想追求中，通过创设环境，改变名师的心理、情绪，优化名师工作室成员的专业行为及人际关系，发挥他们的专业特长，物化共同的教育科研成果，增强名师工作室对成员的吸引力和成员对名师工作室的向心力、认同感、归属感、有力感。

四、互补叠加与功能增殖

心理学研究成果表明，优秀的团队是由多方面不同的个体组成，他们取长补短、相得益彰，功能增殖。团队功能的发挥是解决复杂问题的关键环节。在团队中，不同的个体组合在一起，能质上彼此取长补短，能级上积优叠加，使每个成员既能充分发挥自己的能质优势和能级优势，又能使团队发挥出最佳功能，这就是群体互补迭加原理。组建团队，培养群体凝聚力，通过团队改变个体成为一种重要的学习方式。优秀的团队一定具有较强的凝聚力。团队凝聚力是群体对成员的吸引力、向心力以及成员之间良好的人际关系综合形成的、使群体成员固守在群体内的内聚力量。团队的凝聚力是由以下几种情况形成的：一是个体由于对其他团队成员的喜爱而喜爱团队；二是由于团队成员资格能赋予成员一定声望而使团队成员喜爱团队；三是因为团队是达到个人目标的平台而喜爱团队。研究发现，越是密切结合的对象，越能够力求意见一致；越是密切结合的对象，也越受团队观念的影响。研究还发现，群体成员年龄结构、气质结构、性格结构、专业结构等方面都比较接近或基本接近的群体，可以形成同质结构群体；把不同心理特征、不同个性倾向、不同才能和不同知识结构的个体有机组合起来，可以形成结构不同、互相补偿的异质结构群体。完成单一型任务时，同质结构的群体工作效果较好；执行复合型任务时，异质结构的群体工作效果较好。优秀的群体既有远见卓识、决策果断的负责人，又有分工负责、各展其长的团队成员，各位成员优势互补，使群体内各要素充分发挥自身的功能，产生群体 1+1>2 的整体效应。如果违背这一原理，同级抵消，同质摩擦，产生群体内耗或内卷，会给群体系统带来小于个体能力之和的减值后果。在社会生活高度综合化的今天，个体独立研究的局限性日趋明显，代之而起的是群体协作、合力攻关的比例和领域越来越大。互补叠加，功能增殖，价值益彰，如何充分发挥群体的功能和价值，不仅是团队动力学研究的理论问题，也是探索团队功能与价值最大化的实践问题。

五、互感凝聚与互影调节

心理学期望理论认为，目标对人可能有三种效价：正、零、负。如果个人喜欢其可得的结果，则为正效价；如果漠视其结果，则为零值；如果不喜欢其可得的结果，则为负效价。效价越高，激励力量就越大。效价受个人价值取向、主观态度的影响。所以引导团队成员积极追求团队的功能价值，喜欢团队所取得的成果以获得最高效价，使团队获得更大的激励力量，这是群体的互感凝聚价值。追求群体的互感凝聚价值，也是团队建设的题中之义。团队动力学认为，内聚和分裂是团队中时刻进行斗争的一对矛盾，任何一个团队都面临着内聚和分裂对抗的压力。分裂的压力主要来源于团队各成员间交往的障碍或个体目标和团队目标间的冲突。一个有生命力的团队必须要有较强的内聚力才能防止分裂。内聚力是团队抵抗分裂的力量，是团队成员间的正效价或吸引力，它的强度依赖于个体求得成员资格的动力强度。群体互感凝聚价值的建立具有以下条件。第一，建立在群体社会心理基础之上。团队应有科学的目标体系、严格的行为规范、良好的传统作风、和谐的人际关系，形成良好的文化心理氛围。这种文化心理氛围对团队成员能起到强烈的吸引作用和引导作用，使团队更加协作、工作效率更高、社会效益更大。第二，建立在内在心理基础之上。一个优秀的团队，能随社会因素的变化自我调整、自我控制，修正不适应的部分，在团队中能够更大地发挥个体的价值。当个体的需要在群体中得到满足，个体价值被承认，就会大大强化自信心、责任感和创造力，从而释放更大的能量。心理学将个体在团队中这种自我调整、自我控制、影响和调节的效应，称之为互影调节功能。名师工作室应随着社会经济、政治、文化、教育等因素的变化而不断进行自我调节，使群体功能始终处在最佳状态。名师工作室成员是才能突出的教育教学专业人员，他们有创新能力，他们的价值观念和行为方式常与一般教师不同。他们有比较强烈的成就需要、社会需要和尊重需要，希望在群体中能发挥自身的价值、施展自己的才华和抱负。这些需要使团队成员产生强烈的内驱力，名师工作室领衔人应抓住这种契机，科学分派目标任务给每一位团队成员，促使每一位团队成员高效达成自身承担的目标，最终共同完成团队任务。

六、互惠师承与名师出高徒

新陈代谢是不可抗拒的规律。专业群体对社会的贡献具有连续性，不断培养后起之秀是群体延续与事业发展的关键。专业群体都十分重视选拔和培养后继者，教师专业群体也是如此。我国教师队伍基本结构大致分为初任教师——合格教师——骨干教师——优秀教师——专家型教师——教育家型教师——教育家七个层级。理想的状态是，通过多年的教育教学实践及岗位历练，大多数教师都能成为专家型教师、教育家型教师，甚至是教育家。教师队伍人才辈出、代代自然更替，教师群体呈现连续不断的人才链。但我国教师队伍建设的现状是，绝大多数教师处在初任教师、合格教师、骨干教师、优秀教师四个层级中。处在专家型教师、教育家型教师、教育家三个层级的教师很少。主要原因除初任教师成为专家型教师的过程周期较长外，还与过去我们在职教师培训不足、培训形式单一、培训模式落后有关。从初任教师到专家型教师，每个层级都需要经历课程教学、教育环境营造、学校学生管理等工作。在繁重的教学及管理工作中，一部分教师坚持下来，成为专家型教师或者教育家型教师；另一部分教师发展到一定阶段松懈下来，有的甚至产生了职业倦怠，停止了专业发展。由于当时经济尚未发展起来，教师培训经费不足，教师的成长处在教育教学的自然状态中，仅有的培训形式常常是以"老带新""师带徒"的形式"一对一"出现。如果老教师或者师傅是名师，这种培训方式比较有效。我国多年的教师培训实践证实，无论是名师工作室还是师徒制的教师培训，其效用都不是单向受益，而是双方互惠的。领衔人与成员是互惠的，师傅与徒弟也是互惠的。群体成员之间是互惠的，但团队领衔人与成员自身的素质，对团队功能的实现及目标的达成至关重要。如果老教师或者师傅是一般教师，培训效果一般不是很好，而且效率低。我国文化传统既有"名师出高徒""师高弟子强"的表述，又有"青出于蓝而胜于蓝""长江后浪推前浪"的说法。结构优化的名师工作室，其功能可以在深度和宽度上不断拓展，这就是专家们重视研究优化的群体结构的原因所在。近20年来，全国各地中小学名师工作室大规模发展起来。这是基于我国经济的快速发展及对专家型教师、教育家型教师甚至是对教育家的大量的、急迫的需求而设计的。要实现最初的设计目标，有许多前提条件与制约因素，其中，选准选好具有真才实学的名师工作室的领衔人，使他们能真正发挥示范引领的作用，对于带动一批教师的成长无疑是一个关键因素。同理，选好名师工作室成员对于达成名师工作室的目标也至关重要。相关部门应多途径、多渠道、多方法选择名师工作室成员，使一批批真正有志于投身教育事业的青年才俊在名师工作室得到培养、受到历练，使他们通过自身的不懈努力与社会的支持，最终成为优秀教师，为国家的教育事业做出更大的贡献，也更大程度地实现自身的人生目标。这是名师工作室的现实价值追求。

研训策源地、成长孵化器、发展共同体

成都市青羊区教科院　　刘荣芳

青羊区将名师工作室建设作为一项促进区域教育发展改革的重要工程。旨在以名师团队建设促进学校办学改革和教师队伍的快速成长，充分发挥名师在深化中小学教育教学改革及构建"现代课堂"中的指导、示范和辐射作用，形成既有利于名师自身不断完善和发展，又有利于促进骨干教师成长的人才培养工作机制，加快建设一支高素质、高水平、智慧型的教师队伍，扎实推进青羊教育改革和质量提升。

2009 年以来，青羊区教育局已开展了 3 届名师工作室，共建立区级名师、名校长工作室 42 个。10 余年来，青羊区名师工作室建设按照"名师引领，同伴互助，研训结合，网络支撑"的基本原则开展工作，不同工作室各有侧重，不同做法诠释别样意义，使得青羊区名师工作室的工作形式多样、内容丰富、充满生机，走出了工作室各具特色的探索之路。

一、区级统筹，个性制度，促进工作室特色发展

青羊区名师工作室是在区教育局统筹下，以特级教师、特级校长、全国优秀班主任等名师领衔组建而成。通常定点挂牌于一所教学薄弱的学校，以达到重点帮扶的作用。通过教师个人申请、工作室领衔名师自主遴选的方式，组建起 15 人左右的名师工作室核心团队。名师工作室一方面靠领衔名师的个人素养和人格魅力凝聚；另一方面要让工作室稳定持续发展，单靠工作室领衔名师个人领跑是不够的，必须建立规范有序的制度，并严格遵循制度，才

能保障工作室的持续发展。青羊区名师工作室的稳步前进、特色发展依靠的是区级层面基础制度和工作室自身个性制度的双重保障。

（一）区级层面制度重在方向引领和考核监督

在区级层面，由青羊区教育局颁布《成都市青羊区建立名师工作室实施方案》《成都市青羊区"名师工作室"工作制度》《成都市青羊区"名师工作室"考核办法》，区教育局与各工作室领衔人签署项目责任书，以协约形式投入工作室建设。领衔名师和工作室成员均需认真履行自身职责，并主动依靠工作室赋予的权利谋求自身专业发展。同时，成都市青羊区教育科学研究院在教师发展研究室设立了专门的名师工作室管理办公室，对各工作室建设开展管理、督导和服务工作，并定期组织专家组对工作室建设中期和三年任期的工作进行考核和考评，考核（评）结果由区教育局公布。

（二）完善工作室自身个性化制度

青羊区各名师工作室由于领衔人的不同，分为三类，即名校长工作室、名师工作室、全国优秀班主任工作室。不同类型的工作室以及领衔人不同的学科特点和个人风格，决定了工作室不能完全以整齐划一的工作制度进行管理，而应尊重其个性风格，由工作室核心团队成员集体反复讨论，订立适合自身个性化发展的工作制度。青羊区的名师工作室均从研究主题、成员管理、研修方式、研修成果等几方面，建立起符合自身客观条件和发展需要的内容明确具体、操作性强的工作制度。如金波名师工作室的研修制度中提出"四个一"的要求以及会议制度中的"周会月聚"的计划性会议、阶段性会议、总结性会议等。

（三）开展工作室文化建设

工作室建设的更高层面是文化建设，工作室文化是工作室形成的具有一定特色的风貌和行为规范的总和，对工作室的建设与发展有着重要的作用。青羊区各名师工作室积极倡导与践行民主平等、合作交流、共同发展的工作室建设理念与文化。如李蓓名校长工作室的"社群"理念，强调"From me to we"（从我到我们），倡导基于一个点、需求和爱好把一群志同道合的人聚集在一起，建立连接与互动、信任与合作、互利互惠、共享共赢的工作室文化。金波名师工作室的"'团起来'的一群人"，倡导团队协作、扬长补短、彰显个性的工作室建设理念。"三人同行，三人合一"的工作室工作理念等，以及其他工作室各自不同的表述，但都在倡导和践行着一种民主平等、合作交流、领衔人与成员共同发展的工作室文化。

二、聚焦主题，任务驱动，带来教师专业智慧成长

青羊区名师工作室每三年一届，采取主题研究型工作方式。在工作室建立伊始，就要求确立三年工作主题，然后紧紧围绕主题进行研究与实践。以具体的课题以及课题任务来推动工作室工作和团队成员的专业成长，找准教师专业发展生长点，聚焦主题、任务驱动，不断深入研究，让教师的成长"有枝可依"。

（一）紧扣学校和学科实际确立工作室研究主题

工作室研究主题的选择，由工作室领衔人和团队核心成员讨论确定。一般选择领衔人所擅长的学科和领域，便于充分发挥名师的引领指导作用。或选择工作室定点挂牌学校及周边片区学校教师专业发展迫切需要的研究主题，以及当前教育发展教学质量提升的热点问题。总之，强调研究主题的实践性、针对性和有效性，以切实起到促进教师专业发展、促进学生健康成长、促进教学质量提升的作用。青羊区名师工作室研究主题的方向和内容有了进一步的完善和扩充，从中小学学段到学前教育，从学校管理到学科建设，从（课堂）班级管理到德育研究，可谓涵盖中小学幼儿园全学段、全学科的全面建设。同时，各工作室的建设实践，几乎都同时提到了以教育科研的方式，发现、探寻、解决教育教学现实问题的基本策略，从教育科研高度步步推进工作室建设各项任务。

（二）明确的主题和任务带来教师显著的成长

因为主题的确定性和可操作性，教师在制订个人发展规划和专业成长时，也找准了定位和重心。例如，刘大春特级教师工作室的成员这样写道："工

作室给予我们最大的帮助就是提供了许多有针对性的学习机会。如果说课堂是一门艺术、一项工程，那么有效的课堂管理就是不可缺少的灵魂和保障。大春工作室把课堂管理作为出发点，使我们能结合教育教学实践进行学习和总结。除了理论上的指引，更有实践性的指导，这使我们更容易提高。"

明确的研究主题，也让教师更好地向研究型教师发展，有意识地对常规工作进行深入研究，通过工作室名师的引领，个人的学习总结，提炼教育教学经验，凝聚物化为教育教学成果。在工作室 3 年研究周期内，每年在省、市级至少承担 2 次专题讲座任务或上教学示范课 1~3 节，每年至少在市级以上刊物发表教育科研论文 3 篇以上，有的工作室还出版了研究专著。

三、创设平台，荟萃名师，引进教师发展高位资源

青羊区名师工作室的组建，以"任务菜单引领，服务区域教育"为核心，基本覆盖全区所有中小学、幼儿园，并同时向区外进行辐射。由教师自愿申请，名师工作室领衔人批准，形成每个工作室 15 人左右的成员队伍，高质量投入工作室建设。可以说，青羊区名师工作室凝聚了本区学校管理、学科教学、德育教育的骨干力量和生力军，充分发挥了名师、名校长的带动和辐射作用，真正实现名师引领、资源共享、全员提高、均衡互补，为区域中青年骨干教师成长创设了一个良好生态的成长平台。

（一）传统交流平台与交流机制：请进来、走出去

名师工作室作为区域教育教学的"引领者"，必须保持教育教学理念的前沿性、先进性，必须保持与学界的合作交流，以开阔视野、不断借鉴与学习。传统的"请进来、走出去"交流机制在各名师、名校长工作室中都得到了不同程度的体现。"请进来"主要表现为请高校专家进行专题讲座、科研指导等，请省、市教研员磨课评课等。"走出去"主要表现为参加学术研讨会、参加或观摩教学技能大赛、参加培训等，主要城市有重庆、北京、上海、厦门、深圳等。

（二）网络新媒体信息交流平台的建设与利用：常规化、制度化

在信息时代，青羊区名师工作室高度重视 QQ 群、微信群、微博、博客

等网络新媒体信息交流平台的建设，实现信息的及时发布、信息及文件的存储、远程交流与讨论、成果展示等。在一定程度上，这些网络信息交流平台成为青羊区各工作室最为主要的交流与研修平台。部分工作室将新媒体信息交流平台常规化、制度化，例如，金波名师工作室的"教而了，学而达"网络交流平台，李蓓名校长工作室的"每周群里推荐好文"，段九宇名师工作室则在工作制度中对新媒体信息交流平台的建设与利用做出了明确要求，赵梦奕名师工作室依托工作室 QQ 群进行"每月一主题"研讨等。

四、驻点帮扶，均衡提质，助推挂牌学校整体发展

青羊区名师工作室以"振兴青羊教育，加快均衡发展"为使命，在工作室建设初期，就明确了各工作室的挂牌帮扶学校，旨在形成"一室一校促进发展、吸收一个带动一片"的运行策略和效果。各工作室都将主要研习、指导活动放在对口帮扶学校，既形成氛围又群策群力解决学校问题。经过工作室三年建设周期的发展，各对口帮扶学校普遍旧貌换新颜，产生了脱胎换骨的变化。

对口帮扶挂牌学校是青羊区教育局制定的一项学校发展重大战略，也是名师工作室建设的不可推卸的重要职责和任务。无论是区内薄弱、新建学校，还是青蒲结对的金钥匙学校，各工作室都倾注了大量心血。以年度、学期为单位，制订周密可操作的工作计划，对帮扶学校进行了开放、民主、自知、自省的助推和帮扶。

五、且行且思，守正出新，突破工作室建设"天花板效应"

青羊区名师工作室建设以准确的定位开始，突出工作室的"平台""共同体""成果孵化"等属性，真正实践了"名师引领、同伴互助、研训结合、资源共享、均衡互补"的建设初衷，成为学校教育资源的集聚地和高质量教育人才队伍交流的舞台、成长的摇篮。

（一）成立青羊区名师名校（园）长工作室联盟

成立"青羊区名师名校（园）长工作室联盟"，设立秘书处，定期召开

领衔人联席会议，交流经验，信息沟通，研讨工作室建设中存在的问题，加强各工作室之间的相互交流与学习，联合开展研修活动，及时固化成果，推广成果。秘书处积极向外拓展交流平台与空间，加强与外界的联系与交流，为各工作室提供更高平台交流与合作的机会，助力青羊区名师名校（园）长工作室品牌化建设。

（二）完善工作室发展支持服务体系

工作室的建设与发展需要时间、人力、设备、场所、智力、制度等方面的系统支持。青羊区拟完善工作室发展的支持服务体系，建立健全工作制度和激励机制，提高领衔人及成员参与工作室活动的积极性。遴选并组建"青羊区名师名校（园）长工作室建设专家库"，供各工作室根据自身建设与发展需要，邀请相关专家进行指导，为工作室发展提供学术支持。

（三）加大名师工作室建设力度，做到全学科、全学段覆盖

青羊区的名师工作室多集中在中学的语文、数学、英语等学科，历史、地理、音乐、生物、信息技术、体育等学科以及小学和幼儿园学段，名师工作室偏少或存在空白，分布不均衡。应加大工作室建设的力度，做到全学科、全学段覆盖。

（四）探索"互联网＋"背景下工作室建设新样态

社会已进入"互联网＋"时代。"互联网＋"已不再是一个陌生的互联网词汇，而已成为一种思维方式，一种发展战略。在当下建设名师、名校长工作室，就需要用"互联网＋"的思维去思考工作室的建设，用"互联网＋"战略指导工作室的建设和发展。如何利用互联网的资源，发挥互联网的优势，促进工作室成员之间的"随时随地"学习，需要各工作室不断探索、积累经验，早出成果。

名师工作室建设的"管理三机制"

成都市双流区教科院　　高永琼

名师工作室的高质量建设离不开教育行政部门的热心支持、精心指导和贴心服务，需要省、市、区（县）各级教育行政部门建立健全名师工作室的长效管理机制。本文以四川省成都市双流区名师工作室的实践探索为例，分享区域工作室在高质量建设过程中的"管理三机制"探索。

一、行政保障机制

双流区教育局高度重视全区名师工作室建设与发展，在双流区"名师倍增工程"的引领下，从组织、政策、制度和经费四个方面进行有力保障。

为加强对名师工作室的领导，区教育局成立双流区名师工作室领导小组。领导小组下设双流区名师工作管理办公室，由区教科院院长担任管理办主任，区教科院分管副院长担任副主任，安排专职研培员以常规研修视导方式深入各工作室参与活动。

双流区名师工作管理办公室在名师工作室的建设过程中，制定并完善了工作室年度考核制度、学员评价及结业考核制度。

双流区名师工作室学员评价及结业考核制度首先依据师徒结对协议书内容，从师德修养、发展规划、课堂教学研讨、课题研究、教学成绩、培养青年教师、研修成果等方面进行常规工作的考评。其次由导师对学员参加工作室以来的师德表现、自我发展内驱力、教育教学能力、组织管理能力、协调能力、语言表达能力、自主研修能力等方面进行综合评价。

《成都市双流区教育局关于印发〈成都市双流区名师（名校长、名班主任）工作室管理办法〉的通知》（双教函〔2021〕29 号）文件中指出："工作室建设期间，由区教育局每年为每个工作室预算 8 万元建设经费，按年度拨付到区教育科学研究院，实行单独列支，专款专用。经费主要用于常规经费、专项经费和奖励经费。"管理办依据政策文件严格执行，各工作室按要求使用专项经费，做到专款专用，极大地提高了工作室导师和学员研修积极性，保障了工作室研修活动的顺利开展。

二、过程指导机制

（一）提出"五化一体"，构建工作室建设思路

自 2009 年 12 月挂牌成立第一批双流区名师工作室以来，在工作室导师和学员的共同努力下，经过近 10 年的探索，管理办提出了双流区名师工作室活动开展的具体思路：强化目标导向，引领课程建设，推进工作室"五化一体"发展。

一是强化目标导向。《双流县教育局关于进一步加强名教师（名校长）工作室建设的实施意见》（双教函〔2013〕62 号）文件强调："努力把名教师（名校长）工作室建设成为先进教育理念研发、传播的主阵地，实用教育方法论证、推广的实验室，高端教育人才催生、培养的大平台。"要按照这个目标，促成工作室各具特色的发展，鼓励导师和学员各展优势的成长。

双流区名师工作室建设思路图

二是引领课程建设。区教育局将学校课程建设作为全区深化课程改革、提升教育品质的重要抓手，区名师工作室聚集了双流区一批有影响的专家教师和骨干教师，理应在深化教育改革、学校课程建设、学科课程形态、课堂文化构建等方面发挥示范引领作用。

三是"五化一体"发展。"五化"指研修任务主题化、研修手段信息化、研修内容课程化、研修成果系列化、研修团队特色化。"一体"即名师成长共同体。

第一，研修任务主题化。各工作室导师要根据教育发展趋势，基于学员教育教学困惑，基于学员成长需要，着力问题调研，梳理并聚焦主题开展研修，系列推进研修。做到问题即课题，教学即研究，效果即成果。通过主题研修促进、引领学员教育教学水平不断提升。

第二，研修手段信息化。工作室成员要主动融入信息时代，要积极探索信息技术与教育教学改革以及研修工作的深度融合与创新。工作室既要借助教育技术促进教学改革，以创新方式开展教学活动、提高教学效益；又要在研修方式上，通过网络、远程以及先进的软件技术，将自主研修与远程指导相结合，将集中学习与网络互动相结合，将主题发布与及时交流相结合，创新研修方式、丰富研修内容、提高研修效果。

第三，研修内容课程化。基于名师工作室的研修内容课程化，名师工作室成员通过研讨、自省，瞄准学员突出问题或需要突破的问题，进行课程化的研修设计。

第四，研修成果系列化。工作室研修成果，主要有实践成果、学术成果、人才成果三大类。工作室导师及结业学员在教学、德育、管理等方面的实用方法和实际成效，应该在区域内、同学科中居领先地位，起示范作用，这是实践成果的基本要求。

第五，研修团队特色化。自2009年以来，一直以"导师姓名＋专业特长"的模式为工作室命名，确立了各工作室的主研方向，为"研修团队特色化"奠定了基础。各工作室导师、学员应该围绕主研方向，立足岗位实践，发挥各自优势，凝练教学主张，百花齐放，各具特色发展。

（二）组织"三个一"培训，形成常规研修"三个一"行动视导机制

双流区名师工作管理办公室在全区名师工作室建设过程中，既是组织者、管理者和指导者，又是参与者、践行者和服务者。管理办对全区名师工作室围绕工作动态、经验收获、主要问题、解决措施等方面实行"四个一"制度。即"每学月一次信息交流、每季度一次专题研讨、每学期一次总结反思、每学年一次年度考核"。同时，基于工作室建设的不同阶段，积极组织导师和学员的"三个一"培训提升，形成常规研修中的"三个一"行动视导机制，从而推动全区名师工作室的内涵发展和特色发展。

1. 工作室组建初期"三个一"培训

双流区每一批新的名师工作室成立初期，管理办均要组织三次培训，即一次导师研讨培训会、一次工作室重要工作学员培训会、一次工作室全员培训。

2. 工作室常规研修"三个一"行动视导机制

管理办安排专职研培员具体负责全区名师工作室高质量建设工作，确定"三个一"行动，以常规研修视导方式深入各工作室参与活动，进行指导、引领和服务。"行动一"为一个月研修活动安排。管理办要求工作室每月初上交当月研修活动安排，汇总后挂于双流教科院网站。"行动二"为一个月常规活动视导。专职研培员根据工作室每月研修活动安排，合理调整时间参加各个工作室的活动。通过研培员的深入参与，及时了解各工作室研修活动的开展情况，并提出指导意见和建议。"行动三"为一个月活动简报。每个工作室月末按"三分活动，七分成果"的原则汇总当月工作室活动及成果，形成工作室月简报并上交管理办。管理办结合"三个一"行动，汇总形成"信息简报、总结反思、对策建议"等过程资料，报领导小组决策参考。

三、考核评估机制

双流区名师工作室的考核评估分为工作室学员的考核评估、工作室的年度考核评估。工作室学员的考核评估以自我评价为主，区教育局对工作室的考核评估以量化考核为主。

（一）工作室学员的考核评估

工作室学员的考核评估是由管理办和导师共同负责，考核内容分为过程性考核、年度考核和三年研修期满的学员结业考核三种形式。

（二）工作室的考核评估

工作室的考核评估分为过程性考核、年度考核和三年一周期的阶段性评价三种形式。过程性考核由管理办根据各工作室常规研修活动视导情况、工作室网页建设不定期检查和月简报查阅等，及时记录和通报各工作室常规研修过程情况，表扬优秀工作室，对做得不足的工作室提出改进意见和建议，并纳入年度考核相关分值中。

每年初由工作室按照"必修项目＋特色项目"的方式申报年度项目方案，并按计划实施研修，年终接受考核。工作室年度考核结果分为"优秀""先进""合格""不合格"四个等级，导师和学员有师德行为失范的实行一票否决，直接认定为"不合格"。对于获得"优秀""先进""合格"等级的工作室导师，分别给予 2.5 万 ~3 万元、2 万 ~2.5 万元、1.5 万 ~2 万元的经费奖励。工作室年度考核结果为不合格的，限期整改，并取消经费奖励；整改仍不合格的，工作室予以撤销。

工作室三年期满后进行阶段性绩效评价，评价结果分为"优秀""先进""合格""不合格"四个等级。三年年度考核均为"优秀"的工作室，可直接认定为"优秀"等级，其余工作室按评价要求来评定。

工作室达到"优秀""先进"等级的，可直接进入下一周期工作室建设；达到"合格"的经申报并审定后可进入下一周期工作室建设；评价为"不合格"的，取消其导师申报名师（名校长、名班主任）工作室资格。

工作室周期结束后，开展优秀成果评选活动。评出优秀学术专著（正式出版）、优秀课程资源、优秀科研成果、优秀课堂视频、优秀微课等，并给予表彰。

刷新教师集群创生的专业风景

——成都高新区名师工作室建设路径

成都高新区教育发展中心　　　杨　丽

　　基础教育课程改革纵深推进、深水突围，对中小学教师专业素质提出了新挑战，教师发展亟待力量生成、路径探索和空间拓展。2005 年以来，一种教师发展的创新形式——名师工作室在国内教育发达地区悄然而生。

　　聚焦"教育领军人才不足，教师整体质量不高"问题，围绕"培养造就一批在全市、全省乃至全国有影响力的教学名师、卓越教师、教育家型教师和校长"目标，成都高新区紧追工作室建设的实践前沿，借鉴教育发达地区名师工作室经验成果，积极探索工作室建设的目标定位和发展路径。2012 年启动首批 18 个名师工作室建设，2016 年启动建设第二批 29 个名师、名校长工作室，2020 年启动第三批 64 个"三名一特"工作室。

　　工作室数量逐届递增、类型不断丰富，从首届单一名师工作室到第二届名师、名校长工作室同步建设，发展至名师、名校长、名班主任、特色教师四类工作室共同推进。工作室辐射带动教师人数从起初的 158 人发展到成员学员 1608 人，成为区域培育教师的"孵化器"、教学改革的"试验田"、教育均衡的"催化剂"。

一、顶层设计，明晰工作室建设定位与目标

　　为引导、激扬名师工作室奋发有为、创新发展，放大教师集群行走的创生力量，高新区基于清晰的现状把握和走向研判，把名师工作室的教育功能

锁定为名师展示的舞台、骨干培养的基地、教学示范的窗口、科研兴教的引擎、教育改革的论坛，确立了"凝练一个理念、打造一支团队、引领一个学科、共建一批资源、形成一批成果、带动一批教师"的发展定位。并把名师工作室建设目标界定为形成先进的教育思想、构建学科核心素养、培育团队精神、修炼专业能力，以富于个性的团队文化建设和研修活动，把工作室建成"情境学习的平台""学术研究的平台""互助共享的平台""引领辐射的平台"。

"工作室既是名师、名校长、名班主任和特色教师领衔，管理干部、骨干教师、年轻教师共同加入的学习共同体，也是名优教师引领辐射、学术研究、互助共享、情境学习的成长共同体。"2020年3月，成都高新区印发《成都高新区中小学（幼儿园）"三名一特"工作室建设与管理办法》，提出工作室以"成就卓越名师、培育优质团队、打造优势学科、推出特色成果"为共性目标，并提出各类工作室的个性追求：名师工作室以锻造教学风格与品牌、提升教学质量为主，名校长工作室以锻造办学风格、提升办学品质为主，名班主任工作室以锻造育人风格与品牌、提升育人质量为主，特色教师工作室以锻造教育教学特色和品牌为主。

高新区在第三届工作室建设中，优化形成了"引领层""发展层""成长层""衍生层"四层级组织架构：

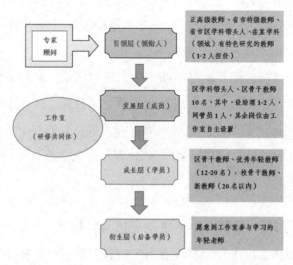

成都高新区"三名一特"工作室组织建构

在建的 64 个"三名一特"工作室由 90 位领衔人领衔，几乎涵盖全区所有省市特级教师、市学科带头人。其中 26 个工作室设立了双导师，不仅更广泛地聚焦名优教师资源，也有利于"以老带新"培育新生领衔人力量。工作室成员、学员遴选兼顾不同层次、不同区域学校，引导名优教师突破"本校思维"，在更广的范围发挥引领示范作用，形成名优教师资源共享格局，有利于促进区域教育特色均衡优质发展，构筑高新教育人才高地。

二、文化引领，照亮教师精神前行的方向

为教师集群发展提供价值导向、精神土壤、智力支持，高新区着力培育工作室自主生长机制。"以发展理念引领，培育共享价值；以共同愿景构筑，激发内生动力；以团队精神培育，集群创生共长。"各工作室从发展理念、共同愿景、团队精神、管理机制等方面，自主构建起富于个性特色的团队精神文化。

"培养人，必须抓住精神需求；走向真，必须严谨治学态度；织就梦，必须唤起自我觉醒。"以精神力量点燃团队奋飞的引擎，起步晚、起点低的杜琳数学名师工作室，把工作室命名为"绽放工作室"，为的是"让儿童数学生命力精彩绽放，让每个成员摆脱安逸舒适区，在自我挑战中发掘优势、以长扬长，释放创造的价值与发展的活力"。

培育精神动能，聚生全员智慧，杨丽工作室围绕"集群共创，激扬生命"发展理念，培育"素朴轻扬，汇兰沉香"的团队精神文化，引动教师们"追求教育本真，修炼兰花德行，以轻灵优美的教育情智扬起学生成长的风帆，以慎重弥久的岗位实践成就教师职业生命的香醇"，确立起"忠诚教育、潜心教学、协同创新、专业引航、润扬生命"的发展目标。在这样的精神文化引领下，工作室建立了成员自主管理机制：一是岗位自主，工作室建立了学术组、常务组、宣传组，分别负责学术建设、日常事务、交流宣传。教师们自主申报岗位，自定发展目标，自主管理评价。二是专业支持，为成员量身制订成长方案，促进成员学有专长、术有专攻。三是项目驱动，确立研究课题，开展专题研究。四是自主评价，工作室制定了章程和考核标准，以激扬发展、

创造与贡献为价值取向，对成员进行专业考评，尤其突出成员自我发展评价。

三、研修提质，优化教师专业成长空间

（一）高端研修，升华教育理想与信仰

2018年12月，70多名高新区名师工作室领衔人和骨干成员赴南京等地，参加中国教育学会《未来教育家》杂志社举办的研修活动。通过大师讲座、实地考察、课堂观摩、现场研讨，教师们经历了"一次洗涤心灵、追寻教育理想和信仰的旅行"。

（二）精准指导，突破教师成长障碍

"发掘优势潜能，实现优长发展，形成教学风格，优化教师专业成长的环境……"各工作室聚集力量，精心指导教师找准方向、优势领域、障碍及突破策略。

"做明白之师，明白音乐教师的角色定位、职业理想、教育情怀；做明理之师，具有明确的专业理念、较深的专业理论、较高的专业技术水平；做明朗之师，做到视野高远、胸怀开阔、阳光大气。"寇忠泉音乐名师工作室以培养"三明之师"目标引领，引导教师以学年为周期，至少读一本教育理论著作，写一篇高质量的读书笔记或教学随笔或微课题报告，梳理一篇精品课例实录，做一次小专题讲座。强化教师常规研修。

2019年4月16日，陈曦小学语文名师工作室"儿童立场，引航'三力成长'"教师专业阅读研修活动在跃进小学展开，分享成尚荣老师的教育专著《儿童立场》。陈瑶、陈倩文等老师走上展台，朗读《儿童立场》片段并分享思考与收获："教育的目的在于使人成为他自己，变成他自己。""课堂改革的起点与关键，应当是关注学生，了解学生，研究学生，一言蔽之即读懂学生。"叶欢、谭宏斌等老师讲起了自己坚守儿童立场的教育故事，导师陈曦做题为《沿着书山，向上生长》的专题报告。活动高潮是教师们与成尚荣先生现场交流"儿童立场"。成都市教育科学研究院副院长谭文丽激情点评："这次研修活动以对话成先生的方式开展，让我们看到了大师风范，也看到了语文教育者应该秉持的儿童立场。"

（三）多元研修，放飞教师成长个性

名师工作室集合了一批志同道合的名优教师，能充分展开优质高效的集群研修。通过异质交互、优质融合，促进成员形成先进的教育思想、培育学科素养、修炼专业能力。高新区各名师工作室创建了主题菜单、集群创生、异质研修、多元联动等研修模式，既保证研修的质量底线，又催发成员的教学个性。

集群创生四线展开。一是工作室成员围绕课堂教学真问题交流对话、求同存异，生发思想和智慧、知识和情感、方法和能力。二是根据研讨主题，成员轮流做专题讲座、互动交流，集中探讨解决问题的思路、策略。三是开展说课比赛、同课异构、案例评比等研讨活动，培育精课、名课和学术成果。四是以工作室成员为主体，以情境学习为载体，以信息技术为支持，全区共享工作室开发的课程、生动的教学视频、成员的教学经验等。

异质研修是工作室根据成员年龄、情趣、知识能力结构和个性差异，帮助教师找准优势和短板、表现与成因，明确发展方向，优化发展路径，形成团队研修三部曲。个性研修，指导成员加强基础理论、学科知识和学术能力研修，重点研修与特长相关的知识和能力，形成体系；引领研修，邀请名师名家跟踪听课，通过问题对话、专题研讨、重点指导，助力成员提升学科素养；实践研修，引导成员把研修获得的知识应用于实践，积淀体验，形成经验和成果。

多元联动旨在整合、共享优质资源。一是与高校联动，邀请专家、教授"把脉"领航：思想引领，促进成员加深教育本质的认识，触发新思考，提升教育理论水平；课程引领，针对成员课程建设的诸多困惑，引导成员优化资源利用、课程开发和课程评价，提升课程建设能力；课题引领，指导成员展开课题研究，做到方向明确、路径清晰、突破难点。二是区级工作室联动，按年段或跨年段、按领域或跨领域为原则，将 64 个工作室分成 12 个联合研究小组，每个组每年度协同开展一次面向全区的研讨活动。三是与基层学校联合教研，每个工作室至少结对一所学校或一所学校的教研组，与学校联合开展研修活动。四是与省内外名师工作室协同开展联谊活动，学习借鉴、积淀经验、共同提升。

四、问题攻坚，在课题研究中内生成长动能

围绕教育教学和教师成长的真实问题，各工作室展开课题研究，留下了集群攻坚教学热难点的生动足迹。

夯实数学课堂学习根基，促进学力生长。左强工作室主题攻坚"初中数学课堂真实学习的实践策略"。老师们基于课堂缺乏真实学习的成因分析，建构了实现真实学习的基本策略，改变了课堂生态，学生初步实现了数学知识真实建构、数学思维真实提升、数学品格真实发展、数学素养真实养成。这种回归本真的"真实学习"教学改革，产生了区域导向和示范意义。

杜琳工作室开展"植根核心素养的小学数学课程群实践策略研究"，以儿童感兴趣的内容和学习方式，建构践行"课程群"，让不同学生找到适宜自己的课程门类，激发学科兴趣。工作室成员确立起数学教育的儿童立场，在课程群中找准适宜的点位，找到学科素养落地生长的着力点。

杨丽工作室课程建构、课堂改革、评价探索三管齐下，展开培养关键能力的"小学语文创享课堂实践研究"：根据学生天性、特点、差异、需求因材施教，学生在真实的自主学习基础上开启个性成长之路。课题研究让成员们发掘了优势潜能，实现了优长发展。黄玉军老师确立了"呵护儿童美好天性，引导儿童个性发展，使其语言和精神共成长"的教育理想，擅长以幽默风趣、形象化表达启迪儿童，形成"对话—分享—创生"顺导型教学模式，呈现情智交融的课堂境界。陈燕老师探索小学高段群文阅读模式，开发了系列群文阅读课例，学生在课堂上深度阅读、思维碰撞，课堂充满探索发现之趣，闪烁着思想灵动之光。谭琳老师抓住语文教学核心"语文即生活，生活即语文"，将丰富的生活引入课堂，开发系列语文实践课程。

朱祥烈工作室根据成员业务专长和校情整合优化，展开"儿童'生长力'课程的实践研究"：以探索儿童"生长力"课程结构体系、操作策略、评价策略为目标，着力研究"生长力"课程结构要素及其关系，研究"生长力"课程在德育、教学、科创、国际理解教育等领域的操作路径。根据生长课程思想，推动学校构建童韵课程体系。工作室成员何清带领墨池书院小学教师们系统构建童韵课程，创生了"和悦动美"的童韵课堂。

五、示范引领，放大名优教师辐射效益

共探课改热点、破解教学难点，开启教学示范之旅。

如何让国学启蒙教学走出困境，让学生优质高效地学习国学启蒙课程？2018年11月5日，杨丽名师工作室联合遂宁市教科所、遂宁船山区教育局、遂宁高升教育集团，在遂宁高升实验小学展开"聚焦语文课堂，走近国学经典"教学研讨活动。杨丽工作室的陈燕、黄玉军老师同课异构的两节国学经典课，取材于蔡志忠的国学经典漫画。教学内容取向、问题设置、过程展开虽然各不相同，但是都集中彰显了"创享课堂"教学理念：让学生全程参与，让学习真实发生。活泼睿智的陈燕老师一开课便让学生大胆质疑：根据自己的文言文阅读经验提出阅读困惑，并借助蔡志忠的漫画，用"图文对照释文意"的方法自主探索。随后在师生、生生情趣盎然的交流分享中，凸显人物形象，悟出文中哲理。亲切幽默的黄玉军老师引导学生"各抒己见聊经典、合作学习读经典、图文对比知经典、个性创作悟经典"，实现了真正的自主学习、互动生成、自由创造。"让国学经典教学强而有力，需要深入探究、勇于创新。两堂课注重从儿童出发，采用符合儿童天性、特点、需求的漫画，搭建儿童学习经典的桥梁，过程真实有趣，巧妙实现了课堂生成共享……"《教育科学论坛》副主编张泽科如是点评。

2012年以来，工作室成就了领衔人和成员教师专业成长：全国领航校长2名，省教书育人名师（校长）18人，省特级教师8人，正高职称23人，省名师、名校长工作室领衔人8人，市名师、名校长工作室7人，市特级教师和学科带头人28人，市未来教育家培养对象7人，高新区"菁蓉人才·教育名家"26人，高新区教育工匠82人，高新区学科带头人近300名。各工作室出版专著20本，发表文章200余篇。《名师工作室——迈向创生的境界》《名师工作室：锻造名优教师发展新引擎》《名师工作室：开创教师发展新境界》《引动·创生·共建——成都高新区名师工作室建设的实践探索》等经验成果在《人民教育》《未来教育家》《教育科学论坛》等宣传推广。

遐迩一体　五方联动共建设

——绵阳市名师工作室建设的实践路径探索

绵阳市教育发展中心　　罗　婧

为进一步建立规范化、制度化、常态化的教师专业发展支持体系，发挥绵阳市名师、名校长引领、示范和辐射作用，绵阳市于2018年开始进行首批市级名师、名校长工作室建设工作。

一、完善顶层设计　搭建好持续发展脚手架

激发工作室成员的内部驱动力，强化顶层设计、完善支撑体系、精细管理考核、提供发展平台是不可或缺的"四要素"。

（一）强化顶层设计

为贯彻落实《中共中央　国务院关于全面深化新时代教师队伍建设改革的意见》（中发〔2018〕4号）精神，根据省教育厅的相关要求，绵阳市教体局制定了《绵阳市中小学市级名师、名校长工作室建设实施办法（试行）》（绵教体发〔2018〕21号）（以下简称《办法》）。《办法》中从工作室组建、成员条件、职责与任务、管理与保障、评价与监督等几个方面出发，为市级名师、名校长工作室的建设提供了一个强有力的顶层设计。绵阳市的名师、名校长工作室由1名领衔人和10名教师（校长）成员组成，围绕"科研课题、教育研训、教学研究、资源建设、人才培养"五大职责，通过团队行动，深入教育教学（教育管理）改革与实践，最终实现"培养一个，带动一批，辐射一片"的目标。

（二）完善支撑体系

工作室的长期发展离不开完善而长效的支撑体系。绵阳名师、名校长工作室的建设尤其注重经费保障和"工学矛盾"解决。工作室建设期间，连续3年每年通过市级教师培训专项资金安排每个工作室5万元建设补助经费。并鼓励地方和用人单位给予配套经费及相关政策支持，建设多元经费筹建渠道，确保工作室建设质量和水平。同时要求领衔人所在单位须为工作室提供独立的工作场所并配备必要的办公设施设备；领衔人和成员所在单位要合理安排其工作任务，并将参与工作室活动的工作量分别按照所在单位专任教师平均工作量的50%和20%计算教育教学或管理工作量。

（三）精细考核管理

名师、名校长工作室的考核管理遵循精细化原则。管理体系由四级架构组成。市教体局负责工作室的统筹管理和指导；市师培中心负责工作室的申报评审、过程管理、考核指标制定、考核评估等工作；工作室所在地方教育行政部门和单位负责对工作室的管理和指导，制订和完善工作室管理细则，建立激励机制，提供必要支持与条件保障；3年期满后再对其进行终结性绩效评价。根据评价结果，判断其是否进入下一阶段工作室建设。

（四）提供发展平台

工作室的成长离不开各种研训活动的支撑。在研训活动中深入教育教学、收集科研素材、锻炼工作室成员已成为工作室促进自身发展的常用路径。以此为契机，绵阳市利用每年教师培训项目，与工作室的发展做深度融合。教师培训项目充分利用名师、名校长工作室的专家资源、教育教学资源等为师培工作的顺利开展提供支撑。工作室则以培训项目为成长阶梯，在各种培训中锻炼自身能力，扩大工作室影响力。

二、多路并行发展　构建五方联动实践路径

绵阳市首批名师、名校长工作室共计10个，从幼儿园到高中覆盖全学段。学科涵盖政治、物理、数学、美术、中学生心理健康、语文6个学科。工作

室以文化建设为导向，以教育研训为主线，以课题研究为载体，以协同培养为抓手，以资源建设为平台。在专家指引下，通过这五方路径的联动，共学共研、共教共长，将工作室打造为研究的平台、成长的阶梯、辐射的中心。

（一）以文化建设为导向，明确发展方向

工作室文化建设是名师、名校长工作室文化建设生命的根基、发展的动力、行为的准则和成功的核心。工作室文化建设可分为制度文化建设和理念文化建设。制度文化是塑造工作室精神文化的根本保证，工作室通过制度建设规范成员的行为，并使其倡导精神转化为成员的自觉行动。理念文化建设则指引着名师工作室前进的方向，其建设功能作用在于通过不断传播和潜移默化的影响，引导名师工作室的教师把个人的追求和集体目标结合起来，用先进的文化理念、科学的制度规范指导自己的行为。

（二）以教育研训为主线，推动学科（领域）建设

各工作室作为承担本地学科（领域）发展的重要机构，纷纷规划了团队研修、送教下乡、送培到校、教育扶贫、对薄弱区域（学校）开展支持帮扶等多种形式的教育教学或学校管理研训活动。名师工作室团队主动承担地方组织的示范课、研究课等公开教学任务；名校长工作室团队则主动开展学校特色、品牌创建活动，不断提升教师、校长学科素养和专业能力，推动工作室的向上发展，进而带动本学科（领域）的建设与发展。研训活动不仅要求形式丰富多样，在数量上也明确了底线。其中，领衔人每年开设研训专题原则上不少于6次，并面向团队成员开设公开课、研究课或专题报告等不少于2次，对每位成员开展听评课不少于1次（每2次计1个专题）；每位成员每年开设公开课、研究课或专题报告等不少于2次。各工作室根据自身的实际需求也相应制订了各具特色的教育研训计划。

（三）以课题研究为载体，领衔科研发展

课题研究是工作室建设中的一项重要内容，是促进教师专业成长的重要途径，也是营造良好校园文化氛围的重要方式。实施课题牵动，以科研促教研，以教研促教学。注重校本化研究，尽量扩大科研课题的参与面和辐射范围，

以课题研究来牵动校本研修，助推教师专业发展，是将科研与教育教学相结合的一种有效方法。绵阳市名师、名校长工作室坚持科研课题引领、研究推动的导向。工作室的科研选题均是围绕本学科（领域）教育教学（学校管理）中的重难点问题进行选择，承担形式多样化。

（四）以协同培养为抓手，助力成员成长

人才培养是名师、名校长工作室的重要职责。站在建设成渝双城经济圈发展背景下，通过"走出去、请进来"等方式，与成渝地区乃至全国优秀的教育资源和学习基地合作，协同培养工作室成员。主要方式包括以下内容：第一，聘请专家。工作室将邀请国家级、省级、市级教育专家（教授）举小讲座、指导工作。第二，外出考察。每学期组织成员外出参观、培训，向省内外知名学校和名师、名校长工作室学习先进教育理念和研修经验，取长补短。第三，校际互访。组织工作室成员深入成员校，通过专题调研、实地考察、交流研讨、综合分析的方式，广泛开展成员校之间的互动交流。第四，搭建合作联动平台。强化各学校之间的交流与合作，建立工作室成员微信群、信息库。类型相似、条件相近的学校结成友好学校，在办学经验、教学教研、特色办学、课题研究等方面进行深度合作、借鉴交流、互动共享。

（五）以资源建设为平台，开发优质资源

资源建设是名师、名校长工作室长期有效开展教育教研活动的成果结晶。内容主要包括名师工作室根据教师专业标准，组织开发学科教学设计、课堂教学视频、教学案例、创新性作业与评价等课程资源；名校长工作室根据校园长专业标准，在学校发展规划、课程建设、学校文化建设、教师专业发展等方面形成一批优质资源以及形成一批有望成为省、市级骨干教师及学科带头人和有条件参与特级教师评选的备选人才。通过名师、名校长工作室建设具有专业性、实用性、特色性的优质教育资源，并采取"线上线下"多种渠道将其在全市范围内进行推广应用，能够进一步扩展工作室辐射范围，增强影响实效。

名师、名校长工作室的建设是一个需要多方协动并长期坚持的过程。绵阳市名师、名校长工作室的实践是在拥有较为完善、遐迩一体的顶层设计的基础上，各工作室结合自身发展需求和发展意愿，在不断的实践探索中摸索出来的"五方联动"。绵阳名师、名校长工作室的建设将在此基础上，继续通过大量实践、深入研究、扩展工作室辐射范围，争取早日迈进由"室"到"站"的工作室建设新篇章。

县级名师工作室, 助推教育均衡发展的"孵化器"

平昌县中小学教学研究室 　向　丽　王成军　祝万灵　王跃超

一、确立指导思想, 明晰工作方向, 落实条件保障

坚持以习近平新时代中国特色社会主义思想为指导, 落实立德树人根本任务, 主动适应教育现代化对教师队伍的新要求, 从源头上加强教师队伍建设, 着力培养造就党和人民满意的师德高尚、业务精湛、结构合理、充满活力的教师队伍。

(一) 落实管理层级

成立以县教科体局党组书记、局长为组长, 分管副局长为副组长, 相关股(室)长为成员的名师工作室领导小组。领导小组下设名师工作室管理办公室, 由县教研室主任任办公室主任, 1名副主任为分管责任人, 1名教研员负责名师工作室管理办公室的日常事务, 办公地点设在县教研室。

(二) 落实顶层设计

县教科体局制定《平昌县组建名师工作室实施方案》, 出台《平昌县名师工作室管理制度》《平昌县名师工作室考核方案》等文件, 明确了工作室领衔人和学员的选拔程序与条件、任务和职责、权利与义务等。明确名师工作室以"专业引领、同伴互助、交流探讨、共同发展"为宗旨, 以"培养一个, 带动一批, 辐射一片"为目的。

(三) 落实工作经费

教科体局和名师工作室所在学校或单位为工作室工作提供必要的经费支

持。每年每个工作室有县财政预算 2 万元的专项研究与活动经费。经费划拨到县教研室统一管理，专款专用。县教科体局和学校为领衔人提供外出提高培训的机会和经费保障。

（四）落实条件保障

领衔人所在学校或单位为工作室提供专用办公室和办公设备。领衔人和学员所在学校在保障研修时间、搭建交流平台等方面给予大力支持。领衔名师在职务晋升、职称评审、特级教师选报、评优选模中同等条件下优先推荐，在参加学术会议、科研活动、外出考察、培训中优先安排。

二、制订系列方案，坚持高标要求，确保良性运行

（一）严格人员筛选

工作室领衔人原则上从省市特级教师、学科带头人、名师、教学专业技术能手、课题研究拔尖人才及获得省级以上荣誉的优秀教师中产生，他们具有如下特点：师德高尚、知识广博、专业扎实，有较强的研究能力和创新能力；有独特的教学风格，热爱教育事业，具有教育情怀，教学业绩突出，教育教学实践、教学研究和课题研究指导能力强；有较强的组织协调、沟通交流能力，富有团队精神和奉献精神。工作室学员需有良好的师德修养、扎实的业务水平、较强的业务能力、突出的教学业绩、较强的教育科研能力和较好的发展潜质；有较强的进取心、终身从教的理想、积极钻研的精神和团结协作、务实的工作作风；有二级教师及以上技术职称，在教育教学一线任教 3 年以上，年龄在 40 岁以下，获得校级以上的优秀教师称号。

（二）严格组建程序

采取个人申请、单位推荐、片区教育督导站初审、管理办组织专家评审、教科体局最终审定、工作室挂牌运行的程序组建。

（三）明确领衔职责

一是由领衔人主持全面工作，制订三年发展规划、学年工作计划和工作

室管理制度，及时向管理办公室报送工作简讯、研修成果和工作总结，自觉接受教科体局和名师工作室管理办等的业务指导和考核。二是培训指导学员，定期组织工作室学员集中理论学习，组织县级教育教学研讨活动每个月不少于 2 次，每年主持或完成县级以上的教育课题研究至少 1 项。指导学员总结提炼教育教学经验并推广应用，指导学员每学年发表或获奖 1 篇以上的高质量的教学论文。督导工作室成员读教育教学专著，领会最新的教育发展信息。三是搭建交流平台，创建工作室 QQ 群、微信群、公众号、开通博客等，及时反映工作动态，搭建与全县教师的网络交流平台，展示成员思想、指导成员专业发展。

（四）逗硬考核评价

每年年底由管理办公室对各个工作室进行年度考核。考核结果等次分为优秀、合格和不合格，并在全县公示。凡考核合格及以上的工作室，根据工作业绩、研究成果等评出一、二、三等级，分别给予 5000 元、4000 元、3000 元的工作经费补助。在一个周期内年度考核均为优秀的工作室，经领导小组核准，可晋升为一级工作室；连续两个周期获得一级工作室资格者，经领导小组核准，可晋升为高级工作室。全县已有 4 个工作室晋升为一级名师工作室。

三、扎实活动开展，坚持高效推进，凸显成果成效

（一）抓实课堂教学

坚持规划与执行并重、线上与线下并行、结对与送教并举、教学与研究并进，聚焦新课程、新课改，指导学员研读课标，打造高效课堂；以研讨课为依托，扎扎实实上课、听课、磨课、评课，认认真真撰写点评、心得，提出思考和困惑，进行研讨和交流。

（二）着力课题研究

坚持以科研促教改，以教改促教学。每个工作室必须申报一个省、市级课题进行实践与研究，通过名师工作室研修活动的实践，进行资料积累、经

验总结。专业发展的内容、途径、方法和运作程序。工作室要求每位成员在抓好课堂教学的基础上，密切关注教育现象，深入思考教育问题，分析研讨教学案例，做到人人参与其中。

（三）强化学习交流

为更新教育教学理念，提升专业素养，组织外出学习交流 600 余人次，精心选购教育教学专著、学科教学书报近 2000 册。建立 QQ 群 20 个、微信群 22 个，扎实开展读书活动，积极进行交流探讨。学员们实现了"要我学"到"我要学"的转变，自觉汲取先进的教学理念，碰撞智慧的教育火花。

四、结合县域需求，审视问题困难

平昌县在名师工作室的组织管理和应用过程中，进行了很多尝试，也取得了一定成绩，但离全面推进教育高质量发展的目标还有一定差距：工作室建设区域和学科发展有待进一步平衡，平昌县名师工作室中大部分集中在县城学校，农村学校分布较少；音乐、体育、美术、心理健康、劳动教育等学科工作室建设相对薄弱，需逐步建设完善；不同学科工作室研修活动的丰富性、多元性、特色化还有待加强。下一步，工作室将以提升质量为抓手，以素质教育为取向，以课程改革为契机，以价值实现为目标，进一步强化服务意识、责任意识、创新意识，落实组织保障，规范工作室发展路径；进一步夯实专业指导，牢固工作室建设根基；进一步完善机制建设，提升工作室发展后劲，不断总结经验、改进方法，使工作室真正成为名师培养的孵化器和骨干力量的集聚地，有力助推全县教育高质量发展。

优培精管强师能，辐射引领播芳菲

广元市教师发展中心　　常枭妹　程　勇

为培养造就一批具有强烈的教育情怀，高超的教育教学能力，扎实的教育科研水平，深厚的理论功底，具有强大的引领、辐射力的教育教学带头人，并通过他们培养一大批骨干教师队伍，让广元孩子在家门口就能享受更加优质的教育，2013 年，广元市人民政府印发《关于实施名师工程的意见》，启动"名师工程"。到 2020 年已评选 4 批次共 378 名市级名师，组建广元名师工作室 264 个，名师乡村工作室 54 个。经过 8 年的探索与实践，广元市名师工作室建设从政策引导、申报与组建、工作室主持人培训培养、工作室日常管理完善、激励考核机制及保障措施等方面探索出独具特色的广元市名师工作室建设的实践路径，谱写出以广元名师工作室为平台的强化教师队伍建设新篇章。

一、广元市名师工作室建设实践路径

（一）布局谋篇，规范管理与强化落实

习近平总书记在全国教育大会上指出，"教师是人类灵魂的工程师，是人类文明的传承者，承载着传播知识、传播思想、传播真理，塑造灵魂、塑造生命、塑造新人的时代重任"，要"坚持把教师队伍建设作为基础工作"。教师的成长离不开优秀教师团队的共同进步与引领。名师工作室以先进的教育思想为指导，以名师为引领，以学科为纽带，旨在搭建促进名师自我提升和中青年骨干教师专业成长的发展平台。

广元市人民政府高度重视教师培训和教师队伍建设，大力实施"三名工程"，于 2013 年发布《关于实施名师工程的意见》，2018 年发布《关于修订〈关于实施名师工程的意见〉的通知》，2019 年发布《广元市全面深化新时代教师队伍建设改革实施方案》，明确提出加强教师培训。对工作室主持人条件、工作室筹建办法、成员选拔、工作室运行、工作室职责职务、条件保障、管理等都做出规范性指导，并印发至各县区及市直属学校，明确责任主体，对标对表压实任务，以确保名师工作室高标准建设落到实处，取得实效。

（一）分段分类实施培训培养

1. 名师严格按照"先培训后上岗""上岗不忘再培训"原则，在初评名师组织开展"名师通识性培训"

4 年任期内安排名师进行一年一度的课堂教学、课题研修与论文写作等年度专题培训，确保名师每年集中培训不少于 40 学时。任期届满后，选择 50 名左右的优秀名师进行为期 2 年的教育教学水平、教育管理和教学研究能力等综合能力再提升专项培训培养。进而培养形成具有个人风格的专家型名师，助推名师从优秀走向卓越。2013 年启动名师工程、组建名师工作室以来，先后安排名师工作室主持人分赴清华大学、北京师范大学、华东师范大学、西南大学、浙江大学、陕西师范大学、绵阳师院等进行研修培训，为名师成长提供研修学习平台。

2. 典型示范激励

乡村学校籍名师受工作环境、个人业务能力、学校支持力度欠缺、区域辐射引领度不畅等诸多原因影响，往往个人信心度不足。为解决这一问题，应支持他们聘请专家顾问，并在全市选择代表性名师一对一示范指导，通过身边典型人物与案例来示范激励乡村名师成长。同时，督促工作室所在学校给予支持保障，要求区域学校选择成员加入，乡村名师成长效果显著。

3. 跟岗学习激励

与北京、上海、广东、浙江等教育大省（市）取得联系，搭建平台，为广元名师创造学习机会；向经济发达、教育教学质量高的地区的名师跟岗学习，通过典型示范、专家引领，广元名师走入名师课堂与生活，实行"五跟"（跟课堂、跟教研、跟生活、跟学习、跟讲学），感悟名师风采与风格，进而激励名师奋进奋发。

（二）多措并举，规范运行与创新激励

1. 督促开展常规性工作

成立各级名师工作室工作机构，统筹规划，密切配合，确保名师工程各项工作落到实处、取得实效，进而充分发挥"广元名师"示范引领辐射作用。常规督促名师工作室开展经常性学习、研讨、写作等集体活动，有力指导名师工作室定点开展联系薄弱学校实行一对一帮扶活动，有序安排跨校区域性研修送教培训教师活动，积极开展全市性的名师论坛、名师素养培训，让名师展示风采，提升能力。

2. 倡导成立名师学习共同体

依据"科学规划、控制数量、提高质量、充分发挥示范引领作用"的原则，鼓励名师工作室积极向外扩展，与市内外优质学校建立联系，取经求问，同时多与片区内薄弱学校结对，分学段、学科建立片区教研共同体，以名师工作室为载体，促进青年教师成长、中年教师能力再提升。

3. 实施护卫名师行动，形成良好名师工作氛围

为铸师魂、修师德、树师表、练师能，让广元名师能安心从教、热心从教、舒心从教、静心从教，充分发挥辐射引领和示范带动作用，提高工作幸福感，市教育局出台了《关于进一步加强广元名师管理与关爱工作的通知》《关于进一步加强教师关爱工作的意见》。明确维护了各级各类教师获得应得待遇、参与培训、休假、体检等各项权利，保障了名师工作室硬件建设、经费支持、考核表彰机制等，适量减少名师事务性工作，督促名师工作室所在县区、学校给予工作室工作大力支持。

4. 创新考核办法，激励名师积极开展工作

采用"标准量化＋过程性查阅"方式考核，强调合理性。将名师工作室工作纳入县区教育局及学校年度重点工作之一进行考核与量化。

5. 落实管理职责，提升名师工作室管理水平

市级名师工作室管理部门制订政策指方向，统筹规划保效果，探索完善名师工作室管理、运行、培训、保障模式。县区具体落实名师工作室日常工作，探索具体工作开展机制。

二、广元市名师工作室建设实践成效

（一）增强了教师教育情怀

苏霍姆林斯基说，最好的老师，在其教育修养中起决定性作用的一种品质便是对孩子的依恋之情。正是凭着一腔对学生的热爱之情，一份对教育事业的执着，广元市涌现出一批又一批卓越之师、仁爱之师。"尽管外面的世界红尘正嚣，尽管很多人读不懂我坚守的背影，但只要孩子们真诚地唤我一声'老师'，我就有了自己坚守信仰的全部理由和意义。"奉献乡村教育22年的第一批广元名师孙会兰如此说。大山深处坚守32年的广元名师、青川县沙州中学教师董蓉泽，岁月更替，初心不改，誓为乡村孩子插上梦的翅膀。苍溪县龙山小学美术名师向强因地制宜，在乡村小学建立泥塑名师工作室……2020年广元市涌现出牟舫等70名"立德树人关爱学生好老师"、权孟德等140名市级优秀教师、赵培宇等44名优秀教育工作者、赵鹅等57名优秀班主任、魏有红等10名"最美乡村教师"。

（二）更新了教师教育理念

名师工作室是新时代要求下教育教学改革的排头兵，通过名师工作室的桥梁作用，贯穿落实教师终身学习思想，名师工作室主持人远赴教育发达地区、著名高校开展高级研修学习活动，让名师工作室主持人开视野，增见识，充实头脑，接触先进的教育教学理念，汲取科学的教育教学方法，及时更新教育理念。进而培养一大批适合时代、适合本地教育发展理念更新的全市教师队伍。

（三）改进了课堂教学方法，教育教学质量得到提升

通过名师工作室各项活动的开展，形成名师工作室团队自己的风格。从

而激励广大教师探索改进教育教学方法，将过去单一枯燥的课堂变成丰富多彩、富有创造的自主课堂、赏识课堂、小学数学的"玩中学"课堂等各具特色的新型课堂。有了满足不同需求学生的课堂教学方式，极大提高了学生学习积极性，学生喜欢、家长信任、同行认可。2018 年以来广元市流往外地求学学生人数得到明显遏制，教学质量在全省排位也大幅度提升，社会认可度提升，全市行业考核位居前茅。

（四）科研成果显著

根据 2019—2020 年度名师工作室考核统计，广元市名师工作室承担国家级课题 14 个，省级课题 102 个，市级课题 120 个，校级课题 33 个；发表论文近 500 篇，有近百篇论文获得各级各类奖励。全年名师送教培训 256 次，上示范课近千节，举办讲座 300 余场，培训青年教师 3 万人次。实现了全市四县三区全覆盖，可谓硕果累累，枝繁叶茂。出版《名师在研修中成长》一书，全书近 40 万字，收录了近百位名师的成长成才经历、培训感悟、师生情长故事、优秀教学案例以及教学科研经验等。

（五）教师成长迅速

著名心理学家库尔特·温勒指出，群体的凝聚力、内耗力和群体压力三种要素相互作用、抗衡、彼此转化，推动了群体的演变和发展。名师工作室是一个特殊的群体，它以学科研究热情为纽带，在政策扶持、名师主持、团队支持、全员坚持的合力推动下，更新观念，改进教育教学方法，聚焦品牌、汇聚人才，不仅实现了名师个人的成长成才愿望，也辐射带动了一方教师的成长。2018 年以来广元市名师工作室主持人在市级学术带头人、科技拔尖人才选拔、省级特级教师评选、正高职称评定中始终占据入选人数的绝大多数。众多名师工作室成员成长为市级骨干教师、优秀教师，更有许多名师工作室主持人及成员走上学校管理岗位。

（六）引领辐射示范作用得到进一步扩大，展现广元名师在省外的影响力

经过 8 年名师工作室建设实践，名师工作室的引领辐射作用得到不断发展。

从初期的名师工作室按工作安排完成任务型送教等辐射功能，逐步发展到主动走出校园，跨学校、跨区域性自主型辐射。现在名师工作室的引领辐射作用不仅仅满足任务型、自主型引领辐射，众多名师工作室主持人的自信心不断增强，社会影响力不断扩大，跨县区、甚至被市外、省外有关教育部门、学校邀请讲学、上示范课，实现任务型、自主型、邀请型综合性引领辐射示范作用。据不完全统计，广元市名师先后有多人受邀到成都、德阳以及重庆、广州、兰州等地讲学、学术交流。

三、广元市名师工作室建设反思

广元市名师工作室建设初期，存在重建设数量、轻活动质量，全市工作室建设学科不均衡、名师工作室的研修活动单一，以磨课、听评议课、竞课赛课、探讨交流为主，缺乏形式内容创新，名师工作室日常事务繁杂，缺乏能力提升、个人风格锤炼等问题。

在今后名师工作室建设与管理中，一是要精简数量、提高质量，让具有高理论水平、高实践能力、高组织能力的名师，作为名师工作室主持人建设高水平名师工作室；二是要减任务，卸压力，将时间还给名师工作室自主安排，减轻名师事务性工作，将名师从低效重复的繁杂工作中解脱出来，确保名师工作室形成风格特色；三是加强交流，缩小差异，建立区域学习共同体。打破城乡壁垒，适当照顾乡村学校，进一步建立教师学习共同体，鼓励城乡教师的对话、交流，缩小城乡教育差距。

习近平说："一个人遇到老师是人生的幸运，一个学校拥有好老师是学校的光荣，一个民族源源不断涌现出一批又一批好老师，则是民族的希望。"这充分说明教师是教育的关键。希望通过名师工作室建设，让名师工作室成为教师成长的阵地，让更多教师成长为优秀教师，让广元孩子有机会遇见好老师、学校拥有好老师、社会涌现一批好老师。只要树立标杆，充分引领示范，带动教师队伍整体素质提升，广元的孩子便会在家门口享受到更加优质的教育。

名师工作室建设的研修模式

眉山市仁寿教师进修学校　　李平平

名师工作室研修的场域可以分为线上研修、线下研修和混合式研修等，研修的范围可以分为自主研修、工作室团队研修、跨区域（团队）合作研修，研修的形式可以分为主题阅读、交流研讨、会议活动、外出访学、专题讲座、课题研究、资源开发，研修的内容可以分为教育政策、教育管理、师生发展、课堂教学、课程建设、教育评价等。对四川省名师、名校长鼎兴工作室研修活动，主要有"引领、示范、研究、培训、帮扶"五大研修模式。

一、引领

工作室作为一个团体的组合，在组建初期，每个人对教育的理解和认识都是不一样的。要让这个团体凝聚在一起，必须构建引领团队的研修体系。

（一）价值引领

价值引领是工作室存在和发展的基础。工作室成员必须具有统一的价值认同，才能进行长期的合作研修。基于此，四川省在组建名师工作室的时候，采取了两个主要措施。一是精心遴选高水平的工作室领衔人，通过自主申报、资格初选、候选人答辩、专家组评议等多个程序，选出在全省具有引领作用的工作领衔人。二是采取双向选择的形式组建工作室团队，通过学员报名、组织推荐和领衔人筛选，最终形成具有价值认同的工作室团队。

（二）主题引领

名师工作室团队在组建以后，面临着一个重要的问题，就是如何带领这个团队进行有效的、系统的、持续的研修活动。这就要求每一个工作室提出研修主题，在主题的引领下细化研究内容，分期分步开展研修类活动。有了主题的引领，研修活动才不至于散乱，才能更加有针对性。四川省钱中华小学数学名师鼎兴工作室认为，"发展学生的思维是数学课的根本，而这是数学老师的责任和使命，是数学教学的核心"，并提出"思辨课堂"的研修主题。在"思辨课堂"的引领下，工作室有了研修的方向，大家围绕"小学数学思辨课堂的实践研究"来开展研修活动，生成了大量的研修成果。尹福泉名师工作室以"专注语文核心素养，凸显职教特色"为发展理念，以打造"情怀、胸怀、眼界、境界"的团队文化，追求幸福团队，共同守望教育。

（三）任务引领

任务引领是工作室最常见的研修方式。根据工作室成员的特点，制订具有针对性的研修任务，让成员在完成任务的过程中不断提升专业素养和能力。省教育厅对工作室也提出了学科建设、资源开发、教育扶贫、教育培训、人才培养等相关研修任务，以工作室来带动全省教育发展。四川省冯学敏小学语文名师鼎兴工作室基于"大美语文"的研修主题，围绕"大美语文的理论与实践研究"，通过实施"三招九式"研究路径，建构"认识汉字之美、习得汉语之美、品味阅读之美、训练表达之美、体悟语文生活之美"五大研究领域，制订"理论架构、实践途径、课堂教学评价标准、专题研究、微课录制"五项具体任务。根据工作室成员的特点进行分工，落实到人。李海容名师鼎兴工作室以"让我们成为更好的自己！"为发展愿景，牢牢扎根课堂，专注"整本书的专题研讨、统编教材习作单元的专题研讨、统编教材精读课文的专题研讨、统编教材口语交际的专题研究"四个专题，带领工作室成员为成就更好的自己而努力。

二、示范

名师工作室因学科而生，因名师而聚。名师示范具有极强的感染力和体验感，有利于工作室成员在榜样引领下深入理解和掌握名师的教育理念和操作方法，是提升工作室成员专业素养的重要途径。

（一）实践示范

工作室领衔人亲身示范，带领成员完成一项项工作任务，在合作的过程中以自己的工作作风、工作方式、工作效果来感染和引领成员们，给他们以精神和专业等方面的启发。

（二）成长示范

每一位工作室的领衔人在专业知识和个人素养等方面都是有所建树的。他们的成长经历和环境对青年教师、对工作室成员、对学科教师都有典型的示范引领作用。领衔人将个人的成长经历和经验融入对工作室成员的示范中，带动工作室成员一起向前发展，体现了以名师为引领的工作室典型特征。

（三）成果示范

教育成果主要包括教育理论的创新成果、教育实践经验成果两个大类。教育成果是在名师的教育理念和教育方法的指导下，经过不断的实践和改进后形成的。所以，教育成果能很好地体现名师的专业水平和个人能力。通过名师的成果示范，工作室成员更直观、更真切地感受和领悟名师的教育主张和理念，更有效地引领成员的专业成长。

三、研究

研究是名师工作室的一个重要工作。名师是在教育教学方面有一定积累和成就的教师，他们的专业发展需要从实践向理论方向转变，通过理论的研究指导更高层次的实践工作，从而提升教育的品质。

（一）主题教研

教研工作是教师的重要研究工作，对于总结教育教学经验、改进教育教学的方法、提升教育教学质量起着非常重要的作用。主题式教研具有序列化、系统化、聚焦化的特点，更有利于研究的持续和深化，已成为工作室活动的重要方式。

（二）实践反思

在实践过程中不断发现问题，反思不足，优化实践方式，从而促进实践与理论的不断完善，达到理论实践相互结合、互相印证的效果。工作室通常以定期的主题交流、专题研讨、经验分享、课堂展示、教学反思等形式进行实践反思。

（三）课题研究

课题研究是基于教育教学过程中所面对的问题和困难，对产生的背景原因进行系统的科学分析，梳理出解决问题的理论思路和行动指南，并通过专门的研究活动对其进行验证的研究方式。课题研究有利于工作室将研究的思路聚焦到一个主题，提升研究的水平和成果的质量。四川省教育厅要求每个工作室立项专项课题，以课题研究为工作室发展的重要抓手，促进工作室成员在共同的研究课题引领下，围绕共同的研究主题共研共进共享，从而实现团体的提升。

四、培训

工作室围绕教育教学改革与实践，定期举办多种形式的研修活动，不断提升教师素养和专业能力，带动本学科的建设与发展，实现"培养一个，带动一批，辐射一片"的目标。

（一）团队研修

工作室根据自身的专业特点和发展需求，通过外出访学、邀请专家指导、室室交流、室内自主学习等多种研修形式，强化团队合力，提升能力水平。四川省罗清红名师鼎兴工作室着眼于当下高中物理课程改革研究和实践，除常规活动外，还开展了"院士引领，高位驱动；博士参与，博士课堂；跨界融合，文化研修；名校访学、高效合作；智能时代，学科前沿；5G+MR全息物理课堂"等特色活动，力图让每一位成员在工作室这个动力智库系统中持续发展。冯恩旭、胡林两个美术名师鼎兴工作室（中学、小学）联合开展研修工作，推进资源共享和学段融通，实现"1+1>2"的工作室发展模式，提升了工作室研修效能。

（二）送教送培

名师工作室参与各级各类教育培训活动，主动承担地方组织的示范课、研究课等公开教学任务，以专题讲座、课堂示范、教学指导等形式，对教师进行培训，发挥带动辐射作用，促进教师专业成长。2020年，应仁寿县教师进修学校的邀请，谢红梅名师鼎兴工作室参与了仁寿县青年教师助力培训项目。谢红梅作为该培训项目的首席专家，在培训的方案研制、课程开发、效果评价等方面提出了高质量的建议，并带领工作室成员做专题讲座、课堂示范和教学指导，提升了培训的质量，为仁寿县教师队伍建设提供了专业助力。

（三）资源开发

名师工作室根据教师专业标准，围绕学科教学的重难点与创新点，组织开发学科教学设计、课堂教学视频、教学案例、创新性作业与评价等课程教学资源，推动学科发展。四川省李海蓉名师鼎兴工作室参与了四川省民族地区小学语文学科教师教材教法资源研发工作。她的工作室团队独立承担了二年级的资源研发工作。2019年6月，工作室分4次完成92节课约45万字的话本撰写、授课PPT制作和所有课程的录制工作，起到了良好的辐射带动作用。四川省教师培训项目办公室印发了《四川省教师培训项目办公室关于做好省级名师鼎兴工作室2020年度课程资源建设任务的通知》，对各学段、学科的名师工作室提出了课程资源建设的具体要求，总计开发各类课程数千课时，有力地推动了全省学科发展。

五、帮扶

作为全省具有引领和示范作用的名师工作室，其重要使命是通过工作室活动促进全省教育的均衡发展。因此，帮扶薄弱地区的教育发展成为名师工作室的一项重要工作内容。四川省名师鼎兴工作室在省教育厅的指导下，根据自身实际情况，开展了数百次教育帮扶活动。特别是在2020年，工作室响应省教育厅的统一部署，深入参与教育扶贫工作，在决战脱贫攻坚行动中起到了重要作用。

（一）送教帮扶

工作室根据需要帮扶的地区、学校、学科和教师的整体特点，确定其送教需求，针对性地制订送教方案，选择适当的送教内容和形式，提供具有引领性和适应性的送教帮扶。2020 年 8 月 7 日，持续 21 天的"'川越视界，天府师说'四川省名师、名校长鼎兴工作室在线论坛民族地区专场"小学段活动圆满结束。该活动是在省教育厅领导下、省教科院指导下，由四川省教师培训项目办主办、四川省钱中华名师鼎兴工作室和冯学敏名师鼎兴工作室承办的"扶薄支教送清凉，脱贫攻坚奔小康"专项行动。1 个学段、2 个学科课程、48 名工作室（子工作室）成员精心筹备，9 个专题课时、9 个微讲座、23 节微课、23 次微点评，总时长 1370 分钟，共计 716500 余人次参与。活动借助网络平台，依靠名师团队，以直播的形式为民族地区教师提供了相互学习、共同探讨的平台，搭建起一座"空中学院"。

（二）诊断指导

工作室到相关区域和学校，对其教育教学和管理进行系统诊断，并形成诊断报告。通过诊断帮扶，为薄弱地区的教育改革和发展提供指导性的意见和建议。一是课堂诊断。工作室成员进入教师的课堂，通过听课评课、课堂观察，对教师的课堂教学进行多维度、多角度的诊断，帮助教师提炼个人教学的特色，改进教育教学的不足，对课堂教学进行优化和完善，使教师的教学更具有风格、品质。二是学校诊断。工作室成员进入学校，通过看听访思议等方式，对学校进行全面的诊断。帮助学校提炼校园文化、建构学校课程、优化课堂教学、改进教学管理、完善教育评价，促进学校全方位的改进和提升。三是区域诊断。工作室通过查阅资料、实地走访、个别访谈、问卷调研等形式，对某区域的教育教学和管理进行整体的调研。通过团体的合作，形成区域教育现状及改进建议的调研报告，为区域教育发展提供指导。

（三）结对帮扶

工作室与相关地区、学校或教师结成长期的帮扶机制，通过工作室定期到相关地区学校实地指导，或帮扶地区的教师到工作室成员所在单位进行跟岗学习等方式，持续帮助薄弱地区提升教育教学和管理水平。四川省李佳名园长工作室提出结对帮扶的五步行动期。第一步：预备期，即了解人文历史、民风民俗、学前教育情况及需求，确定计划。第二步：介入期，即进入园所了解幼儿园历史、教师观念、传统规则等。第三步：交互期，即看现场、听课、专题讲座、现场教学、点评等。第四步：诊断期，即梳理清单、形成报告、制订方案。第五步：行动期，即共谋愿景、共商共建，方案实施、追踪问效、效果反馈、方案修正、措施调整、后续支持。五步行动期的提出，标志着结对帮扶行动不是短时的，而是一个长时间的过程。只有经历了一个相对长的时间过程，才能抓住问题、看准问题，并且提出有效的策略。

区域多层级名师工作室建设的问题与对策

四川省教师发展中心　　鄢春苗

四川省各层级名师工作室在引领教师专业成长、推动区域扶贫支教、开发优质课程资源、带动学科发展、引领区域教育教学改革等方面取得了显著成效。但名师工作室的运行和发展，仍存在定位不清、发展不均、管理与评价不优等问题。对这些问题进行深入分析和研究，探寻有效的解决策略和措施，对于促进名师工作室有序、持续、高效运行，对于科学培养和造就优秀教师，提升育人质量，推动教育改革发展，都具有十分重要的作用。

一、四川省多层级名师工作室建设现状

2009 年 3 月，成都市青羊区教育局印发《关于建立首批特级教师个人工作室的通知》（青教字〔2009〕33 号），成立刘大春特级教师工作室，标志着四川省首批县级名师工作室成立。

2012 年，成都市教育局印发了《成都市名师工作室和名校长工作室管理办法（试行）》和《成都市名师工作室和名校长工作室考核办法（试行）》，随即组建了首批市级名师工作室。2018 年 10 月，四川省教育厅组建了首批 45 个省级名师、名校长工作室。2020 年又组建了 33 个省级名师、名校长鼎兴工作室，形成了省、市、县、校四级名师工作室体系。至 2021 年 4 月，全省共建有各级名师、名校长工作室 2300 余个，覆盖 21 个市州 186 个县（市、区）。

四川省名师工作室发展迅速、形势良好，呈现数量多、学段全、学科覆盖广、层次分明、类型丰富等显著特点。工作室建设成效显著，据不完全统

计，四川省各级名师工作室共培养工作室成员21000余名、学员39000余名，工作室领衔人示范执教的公开课13500余节，工作室领衔人及成员撰写的文章、课例、案例在省级及其以上刊物发表12600余篇，工作室领衔人及成员编著出版的著作1200余部，工作室领衔人主持或带领成员主研的课题（教学成果）获得省级及其以上奖项的1600余个，工作室中有100余名教师被评为四川省教书育人名师。经过10余年的发展，名师工作室运行机制不断成熟，研修形式逐渐丰富，作用功能日益强大，有效带动了学校、区域教研活动的蓬勃开展、学术研究生态的不断优化和教师专业发展水平的不断提高，对学校教育教学质量的提高和办学综合效益提升起到了积极作用。

二、名师工作室建设存在的问题

（一）目标定位不够清晰

1. 各级名师工作室职能重复

各级名师工作室职能重复交叉、定位模糊。国、省、市、县、校五级名师工作室在促进教育教学改革、区域教育均衡发展、教师梯度培养方面缺乏体系化、层次性的目标定位。在常态运行和发展过程中，开展的教师培训、课题研究、学科教研、扶贫送教、资源研发等活动的形式、内容、深度等，没有区分度和侧重点。

2. 工作室内部发展定位不清

部分工作室领衔人未能提出成熟的教育理念和明确的教学主张，未能根据区域教育教学改革与发展实际需要、工作室成员优势特点，定位工作室发展方向和建设目标。工作室缺乏具体的目标指向，在形式上照搬，在主题确立、学习与研究内容选择及成果表达上，缺乏深入、系统的思考与设计。有些工作室价值取向存在偏差，重视有利于职称评定、荣誉表彰、职务晋升或与考核相关的学科教研、课题研究、评选展示等活动，其他活动则鲜少开展。

（二）专业引领缺乏力量

各级教育行政、业务部门或导师团队对区域内工作室领衔人的培养培训和工作室建设与发展的专业引领不足。一些地方以管理制度代替专业引领，印发一份管理制度后，由工作室依据管理办法开展工作，年终时搞一次验收评估，过程中缺乏专业管理与指导；一些地方设立了名师工作室培训项目，但只是通过一年集中一两次会议或送领衔人到高校、教育发达地区考察学习工作室建设中的问题，学习工作室管理经验。缺乏对领衔人工作室领导力、学科及专业发展力、教育改革创新力等方面的系统培养和常态化的专业引领。

一些地区工作室，未经过对领衔人的周期性的系统培养和考核，仅通过学历、职称、荣誉、业绩等方面的条件认定为工作室领衔人，或成为上一级工作室成员，就自然选拔为本级工作室领衔人。一些领衔人的规划能力、管理能力、学科专业能力、创新实践能力、资源开发与拓展能力等方面能力或条件有限，对工作室成员的专业引领和发展带动力不足，难以承担建设高品质名师工作室的重任。

（三）制度机制不够成熟

一些地区或学校对工作室职能职责、管理办法、运行方式、经费使用、绩效标准等未形成规范的工作室建设办法或实施方案，以工作文件或会议通知等方式安排工作室年度工作，缺乏工作室常态运行的制度保障。工作室内部组织架构及职能不明确，工作室规划、读书、交流、研究等活动未形成规范制度，制约工作室常态运行及创新发展。

各级各类名师工作室经费标准差异较大。部分地区或学校给予工作室的经费保障不足；一些地方经费拨付程序复杂，行事拖沓，工作室组织开展了活动不能及时支付相应经费；缺乏工作室经费管理与使用办法，对工作室经费使用范围、标准、流程及要求不明确或不优化，工作室经费使用不规范或效率低。

一些地区或学校在年终发布考核评价通知或明确考核评估标准及细则，致使工作室为应付考核评估花费大量时间写报告，做支撑材料。考核方式单一，仅采用总结汇报或资料查看方式考核，只注重结果考核，不注重过程性考核、发展性考核。考核结束后不能提出有针对性的改进意见或建议，考核结果不能有效应用于经验交流、问题汲取，为考核而考核，失去考核的根本价值和意义。

不少名师工作室未建立起领衔人或成员可进可出的制度。当工作室领衔人因退休、工作单位发生改变或考核不合格取消资格后，工作室便自行解散，工作室成员的持续发展得不到保障。一些地区的工作室建设期满后，便终止对其经费的支持，工作室建设自行终止。一些工作室建设期满后，重新遴选成员，实行新一轮的建设，原有成员的持续发展受到影响。同时，新一轮工作室的建设目标定位也未因时因势重新定位。

（四）发展不够均衡

工作室的发展与当地教育行政部门的重视和当地教育发展水平密切相关，各地工作室在起步时间上、数量上、发展水平上存在显著的区域差异。各地工作室主要聚集在语文、数学、英语等主要学科上，音、体、美、劳、信息技术等学科工作室比较薄弱。总体上看，基础教育名师工作室发展，又优于职业教育名师工作室。基础教育名师工作室起步早、发展迅速、体系完善、覆盖面广。职业教育名师工作室起步较晚、发展缓慢，学科或专业覆盖面不广。同时，中小学名师工作室相较于学前教育名师工作室发展形势更好。

受工作室领衔人领导力、研究力、学科专业力等方面影响，工作室间发展不均衡。体现为以校长、教研员或学校行政领导为名师领衔人的工作室开展活动的深度、频次、类型、辐射影响范围等，相较一线名师工作室更具优势。一部分工作室领衔人有较强的事业心和责任心，工作室成立后，汇智聚力，广泛持续开展形式多样、内涵丰富的活动；而一部分工作室领衔人将名师工作室视为荣誉，重申报、轻建设，工作室成立后鲜少开展工作，每年只象征性地组织成员集中学习、研讨一两次。一部分工作室领衔人或成员内驱力不足，工作室成立之初活动搞得轰轰烈烈、有声有色，第二年、第三年就逐渐冷却下来，活动次数明显减少、活动质量明显下降。

（五）体系建设不够完善

整体上看，名师工作室有国、省、市、县、校五级工作室体系。但部分学科，如音乐、体育、美术、信息技术、心理健康、劳动等学科尚未建立起五级体系；不同类型，如职业教育名师工作室，名校长、名班主任、名辅导员工作室五级体系不健全，影响工作室层级培养进阶发展。各级工作室在组建时缺乏整体设计，没有序列化系统性。主要表现在对工作室领衔人的认定程序、标准不合理，未经过系统培养或逐级培养而直接认定。工作室缺乏有效规划，活动主题、形式、成果等零散、不成体系。工作室对教育教学中实际问题缺乏系统深入的研究，工作室活动缺乏内在逻辑，形成的成果及影响也不突出。

三、新时代名师工作室发展建议

（一）结合区域需求，明确工作室建设目标

工作室建设目标要与区域教育发展与教师实际结合，服务地方教育发展。四川省基础教育呈现成都教育高峰与民族地区教育洼地泾渭分明的局面。省级名师工作室建设，需要结合四川乡村振兴计划，造峰填谷，促进教育优质均衡发展。省级名师工作室的重要目标是研发优质课程数字资源，强化辐射民族地区教育的"三个课堂"建设。因此，每个工作室遴选两名民族地区教师，每年开展不低于两次深入民族地区学校送教送培的研修活动，以此强化工作室的辐射引领与示范作用。

市级名师工作室要致力于开展学习型团队建设，基于区域教育教学改革中面临的问题和困难，围绕领衔人的教育思想和教学主张，共同探讨、协作、研究，引领区域教育教学改革和学校发展。要能够承接教育行政部门交办的教师培训及科研任务等。

县级名师工作室要着力于区域内新入职教师、青年教师培养培训。以教育教学为中心，常态化推进区域教科研活动及交流展评活动，提供高质量的课堂教学实施策略，引领学科建设，促进区域教师专业发展及教学质量提升。

校级名师工作室要着力于深化校本研修活动，开展集体备课、观课议课等活动，提高教育教学实效；聚焦学校发展及教师课堂教学中的实际问题，开展微课题研究，生成优质的课例资源等。

（二）优化体系建设，规范工作室发展路径

1. 工作室领衔人培养体系

由于工作室建设具有层级性和学科（领域）特性，需要对不同层级工作室建设准确定位，避免各级工作室的重复交叉。为规范各级工作室的准确定位与功能发挥，建立由校级工作室领衔人逐级晋升的工作室建设体系。即工作室周期结束后考核优秀的校级工作室领衔人方可晋升县级工作室领衔人，以此类推。或由各级教育行政部门按照一定标准遴选名师培养对象，经过三至五年周期性系统性培养并经考核合格后，依据学段学科及类型择优遴选各级名师培养对象作为工作室遴选人。

2. 工作室成员结构体系

规范工作室人员的组织架构，强化工作室的层级效应。如四川省级构建中小学"1+10+5"的工作室链条式人员架构，即每个工作室以 1 名领衔人指导 10 名成员、每位成员带领 5 名学员组成；省级构建职业教育"1+19+N"的工作室组织模式，即 1 名工作室主持人带领 19 名成员，每名成员指导若干名学员。只有落实各级组织管理功能，才能强化每个学科（领域）直接辐射引领不同地区不同层级的教师专业发展。

3. 工作室运行体系

工作室内部也要建立起良好的组织体系，构建核心团队、基础团队、外围团队，或建立起课题组、宣传组、资料组、管理组、活动组等内部组织。明确团队或内部组织的相应职能，建立一种紧密的组织结构和系统的运行体系。工作室运行制度也应形成科学的系统。如工作室整体规划和成员个人发展规划、全周期发展计划与年度发展计划；合理规划课题研究计划、课程及教学资源开发计划以及核心成果的序列化、体系化等。

（三）夯实专业指导，牢固工作室建设根基

1. 强化工作室发展专业引领

各个工作室领衔人在教育科研、师德修养、人格魅力与教育情怀等方面有着共性特质，但在学科（领域）特性上差异较大，需要进一步配置精深学科（领域）专业与理论高度的导师团队，强化工作室在课程建设、课题研究等方面的专业指导。

2. 丰富活动及内涵，筑牢工作室建设根基

名师工作室的本质是集培训、研究、实践于一体的教师专业发展共同体。活动是名师工作室开展工作和常态运行的主要方式。建立工作室活动实施机制，完善活动路径、丰富活动内容、创新活动模式，是工作室建设与发展的核心。强化工作室团队文化建设，激发团队内生动力，以主题序列式、结对联盟式、混合研修式、任务驱动式等方式开展研修活动，广泛进行专业阅读、集中研修、课题研究、专题研讨、送教帮扶、写书著述等丰富的活动，筑牢工作室建设根基，促进工作室多元化、创新型发展。

（四）完善制度机制，促进工作室持续发展

"没有规矩，不成方圆。"工作室健康、稳定、可持续的运行和发展，需要一套科学、合理、完善的制度来规范行为、维持秩序、提供保障。

1. 建立完善工作室管理制度

一般而言，各级工作室主管负责部门，如教育行政部门或学校要出台工作室管理办法（建设意见或实施方案），明确工作室组建规则、工作室组成条件、工作室管理体系及具体办法、工作室建设周期、工作室职责任务、工作室经费管理办法，重点应明确使用范围、标准、流程、绩效等。

2. 完善工作室内部规章制度

工作室内部规章制度主要包括规划制度、培训制度、研究制度、交流制度、经费制度、考核制度、进出制度等。工作室要形成制订团队和个人三年或相应周期发展规划、年度工作计划的制度；形成培训方案设计与课程安排、组织管理、活动要求等方面的管理办法或意见；形成调查、研讨、课题研究的制度；建立定期交流制度；建立工作室专用账户，专款专用，安排专人负责经费预算、决算及报账支出；制定成员考核制度，对工作室成员参加学习、研究、对外交流指导等各项活动的出勤、任务完成、成果成效进行客观公正的考核；根据工作室发展需求，明确人员结构及成员入室条件，根据个人发展需求和考核结果进行人员动态调整，建立可进可出的流动制度。

3. 强化保障制度

名师工作室的运行需要工作室稳定的研修场地、活动场地、校内外实践基地，需要开展学习、研讨、交流、研究等必要的课程、数字化资源、网络平台、专家资源等条件支撑。各级教育行政部门及工作室所在学校要为配置这些条件提供必要的政策及经费保障，制定工作室运行的保障条件标准。

4. 优化激励制度

哈佛大学教授威廉·詹姆斯指出，如果没有激励，人的能力能发挥出20%～30%，得到激励则能发挥80%～90%。工作室的效力、持续发展，需要从物质激励、精神激励、外在激励和内在激励等方面建立科学有效的激励机制，并将之上升为制度以作为保障。四川省教育厅和财政厅联合印发《四川省中小学省级名师名校长工作室建设实施办法（试行）》，明确"领衔人和成员参与工作室活动的工作量分别按照所在单位专任教师平均工作量的50%和20%计算教学或管理工作量"；领衔人或成员在工作室活动期间产生的课时按"领衔人800元/专题（课）、成员讲课500元/专题"标准发放。这对领衔人和成员参加工作室活动产生了激励作用。

5. 强化管理与考评

为促进工作室运行与发展，教育行政部门、业务管理部门、工作室所在学校要分别发挥相应职能。教育行政部门主要负责工作室顶层设计、进行制度安排、提供经费保障、实施统筹管理；业务部门主要负责工作室主持人遴选、培训、工作室活动业务指导、工作室过程管理及年度（中期）、终结考核评估的组织实施；工作室所在学校主要负责承担组织领导，提供工作室有关人、财、物等的运行保障等。同时，工作室管理部门要分析评估要素，构建既注重工作室背景、输入、过程的评估，又注重反应、学习、行为和结果多层次的效果评估的科学的评估模型。通过自查自评、专家评估和第三方评估等多种方式，对工作室进行年度（中期）考核评估及周期验收评估。评估结束后，评估主体应及时反馈评估结果，并在一定范围内公开，使评估结果作用于工作改进、组织激励、人员表彰等。

第二篇

工作室建设典型案例

贾雪枫名师鼎兴工作室

问道历史，鉴古励今

贾雪枫名师鼎兴工作室是由泸州市教育科学研究所历史教研员贾雪枫领衔，由来自泸州、内江、自贡、宜宾、攀枝花、凉山、南充和成都的 15 名省级初中历史骨干教师构成的研培一体的教师发展共同体。工作室成员涉及四川 8 个市（州）32 个县（区）72 所学校（单位）。

一、工作室理念及定位

工作室理念：问道——问为表征，道为内核。

工作室定位及发展愿景：将工作室建设成为实践探索的阵地、学术交流的平台、成果凝练的熔炉、青年教师成长的摇篮。

工作室主要任务：工作室致力于组织成员探索教学规律、追求教学艺术、研究教学技术。为青年教师提供百家争鸣的良好环境，缩短青年教师的成长周期。鼓励不同观点的交锋碰撞和相互融汇、彼此吸纳，追求和而不同的崇高境界。致力于探讨教育教学规律和追求教育教学艺术，培养教师教学的个性，培育教师独特的教学风格。为教师提供表达成果的机会和阵地，扩大教师个体在群体中的存在感和对群体的归属感。

工作室的奋斗目标及主张：工作室将建设现代中学历史教学实践体系作为奋斗目标，将"问道"历史作为价值追求和核心教学主张，将实践性、研究性、发展性作为研修的基本要求。

二、工作室的运行管理

（一）工作室的管理机制

工作室制订了明确的三年规划和年度工作计划，实行领衔人—研修组长—研修组—学员的管理架构。工作室领衔人对工作室建设周期内的运行负总责，负责制订工作室三年建设规划和年度工作计划。成立由班长、学术委员、宣传委员、纪律委员构成的班委会。班长负责工作室日常事务管理，具体落实工作计划的实施，完成年度工作总结初稿，完成领衔人交办的各项事务。学术委员、宣传委员、纪律委员各司其职。下辖15个研修组和4个跨区域研修大组。各研修组设组长1名，负责组织和实施研修组的自主研修活动。

（二）工作室的管理制度

工作室制定了《四川省贾雪枫名师工作室工作章程》《四川省贾雪枫名师工作室经费管理规定》《四川省贾雪枫名师工作室工作制度》《四川省贾雪枫名师工作室课题管理办法》等，建立健全了会议制度、学习培训制度、工作交流制度、考核制度、档案建设制度等各项管理制度。下发了《四川省贾雪枫名师工作室关于发挥成员引领辐射作用的规定》《四川省贾雪枫名师工作室优秀研修组、优秀研修成员评比的规定》等通知，形成了推动工作室良性运行的考核激励机制。

（三）工作室的专业指导

工作室聘请四川师范大学、绵阳师范学院、西华师范大学、四川省教育科学研究院等单位有关专家学者为学术指导专家，聘请南充、内江、自贡、泸州、攀枝花、凉山、宜宾等市（州）教育科学研究所历史教研员以及部分县区教师进修学校历史教研员为实践指导专家，指导工作室各项工作的推进。

（四）工作室的宣传

工作室建立四川省贾雪枫名师工作室微信群、四川省贾雪枫名师工作室公众号、四川省贾雪枫名师工作室 QQ 群作为工作室宣传窗口，规定每次集体研修活动必须撰写工作简报。

三、工作室的研修活动

工作室将实践性、研究性、发展性作为研修的重点，循序渐进、分阶段推进研修工作。

1. 落点实践性

着力解决教师实践中存在的盲目性、浅表性、无序性等问题。

2. 突出研究性

指导教师将自己的隐性知识显性化，开展教学研究方面针对性强的研讨培训。

3. 着眼发展性

帮助不同发展需求的教师锻造属于自己的教学风格，解决"我是一个什么样的教师"问题。

（一）主题研修循序渐进

工作室分研修区域开展集体研修，每次研修均由区域研修组提出主题，围绕主题开展研究课教学、评课议课专题研讨、专题讨论讲座等。2019—2020 年，工作室组织全员集中研修 2 次，地区集体研修活动 18 次，小组研修 55 次。编辑工作简报 50 期。地区集体研修共有 50 名教师执教研究课 50 节，课题囊括初中 3 个年级的中国古代史、中国近现代史、世界近现代史。领衔人执教示范课 14 节，开设专题讲座 12 次。各种集中研修聚焦于课堂实践，关注课堂情境，注意把课堂问题转化为学术问题，研修水平达到新的高度。15 所学校承办研修活动，参研人数达 1700 多人次。涉及面广，参与量大，充分体现了名师工作室"辐射一片"的作用。

（二）专题研修突出重点

1. 多难兴邦，为抗疫尽绵力

2020年新冠肺炎肆虐，在"停课不停学"期间，各研修组成员录制教学录像，开展直播教学、录播教学。上交省视频作品22个，文字作品40部。工作室编制线上教学问卷，组织调查，形成《线上教学：来自西部一线的观察与思考——四川省贾雪枫名师工作室关于"停课不停学"的线上教学调查报告》《四川省贾雪枫名师工作室2019年研修质量与未来研修需求调研报告》。

2. 追踪前沿，组织线上研修

邀请学术杂志主编开展学术论文写作培训，与西华师范大学历史文化学院师范教育教研室共同主办中学历史线上教学模式的实践与研究讨论。借助CCtalk"川越视界，天府师说"云端平台，工作室成员和各地的优秀历史教师300余人跨越山水，云端交流互鉴，将智慧光热和思想碰撞凝结升华，直抵心灵，成为一场线上教育教学交流的盛宴。

（三）读书交流厚积薄发

工作室积极建设书香工作室，要求研修成员读书、读好书，组织各研修组开展读书分享交流活动，形成浓厚的读书氛围。各研修组推荐或指定1名成员撰写图书推介。做到每人每期至少通读一本教育专业图书、一本学科专业图书、订阅一种专业杂志。在此基础上，工作室组织读书交流分享，以研修组为单位，汇报研修组图书情况，分享读书带来的愉悦。

（四）发挥才干开发资源

工作室将初中3个年级的历史教学内容进行分解，分配到各研修组，布置分组开发教学资源的任务。各研修组在领取完成任务的同时，积极开展自身的教学资源开发工作，形成课堂教学录像，陆续上传到四川省公共教育资源平台。

（五）注重发展厚植素养

工作室组织全员集中研修暨历史教育教学论坛、年度学术大会。按异质分组办法，将所有成员混合编组，开展热烈的学术讨论。分组开展录像研究课观摩和评课议课、专题讲座和分组开展历史教育教学论坛。组织开展成员学术论文撰写研讨培训，邀请工作室学术指导专家全程指导。本次写作研讨将成员按不同地区组合为 6 个论文写作小组，并为各组配置指导老师。本次研修，指向更加明确，要求更高，大家感到收获更大，怀念学术讨论的民主氛围。

（六）精准扶贫送教下乡

为认真执行省委、省政府教育精准扶贫的决策部署，工作室组织实施了赴凉山、乌蒙山区教育精准扶贫活动。活动内容包括历史学科送教、班级管理和班主任工作经验交流、区域学校教育科研组织管理、名师工作室建设。活动形式包括好课进校、座谈调研、专题培训等。活动得到凉山盐源县、会东县教育行政部门、教研部门高度重视和大力支持，分别发文组织全县历史教师、班主任、学校德育工作管理人员和学校校长参加。送教活动组织内容丰富，教学评议真诚坦荡。在讨论和交流中，教师们切实提高了教研水平，达到了集体研修的目的。送教活动得到高度评价。盐源县、会东县参加座谈调研会的校长坦言，学校教师缺乏培训交流，这次活动既有学科教学观摩研讨，又有班主任工作交流，感觉学到很多东西，希望今后的送教能够直接到乡镇学校。

四、工作室的建设成效

（一）创新意识和问题意识进一步加强

1. 发扬创新精神，领航教学改革

随着现代信息技术深度融入教育教学，教学的生态和样态必将发生深刻变化。工作室积极组织开展专门研究和实践探讨，成功实施"内江—南充集中研修远程同课同堂云教学实验"，将线上线下、现场与远程有机结合，探讨了新型教学模式的构建。

2. 强化主题研修，凸显问题意识

工作室集体研修活动，更聚焦主题，促使工作室成员通过课例观察和专

题评议反思教学，提高教学水平，逐步形成独特的教学风格。就探究学习、问题导向的合作学习、复习教学、运用大数据实施分层教学等进行主题教学观摩研讨。

3. 强化反思总结，及时转化成果

2020 年度工作室各研修组和成员的成果意识得到显著提高。在经过工作室的活动磨炼后，很多成员的思维能力、表达能力和写作能力明显增强，能够将研修成果及时转化为教学生产力，对自身专业发展和在各地区发挥骨干带头作用都产生了积极影响。

（二）工作室"问道"的教学理念雏形初现，工作室成员的教学思想发生裂变，教育情怀得到激发

工作室的教育教学理念是"问道"，具有"问为表征，道为内核"的特质。"问为表征"以询问、追问、探问等不同形式的问构成历史教学的课堂形式。强调问题的连贯性、逻辑性，强调问题生成的理解和对话，在师生、生生的交互问答中形成教学发展的逻辑链条，在问的教学过程中，实现由浅入深、层层递进。

"道为内核"强调历史教学的根本目的是传道。"道"在不同的语境下具有不同含义。在知识传授的过程中，"道"强调不能孤立地讲知识点，要形成知识的体系；在能力的培养中，"道"是一种技能，更是习惯；在价值观的培育上，"道"是历史教育承载的情怀。

（三）物化成果丰硕

1. 工作室教学资源积累丰厚

工作室形成"基于核心素养的现代中学历史教学的实践体系构建研究"阶段成果《中学历史教学初思录》1 册、《教学实录汇编》1 册、《教学研修心得汇编》1 册、《我的成长故事汇编》1 册、《〈问道历史〉2020 年合订本》1 册、《学员荣誉集锦》1 册、《学员优秀论文选》1 册、《2019 年研修工作资料汇编》1 册、《2020 年研修工作资料汇编》1 册。

2. 论文写作发表获奖篇目众多

工作室运行以来一直致力于提升成员的学术水平，2019—2020年各研修组成员发表论文23篇，参加市州以上优秀教育教学论文评比获奖27篇，在各种教学交流中交流论文7篇。工作室领衔人2020年一个年度即发表论文10篇。

3. 参加课题研究热情高涨

工作室有序推进课题研究——"基于核心素养的现代中学历史教学的实践体系构建研究"。各研修组成员在积极参加工作室研究的同时，主持或主研各类课题，至2020年底，工作室成员主持或主研的课题结题9项，在研课题15项。

（四）骨干迅速成长

1. 数量众多的成员获得政治荣誉和学术荣誉

工作室成员在实践中磨砺成长。至2020年，工作室有2名成员被评为四川省教书育人名师；8名成员获得市优秀教师、教育名师等市级称号，13名成员获得县区级称号，10名成员获得校级称号；6名成员获得市名教研员、骨干教师称号，4名成员获区县名教师、骨干教师、学科带头人等称号；1名成员成为四川省初中历史学业水平考试命题质量评估成员、四川省初中历史优质课展评活动评委；4名成员担任县区名师工作室主持人；5名成员被聘为当地名师工作室指导专家；4名成员被聘为所在地区兼职教研员。

2. 数量众多的成员获得教学竞赛奖

工作室成员积极参加各类教学竞赛和教学展示，至2020年，工作室成员获得省级学科教学评比一等奖2个，市级学科竞赛一等奖5个，市级试题大赛和课件比赛一等奖3个，市级学科竞赛二等奖6个，县区级学科竞赛特等奖1个、一等奖7个、二等奖4个。在各类培训交流等教学研究活动中执教研究展示课31节，均获得好评。

3. 青年教师迅速成长

参加工作室的青年教师在各个地区的教学研究活动中十分活跃，其表现得到各地认同。各地研修组青年教师参加各级教学竞赛获得好成绩，多个研修组的青年教师承担本地区教师培训课例提供者任务，参加全省性交流会议并获得表扬。工作室成员积极参加各类学术交流和送教活动，承担专题讲座14次，承担送教下乡执教任务4次，彰显了学术素养。

（五）深化中学教学实践与大学师范教育研究的联系

工作室聘请的大学教师积极为工作室室刊撰稿、示范学术论文的写作，支持工作室的学术建设。利用各种场合宣传工作室工作，提升工作室影响力。工作室与有关师范院校合作，积极参加各种职前职后教育培训。领衔人多次承担四川师范大学主持的国培项目，工作室与西华师范大学、内江师范学院协作，在师范生实习、见习等方面开展了卓有成效的工作。

（六）辐射广，产生较大的影响力

随着工作的开展和成果的增加，工作室在全省和全国产生了影响力。

1. 全国性学术刊物向全国同行介绍工作室

2020年9月，《中学历史教学》以封二整版的篇幅刊载介绍四川省贾雪枫名师鼎兴工作室的文章《"回家"的感觉真好》，以图文并茂的形式对贾雪枫工作室的组成、发展愿景、工作理念、2019年的活动概况和工作室成员对工作室的归属感做了全面介绍。这是工作室第一次被全国性学术杂志介绍，使工作室得以在全国同行面前亮相，极大地提升了工作室在国内的影响力。

2. 省内教育权威报纸宣传工作室

截至2021年4月，工作室累计在《教育导报》发表文章12篇。2021年5月，工作室在内江组织教学展示活动，《教育导报》以《问中求道，让"历史"走出课本》为题做了长篇通讯报道。这些文章从不同角度介绍工作室开展的研究工作和成员的研究成果，扩大了工作室在省内的影响力。

（七）成员归属感和存在感更为强烈

工作室以平等、民主、共建、共享的原则开展工作，使每个教师都产生了强烈的存在感和归属感。学员们认为参加工作室找到了"家"的感觉，对工作室充满了感情，对参加工作室活动的回忆充满了幸福感，对工作室集体充满感恩心情。

五、问题与工作打算

（一）问题

一是成员认识水平不一，发展不均衡。一些学员把工作室布置的任务当作负担，积极性不够，学术水平提高幅度不大。

二是配套措施未充分跟上，加之工学矛盾突出，一些学员没能参加集中研修活动。

三是工作室的计划不能完全落实。规划中的送教活动没有来得及展开，每次活动规模都控制在一个较小范围，辐射影响作用发挥不够。

（二）工作打算

首先，加强区域的主题性和专题性集体研修，使每一次研修目标更清晰，给成员和观摩教师的启示更鲜明，为成员形成个性化的教学风格提供参考。

其次，围绕基于核心素养视域的现代中学历史教育学实践体系的构建，从加强对工作室成员教学实践的理论指导和经验总结，进行"问道历史"教学的系统化、学理化研究两个角度开展"问道历史"教学研究。

最后，积极实施扶贫送教。在确保安全的前提下，组织实施对藏区、彝区、乌蒙山区以及其他偏远地区扶贫送教活动，探索与贫困地区教师发展机构开展工作室联盟学术研讨活动。

吴逢高名师鼎兴工作室

携手向卓越，科学创未来

吴逢高名师鼎兴工作室是由四川省威州民族师范学校附属小学教师吴逢高（省特级教师）领衔，由来自阿坝、德阳、绵阳、广元、甘孜、雅安等6个市（州）的13名小学科学骨干教师作为成

员，每个成员辐射5个学员，共同构成的一个66人学科团队。工作室领衔人吴逢高倡导"简创科学、思比教学"的教学主张，在全国科学特级教师及名师论坛，腾讯公益课，赣、湘、鄂、云、浙、疆、川等地，进行学术讲座与优质课展示40余次，教育科研成果在多个地、市、州推广并进行成果转化，在全省乃至全国科学学科领域有较大知名度和影响力。

一、工作室定位与价值追求

工作室定位：克难攻坚的阵地、共同发展的平台、成长示范的典范、引领辐射的快递。

工作室理念：铸魂、固基、培能、增知、强技。

工作室目标：培育品德高尚、关爱学生、热爱科教、业务精湛的符合新时代要求的小学科学教师。

工作室教学主张：简创科学　思比教学。

工作室价值追求：你我皆许国，携手向卓越。

二、建设规划与运作机制

（一）工作室的建设规划

工作室的三年规划目标是建设四川小学科学名师成长共同体，打造具有川派特色的小学科学卓越教师；助力顶层，提升农村、少数民族地区小学科学教育水平开展工作；把工作室建设成为四川小学科学中青年教师成长的摇篮；把工作室建设成小学科学教育科研的基地，高质量地完成教育科研任务。根据总的规划，工作室制订了每年的年度规划。第一年的年度规划：立章建制，统一思想；围绕科研，开展研训；针对问题，开发课程；明理强技，建设平台。第二年的年度规划：教育科研出成果，平台建设上层次，辐射引领出效益，学科特色成体系。第三年的年度规划：淬炼简创思比，完善教学主张；提炼科研成果，申报教育奖项；针对民族地区，加强辐射引领；利用平台优势，宣传我室主张。

（二）工作室的运作机制

工作室的工作是围绕培师育生的目标开展的。工作室有序、有效、顺畅的运行是达成目标与效果的基础。工作室将各项工作进行了合理分工，根据成员个人的特长与需求有针对性地进行分工。这样，不仅能保障工作室的正常运行，还能在任务完成的过程中提升教师相应的专业素养。

三、研修模式

工作室在建立之初设计的三年规划中提道：力争锻造一名专家，培养一批名师，辐射一方教师，引领一门学科，形成川派特色，发出四川声音。并针对规划目标编制了"正心、明理、增技、笃行"的师培课程，设计了"心中有标、眼中有人、手中有法、脚下有路"的教学能力提升方案。以师培课程为中心，以能力提升方案为抓手，结合日常管理进行研修模式的设计。

（一）创新师培模式——构建师培课程

基于"提质先强师"的指导思想，开发指向全面提升教师的理想信念、教育思想、教学技能与实践应用能力的师培课程。课程由"正心、明理、强技、笃行"四大板块组成，涉及思政建设、阐释学理、强化技能、指导践行等内容。

课程架构如下图所示：

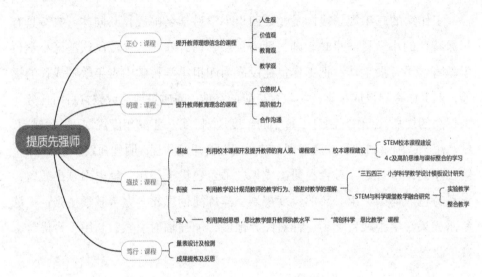

"提质先强师"师培课程设计架构图

1. 正心课程

"正心"，指领衔人与成员必须树立正确的世界观、人生观、价值观、教育观与教学观。要求领衔人自律、垂范，结合身边的事、身边的人设计深入浅出的思政课程。铸牢全体成员的理想信念，解决为什么教的问题。

（1）正领衔人之心。

以能服人：以能服人是立身之本。领衔人时刻要鞭策自己"一群人要走得更远，一个人必须走得更快"。

以德育人：高尚的道德情操与一身正气是育人之基。作为领衔人一定要做到"三有一领"，即对成员有求必应，有难必帮，有台必搭；做好做人、做师与学术的引领。

以思导人："引领、开放、包容、互鉴"是宗旨，借鉴亚里士多德、苏格拉底、孔子等教育大家的带徒与育人的方式，在工学研训中让思想与思想进行更多的碰撞、让理念与理念进行更深的互融、让智慧与智慧相互不断促进，以此不断完善工作室的教育教学主张。用日趋完善成熟的思想、主张去促进自我的提升与完成对成员的引导。

以人渡人：人生就是一场修为的过程，在成就别人的同时不断完善自己，互渡共生。

（2）正成员心。

利用师培的正心课程，斧正、增强成员们正确的世界观、人生观、价值观、育人观与教学观，从思想底层解决内驱问题。

2. 明理课程

明教育之理，强辨向之能。课程主要由立德树人的价值与意义、高阶思维与能力的重大作用、合作沟通的跨越发展等组成。

3. 增技课程

围绕教学主张"简创科学，思比教学"设置的丰富教学方法，提高教学效率，生成教学特色的课程，借以提升教师的教学技能。

4. 笃行课程

设计量规量表，通过自测、监测、互评等方法推进成员成长。

（二）做好规定动作——确保研培实效

1. 以解决问题为导向，开展读书阅读与自主学习

工作室根据工作需要每年都会对成员读什么书提出一些建议，如学术规范类、科学阅读类、STEM教育类、课程建设类等。每个工作室成员可通过多种阅读方式进行学习，工作室要求每个成员每年至少精读与上述内容相关的两本专著，要求撰写读书心得并要结合自身的教育教学开展至少一次线上或线下的读书分享活动。

2. 以任务为驱动，推进课题研究

每个工作室成员至少要提交一篇《基于西部少数民族地区农村学校的小学科学特色校本课程》优质课程设计，并在线上面向省内外的科学教师进行成果展示与分享。以此促使工作室成员进行高质量的理论学习。

3. 以目标检测评估，落实教育扶贫

工作室成员以两人为一组承担对基地校科学教师的培训与指导。至少指导联盟学校完成一例校本课程的设计并进行有效实施。工作室将利用定点支教的时间，组织专家、当地教师发展机构与联盟学校，对包校培训成果进行全面检测评估。

4. 检测规定动作实效，落细考核管理

"专递课堂、名师课堂"活动每位成员团队至少报送两个课例。开发的教学资源报工作室送省教师培训办公室审核，审核通过后在省教育资源公共服务平台"名师课堂"专栏中对全省开放。以录用率对各地工作站的辐射工作进行评价。

围绕课题研究、学科教学、师培创新等内容进行成果提炼，每位成员至少以科研论文、教学案例、课程建设、教育故事等形式上报一篇相关学术成果，提交数量与质量作为评优的重要依据。

工作室定期在线上开展面向全国小学科学教师的课题研究成果、科学课堂教学的难点解决策略的推广活动。每位工作室成员将至少承担一次成果推广任务，这既是对工作室教学主张的宣传，也是对成员成长的驱动。

年终对各成员的教学质量、教育业绩、教学成果与包校培训等成果成进行综合性检测与评估。

四、成效成绩

四川省吴逢高鼎兴名师工作室践行"简创科学　思比教育"的教学主张。在校本课程建设、课堂教学、课改实验、课题研究、师资培养等方面不但产生了"示范、引领、辐射"的作用，而且提高了工作室成员教学、学术研究的能力和学术修养。

（一）研训活动丰富化

1. 理论熏陶，提升学员人文素养

工作室成员结合学科实际读书、看理论，聚焦问题读书，读书心得交流

共享。并逐步学以致用，结合自己的教学实践形成"简创科学　思比教育"的教学主张，为工作室的可持续发展奠定了坚实的基础。

2. 实践磨砺，提高学员的教学水平

工作室践行"修己惠人"的宗旨。坚持聚焦教学课堂，引领成员不断丰富教学经验，提高教育教学水平。三年来，工作室领衔人、成员到浙江、新疆以及武汉、阿坝、甘孜、广元、德阳、阆中、乐山、广安等地开展观摩课、示范课、专题讲座、教师培训，得到了各地小学科学教师的赞许。

3. 课题研究，提升成员素养

工作室以"西部少数民族地区农村小学科学特色校本课程资源建设研究"的省级重点课题研究为抓手，引导成员走研究之路，让每位成员都能保持研究的姿态，实现教学即研究、研究即教学的有机融合。

4. 培训交流，搭建发展平台

三年来，工作室积极创造条件，通过线上线下、面对面为成员提供了广阔的展示交流的舞台。让"名师"与"名师"对话、"名师"与成员交流，彼此取长补短、共同进步、协同成长。

5. 培养指导，促进成员快速成长

发挥名师的领衔、示范、激励、凝聚和辐射作用，以青年成员专业成长的基本着力点，确立培养目标，促进和带动了何静芳、李宜真、蒋俊、孙蓉、苏凤琪等青年成员的专业成长，从而推动了四川科学教育均衡发展、民族地区科学教学健康发展。

（二）研训成果多样化

《STEM 教育　我们这样做》的教学专著正式出版。

孙蓉、李宜真的子成员、王国彬的子成员、何静芳的子成员参加 2020 年四川省青年教师课堂展示活动分别荣获省、市奖项。

成员王国彬、亢小博、何静芳参加 2019 年四川省实验说课分别获得二等奖；泽朗斯基的子成员获 2020 年全国实验说课能手称号。

吴逢高、李斌、杨刚才、泽朗斯基参加或指导的学生参加第 35 届青少年

科技创新大赛收获颇丰。

吴逢高、王国彬、王可盈教学案例分别获得国家级奖项。

五、问题与反思

（一）工、研、训、学矛盾突出

成员们在本单位大多是学校骨干，工作量较大，特别是课后服务实施后，每位教师都增加了不少工作量，这使工作、研究、培训与学习矛盾更为突出。工作室采用的策略是晚上 8 点开始网训（私立学校的成员要过 7 点才下班），研修到晚上 11 点是常态。

（二）领衔人压力较大

当备课上课、教学质量、行政事务、教育科研(几级)、读书学习、学校活动、询疑答问等叠加到一起的时候，会使时间异常紧张，周末加班、晚上加班到深夜是工作常态。

（三）部分成员专业发展意愿不足

可能是工作压力太大、家庭事务较多等原因，部分成员专业成长意愿不足。

欧光琳名师鼎兴工作室

德润生命，生活育德

欧光琳名师鼎兴工作室是由四川省威州民族师范学校教师教学发展中心主任欧光琳（正高职称、省特级教师）领衔，由来自四川省9个市（州）的14名核心组成员，每个成员辐射5名学员，共计65名青年骨干教师组建的中职思政学术共同体。3年来，工作室以"德润生命，生活育德"为主张，以"立德立身，润心润德"为理念，以"享受教育，辐射引领，成己成人"作为共同追求，遵循优秀教师成长规律，力求工作室成员在师德规范上出样板、德育管理上出典范、德育课堂上出精品、德育研究上出成果，为全体工作室人员努力提供共同学习、互勉共助、集体成长的平台，发挥示范辐射作用，形成名优集群效应。

一、工作室教育主张与价值追求

工作室以"德润生命，生活育德"为教育主张。生命是德育的逻辑起点，德育的本质就是为了人的生命的升华；德育工作要基于中职学生的基因图谱，关注中职生的现实生活，让中职生在体验生活中体验道德魅力，培养德性。

二、工作室研修路径与研修模式

工作室的运行机制可以概括成"四个原则、五条路径、六项举措"。

四个原则是需求引领、任务驱动、自主发展、情感助力。

五条路径是指工作室研修所遵循的"学习—实践—研究—反思—提炼"的基本路径，通过专业引领、实践探索、专题研修、个性发展、主张思想的具体规划展开研修活动。专业引领，是通过研读专著、专家讲座、研讨交流等方法，学习德育理论，更新德育理念，提升德育素养。实践探索，是通过学习考察、观课议课、上课磨课、示范教学、送培支教等办法，持续改进教学行为、提高执教水平能力。专题研修，是采取课题立项、个别指导、课例分析、小组沙龙、学术论坛、发表论文等方式，促进学研结合、教研相长。个性发展，是通过反思总结，对自身教育教学实践进行高度理性审视解析，在反思中前行。主张思想，是通过著书立说等途径，深入挖掘提炼教学思想，凝练出富含理论和实践价值、具有鲜明个性的教学主张和教学风格。

工作室运行的六项举措是制度公约、常态活动、专题研修、以点带面、任务驱动、知识管理。

制度公约是运行保障机制。为保证名师工作室各项活动的顺利开展和三年规划的稳步推进，工作室全体成员众筹众智，民主协定共同的行为规范，制定了成员共同认可的各项工作室学研学习制度，为名师工作室常态活动提供了必要支持。

常态活动是规范管理机制。工作室常规活动的十个一为每期阅读一本有启发的书籍、每月参加一次主题研修活动、每期一次有针对的讲座活动、每期一堂满意的精品课堂、每期一份精致的教学（班会）设计、每期一个真挚的教育故事、每期一篇深刻的教育随笔、每期一篇公开发表（或获奖）的教育论文、每期一次学校实地观摩活动、每期一次成员评优活动。

专题研修是研讨交流机制。在专题研修中遵循德育教师成长规律，坚持按需施训、学研学用相结合的原则，整体构建"横向多元、纵向梯进"的模块化专题研修课程体系。横向为同一类型层次教师的多元专题研修，纵向为不同类型教师的梯队培训。

以点带面是团队构成机制。工作室构建了"1 名主持人 +10 名核心教师 +5 名骨干教师"的塔形团队组织结构，通过以点带面，培养一批教师，带动一门学科，孵化一批成果，辐射一片区域。

任务驱动是工作推进机制。工作室围绕建设发展目标，根据学科特点，以建设项目为载体，通过创建真实的教学环境，工作室成员带着真实的任务去学习。

知识管理是成果激励机制。有意识地引导成员们在实践研究的过程中，不断进行成果的梳理、积累。

工作室根据成员发展特点及工作室建设阶段，确定了工作室三年进阶成长的目标规划。第一年重点工作：顶层设计、成长规划、团队建设；第二年重点工作：深化研究、提炼特色、强化辐射；第三年重点工作：成果转化、特色创新、提升影响。

三、研修课程与活动设计

名师工作室要有效运行，需要有具体的活动来牵引，在活动中磨砺，在活动中反思，在活动中成长。

1. 研修学习，积淀学术底蕴

工作室成员来自不同的学校，空间、时间相对分散。可采用集中研修与个体研修、线上研修与线下研修、区域研修与小组研修、自主研修与专家指导、定时研修与随机研修相结合的方式开展研修活动。工作室的研修学习活动，一是坚持自主学习，工作室成员要坚持每期至少精读一本专业书籍，认真做好读书笔记和反思记录，并开展工作室阅读分享交流活动，通过阅读交流促进自身内涵发展；二是工作室成员建立学习共同体，每月一次，通过轮值主持的方式，开展线上或线下专题讨论，通过对话、交流，寻求相互学习的关系，共享人力与物质资源，实现"互惠学习"；三是加强与其他名师工作室联合研修活动，进行共同研讨、实行思想互通，提升共赢；四是适时邀请教育教学专家（行家）进行专题指导，组织成员外出考察培训学习。

2. 活动竞赛，提升教学能力

为持续深化教师、教材、教法改革，全面提升工作室成员的教育教学能力。工作室通过开展多样化的活动，促进成员在活动中学习、成长。

工作室利用每年教育部组织的职业院校教师教学能力大赛、全国中等职业学校班主任能力大赛的契机，按照"以赛促教、以赛促学，以赛促改、以赛促建"的总体思路，组织和指导工作室成员组队参赛或指导成员参赛。2019年，工作室成员参加全国教师教学能力大赛获省级奖励8人次。2020年，工作室成员共组建了14个比赛团队参加职业院校教师教学能力大赛并获省、市奖励。

3. 课题研究，提炼教育智慧

2019年，名师工作室专项课题立项，通过课题研究着力在构建具有工作室鲜明特征的"德润生命，生活育德"的德育主张方面积极开展理论研究，力争形成体系化的教学主张。并扎根实践，从操作的层面对教学主张进行检验和修正。

4. 资源建设，物化教研成果

工作室的建设不仅仅是为了完成既定的任务，也希望通过工作室来成事成人，形成辐射效应。因此在工作室活动开展过程中，有意识地引导成员们在实践研究的过程中，不断进行成果的梳理，不断完成中职德育资源库建设，鼓励成员们著书立说。工作室建立了自己的微信公众号；《德育生命生活育德的实践案例》正在编写中，组织工作室8名成员参编了《生命成长（中职卷）》；2020年，开展了中职德育在线课程资源的研发。

5. 社会服务，履行社会责任

工作室以高度负责的工作态度开展扶贫送教工作。扶贫送教学校既有工作室定点扶贫学校，也有其他学校。同时根据工作室成员的学科特点，主动开展社会服务。如担任家长学校讲师、社区心理辅导工作等。3年来，工作室赴四川省威州民族师范学校、甘孜藏文学校、阿坝藏族羌族自治州中等职业学校开展了扶贫送教活动。

3年来，工作室及工作室成员举办各项活动超过100次，开设公开课80节，讲座 46 场，参加中职教师教学技能大赛获奖 56 人次；立项、在研课题 12 项，发表论文 32 篇；受益教师超过 3000 人次，受益学生超过 2 万人次，各类社会服务受益超过 2 万人次。组织工作室 8 名成员参编的《生命成长（中职卷）》已于 2020 年 12 月正式发行。这些成果是可以量化的显性收获，但更大的收获，是在这个平台上与一群优秀的同道相遇。

四、问题与反思

工作室的发展还存在很多问题和困难，主要有如下方面：

一是工作室活动安排需要进一步加强整体思考，使活动内容成为一个连续的、环环相扣的有机体。活动开展内容（横向）以主题—模块方式进行，活动开展形式（纵向）以阶梯—递进模式进行。

二是工作室成员工学矛盾突出。对工作室的教师们来说，如何协调学校的日常教学工作、行政工作与工作室工作，这是一个值得深入思考的问题。对领衔人来说，如何为成员们提供有针对性的、精致高端的研修、引领，促进成员的学习能够真实地、高效地发生，为此，工作室尚需要在"高"和"精"方面做好文章。

三是工作室活动中，部分成员的内在动力不足。如何激发成员的学习动机，如何指导学员个性化发展是一门艺术，值得继续研究。

四是 2020 年受新冠肺炎疫情影响，如何提高线上活动的针对性和有效性，以及在疫情常态化下，工作室研修活动如何有效开展，这些问题值得进一步研究。

谢红梅名师鼎兴工作室

开拓进取守初心　且行且思谋发展

谢红梅名师鼎兴工作室是由四川省眉山市仁寿师范附属小学副校长谢红梅（正高职称、省特级教师）领衔，由来自凉山、攀枝花、雅安、乐山、眉山、自贡等6个市（州）的10名核心成员及每个成员辐射的5名学员组建的音乐学科共同体。该工作室热爱音乐教育，崇尚用源于心灵的音乐，围绕"温暖孩子的真善美，点亮孩子的纯真梦"的音乐教育理念，追求无境，永攀高峰，做最好的自己。

一、工作室定位及价值追求

以"建设卓越团队　引领学科发展"为核心目标，打造一支学科知识扎实、教学艺术精湛的名师团队，树立学科品牌，把小学音乐学科工作室建设成为在实施新课改中能发挥示范、引领作用的教育教学科学研究工作室。着力构建"有学习力、有合作力、有科研力、有实践力、有辐射力、有创新力"的"六力"工作室，努力把工作室建成四川小学音乐"研究的平台、成长的阶梯和辐射的中心"。

工作室确定以"携手共进，且思且行"为理念，以"传承、悦动、育美"为主张，以"人人出彩　个个成名"为宣言，以"学研结合　引领全省"为愿景，以"名师引领、同伴互助、研训结合、成果分享"为工作思路，将小学音乐学科工作室建设成促进学科教师自我提升及专业成长的平台。

二、工作室内部管理运行制度

管理运行制度是团队发展路上的相互提醒，不是前行路上的负担。科学健全的管理运行制度能使工作室最大限度地发挥作用。工作室建立了"四制一本"的制度体系。"四制"包括"导动结合"的引领机制，导师之"导"与成员之"动"同频共振，助推教师的专业素质稳步提升；"有名有实"的激励机制，为教师成名成家搭建平台，科学分配工作经费，"质""量"结合，适当奖惩；"目标过程"的管理机制，每年、每期、每月都设定具体的研训目标，定期督导，确保了名师工作室建设和运行的一贯性、系统性和实效性；"定性定量"的评价机制，制订考核细则，明确量化标准，确保评价的公平、公正，推动工作室科学高效地运行。"一本"是指工作室定制的个人专业成长记录本，主要包含个人三年成长计划、个人年度计划、教学活动记录、个人课例研究、教学反思、年度工作总结、学年论文、获奖情况等，详细记录每位学员的发展过程。

三、工作室的研修模式

工作室形成"向外走、向里请和内部学习"三个层次的研修学习模式，充分整合学习资源，激发学习热情，促进学员锻炼提升。工作室组织成员到省内外各地参加各类音乐交流活动，观摩全国音乐教师优质课比赛，参加省内、市内的研学活动。通过参加研学活动，开阔视野，拓展格局。工作室邀请省内外专家开展讲座指导，从线上到线下，从课堂教学到课程研发，全面提升学员的专业素养和科研能力；工作室内部开展规范性学习活动。每月开展一次线上专题活动，定期开展线下研修活动，每年必读至少2本专著并撰写学习反思等。通过定期、定量、定标的规范活动，促进学员终身学习，持续成长。2020年，领衔人谢红梅发起创建"书香工作室"活动。工作室所有成员积极响应，充分利用空闲时间广泛阅读，内容涉及音乐、思想、哲学、社会科学、自然科学等多个门类，并要求每个成员写读书笔记和心得。

强化专家引领，请高校、省教科院等相关专家对工作室发展规划、工作思路、活动设计、教学研讨等进行全面指导；强化"院室合作"，与四川师范大学音乐学院中小学教师能力训练中心牵手，邀请多名导师长期对全体工作室成员进行共性和个性化培养；工作室成员通过线上线下活动为高校大学生们解读教材、点评案例、现场授课，在自身发展中为学段融通做出了贡献；强化区域联动，借助工作室成员遍布各市州的地域优势，广泛开展市际联合教学研讨、师资培训等活动，互通有无，取长补短。

开展示范课、研究课、观摩课、展示课。在导师的引领下，所有成员扎根课堂，沿着"学习—实践—反思—再学习—再实践—再反思"的个人成长之路稳步前行，逐渐形成各自独特的教学风格。

坚持走好、走实、走精研究之路，做到"理论实践结合，教学科研相长"。

撰写经验文章是帮助工作室成员反思、梳理、消化和巩固的重要途径。工作室鼓励所有成员用文字记录学习、研讨、教学过程中的点滴感悟，定期总结提炼，提交优秀案例和优秀论文。

课题研究是引领工作室成员专业成长的有力抓手。工作室立足学生发展的需求，结合广泛调研和教学实践，成功立项省级课题"融入童谣的小学音乐校本课程建构与实践研究"。工作室成员分工协作，围绕课题开展深入研究，并多次邀请省、市课题专家培训指导。课题组创编了融入童谣的小学音乐校本教材——《童心唱童谣》。课题组老师自己谱曲创作的童谣达50首，撰写优秀童谣教学设计160篇，探索出一套童谣融入小学音乐课程的课堂教学策略和课外实施策略。

研发并推广课程资源是工作室发挥示范、辐射、引领作用的有力途径。工作室对人教版小学一至三年级音乐教材进行课程资源研发。梳理音乐知识点，完成微课录制，将教学设计、课件制作和部分优课录制成视频，在各工作室成员学校定点试用。并将视频分享到四川省教育公共资源平台，供广大小学音乐教师选用。

优质创新的研修模式，能使成员们走进深度的课堂教学，专业素养得到大幅度提升，能够确保工作室成员站上教育教学的高阶平台。

四、工作室的成果成效

（一）立足本校的实践创新

工作室成员在各自学校进行教学实践是落实研训任务的关键环节，也是应用和推广研训成果的首要途径。所有工作室成员在实践创新中不断提升专业素养和科研能力的同时，也为所在学校发展注入了源源不断的生命力。引进先进的教育理念，推广创新的教学模式，链接优质的教育资源，影响教师的专业成长，营造浓厚的科研氛围，更为学生发展搭建起更加广阔的舞台。

（二）辐射全省的示范引领

省内各地市、州开展线上线下送教研培活动，开展学校艺术学科诊断，上示范课，献上专题讲座，覆盖6个市（州）100多个区（县）。在"1+10+5"模式上，延长辐射线，壮大形成"1+10+5+N"的队伍分布格局，成员、学员已达98人，遍布全省65个区（县），形成了一个庞大的学科研训网络。

（三）深入课堂的教育帮扶

"治贫先治愚，扶贫先扶智"，教育扶贫是阻断贫困代际传递的治本之策。在精准扶贫、完胜脱贫攻坚战役中，作为教育扶贫的先锋队和智力库，工作室先后走进凉山彝族自治州喜德县、乐山市峨边县、阿坝藏族羌族自治州金川县、雅安市宝兴县等偏远薄弱地区开展教师培训、教学示范和课堂诊断，有力促进了当地教师的专业成长，点亮了山区孩子学有所成、建设家乡的美好前景。

（四）不辱使命的时代强音

2020年春天，新冠肺炎疫情发生。工作室积极行动，开展线上音乐学习，录制推送音乐网课，创编抗疫歌曲。不到两个月时间，工作室便创作了50余篇作品，推送到各级平台，用饱含深情的音乐、文字鼓舞抗疫士气，讴歌抗疫英雄。工作室成员施中银创编的儿童歌曲《等你回家》最为打动人心，备受好评。工作室成员吴雅锌参与创编的歌曲《当你需要时》被评为"四川志愿者之歌"，在中组部共产党网展示交流，同时收入中宣部"学习强国"

平台；参与录制的抗疫原创歌曲《长江，这是我们的呼唤》被收入人民音乐出版社"抗疫战歌，音乐助力"原创音乐作品集。工作室学员彭长鑫录制、推送 40 余节视频新课，查看家长反馈视频 8000 余个，引起巨大反响，在四川省教厅"云教网课你最红"展评活动中获银奖。

2020 年 12 月，工作室参加了由浙江音乐学院主办的全国基础教育音乐名师工作室联盟成立暨首届音乐名师工作室建设高端论坛，提交论文《时光雕刻梦想　岁月见证成长——工作室简述》，在论坛上发言，受到与会者高度赞赏。

省级课题"融入童谣的小学音乐校本课程建构与实践研究"研究成果获四川省教育科研课题 2020 年度阶段成果一等奖，并在眉山市 2021 年教育科研成果推广会进行了推广交流。

五、工作室的问题与反思

（一）面临的问题

如何让工作室的活动更序列化、更规范？如何让所开展的工作更务实？如何让工作室的各项工作引领再深化？如何让工作室成员的专业素养再成长？

（二）反思

工作室要紧扣当前学科前沿的思想动态，在繁复庞杂的教育思想中寻找并形成先进的有特色的音乐教育教学理念；继续探索特色高效的音乐课堂教学模式；建立"跨学段同课异构、跨区域联动名师"的模式，力争让每一位成员及学员都能各有特色、各具风格；积极研读理论，加强对课改的探索精神，努力跟进课改前沿；以音乐学科核心素养为本，建设符合本土的地方特色课程。

陈家武名师鼎兴工作室

同行·共进·致远

陈家武名师鼎兴工作室是由四川省安岳中学陈家武（正高职称，全国百佳语文教师、省特级教师、省学术和技术带头人、四川省有突出贡献的优秀专家、"天府万人计划"专家、四川省教书育人名师、四川省"教师风采"典型代表）领衔，由来自全省成都、眉山、自贡、凉山、遂宁、广元、内江、资阳等市（州）的 14 名核心成员，每个成员辐射 5 名学员，共计 85 名优秀教师组建的高中语文学术共同体。该工作室重点围绕陈家武独创"点式"写作教学法，践行快乐教育，致力文化润心，让学生走向幸福人生。

一、工作室定位与价值追求

四川省陈家武名师鼎兴工作室以"同行·共进·致远"为理念，通过"专家引领，共同研修，协同发展"来构建以"凝练高中语文教育思想、锻造教学风格"为宗旨的教师发展共同体，以课堂教学为主阵地，以教育科研为先导，以网络平台为载体，以提高教育教学水平、培养研究能力、促进教师专业成长为目标，聚焦高中语文课堂教学问题，促进中青年教师专业成长以及名师的自我提升，为四川省高中语文教师的专业成长搭建学习交流的平台。快乐育人，文化润心，润泽生命，生命成长。

二、建设规划与运作机制

（一）工作室三年建设规划

①营造浓郁的教科研氛围，提高工作室成员与学员的教科研水平，促进其专业发展，培养一批有一定知名度和影响力的省、市高中语文骨干教师。

②工作室科研成果丰硕，研究成果10项以上（含发表的论文、教学成果奖励、教学比赛获奖和出版著作等）。

③开发系列优质课程资源，开发教学设计、微课、教学案例集。

④发挥工作室的引领辐射作用。与其他名师工作室交流不少于3次，使之成为四川省高中语文教师专业发展的摇篮、教研活动的基地、交流互动的平台。

（二）工作室内部管理运行制度

工作室建立了系列管理制度：四川省陈家武名师鼎兴工作室工作制度、四川省陈家武名师鼎兴工作室核心成员管理制度、四川省陈家武名师鼎兴工作室档案管理制度、四川省陈家武名师鼎兴工作室考核制度。

工作室成员实行动态管理。每年考核一次，由主持人负责，考核情况及时备案。对考核不合格者将取消其资格，同时按有关程序吸收符合条件、有发展潜力的新成员进入工作室。

三、研修模式

（一）以"修"润心，研修润泽生命

每个工作室核心成员带领5个成员组建一个工作站，核心成员担任站长，从而组建为一个小的研修团队，在此基础上组建一个大的研修团队，将工作室成员按照所教年级的情况分组研修。整个工作室分设3个研修小组，即高一组、高二组、高三组。每组选2名骨干教师担任组长，分别由组长带领组员建构高一"润心"语文课堂、高二"润心"语文课堂、高三"润心"语文课堂。还设了3个服务小组，即简报小组、资料小组、网络小组，每个小组由2名老师组成。

研修方式如下：

①集中面授与网络研修相结合。工作室每年开展3次集中研修活动，或专题讲座，或专题研讨，或课例展评。

②线上学习与线下实践相结合。工作室领衔人精选一些经典课例、教法研究等课程资源供学员在线上学习，学员结合线上学习所得在线下积极实践。

③主题研修与自主选学相结合。依托领衔人的省政府教学成果奖的课题成果，组织学员开展建构高中作文"点式"写作教学课堂的主题研修。学员还积极开展了自主选学课程，有的研修了现代文阅读教学，有的研修了古诗文教学，有的研修了群文阅读教学，有的研修了整本书阅读教学。

④专家引领与团队协作相结合。工作室领衔人、学科专家积极引领学员的研修，同时借助研修小组的积极互动，使学员在专业成长上收获颇丰。

⑤问题解决与案例研讨相结合。工作室针对学员提出的高中语文教学的具体问题，借助课题成果，引导学员解决教学中的实际问题。在集中研修时，由学员承担课堂教学，专家团队引导大家积极研讨教学案例，达成共识。

⑥行动研究与成果评价相结合。引导学员积极开展课题研究，并提炼出成果，积极参与教学成果评奖活动。

⑦室内研修与室外研修相结合。一方面积极组织学员在工作室内研修，另一方面组织学员参加室外的研修。工作室先后组织学员参加第14届、第15届全国文化作文教学大赛，组织学员参加资阳市课题成果推广会、成都市课题成果推广会、资阳市教育科研专题会等，以此让学员参加室外的研修。

（二）以"书"润心，阅读润泽生命

工作室为每一个学员购买名师的教育专著，如《语文的原点》（黄厚江著）、《不拘一格教语文》（斯金霞著）、《自由呼吸的课堂》（董一菲著）、《生命语文》（熊芳芳著）。先由工作室成员研读，每个成员做好读书笔记，写好读书心得，成员交流读书心得后，再组织专题研讨。

（三）以"研"润心，研修润泽生命

工作室领衔人先给学员们做专题讲座——《怎样结合工作实际做好课题

研究》《借力课题研究，华丽转身》。各个研修小组讨论确定研究课题，进而申报县市级课题，尝试课题研究，学会做课题研究，学会提炼成果。

（四）以"贤"润心，名师润泽生命

由名师工作室成员组成访谈小组，再根据各地、市、州在职的四川省高中语文特级教师的简介，根据每个特级教师的特点，设计好访谈提纲。再由工作室领衔人带领成员走近四川省21个地市、州在职的四川省特级教师，领略名师风采，聆听特级教师成长故事，学习特级教师的教学成果。进而见贤思齐，以贤润心，先感动，再行动，成为名师。

（五）以"教"润心，教学润泽生命

在阅读教学、作文教学、语文活动课中，每个工作室成员或挖掘文化元素，以文化浸润学生心灵，浸润学生生命；或发现文本之美，以呵护学生心灵，润泽学生生命。

每一个研修小组组长精选一个设计最好的学案，组织全组老师磨课，集体打磨，优化教案、学案，形成最佳教案、学案，真正把教学成果转化为教学设计方案。每一个组由一位老师上一堂教研课，整个研修团队一起研讨。执教教师再谈一谈教学反思，再优化教案、学案。

（六）大赛促优，脱颖而出

鼓励工作室成员参加课堂教学大赛，让学员在大赛中得到锻炼，迅速成长。学员杨琴、李识宇、陈默、许东方、曾德强、张春来参加全国文化作文教学大赛喜获全国一等奖，陈小梅、曾玉萍、全凤鸣、李艳章、代敬涛参加全国文化作文教学大赛获得特等奖。

四、工作室成效成绩

（一）探索出工作室成员的成长模式：专家引领—课题搭桥—自我反思—同伴互助

（1）专家引领。工作室领衔人举办了《点式写作教学的操作策略》等5

个专题讲座,邀请谭蘅君、刘凡仲、巫正鸿、江海燕做了系列专题讲座。

(2)课题搭桥。工作室借助领衔人陈家武获得省人民政府教学成果奖的课题成果,让每位学员积极参与推广课题成果,用于自己的教学实践,完成《高中语文点式写作教学训练教程》。学员从中受到启发,把工作中的问题作为课题来研究,进而提高教育教学效果。工作室成员依托省重点课题——"新时代润心名师工作室建设研究",深入展开研究,促进专业成长。

(3)自我反思。学员及时对教育教学工作开展反思,形成文字。工作室搭建平台,让学员主动交流,相互启发,进一步激发反思的热情。

(4)同伴互助。工作室各小组分组交流,学员之间共同探讨,相互促进,打磨好课,再展开交流。

(二)公益论坛,辐射引领

在"川越视界,天府师说"平台成功举办 2 次公益论坛活动。川、粤、渝三地名师工作室联动,"中学班级文化建设策略"论坛以"探索新时代班级文化建设策略,做幸福的班主任"为主题,聚焦班级文化建设,关注学生生命成长。参与论坛的老师达到 10952 人。川、粤、渝三地名师工作室联动,四川师大刘永康教授莅临指导,对整个论坛做了中肯的点评;参与论坛的老师达到 1881 人。

工作室核心成员曾德强、张春来在文化与教学研究中心网站上分别做了 1 次公益网络讲座,效果很好。曾德强在正道语文群做了 2 次公益网络讲座,反响强烈。

(三)真诚送培,培训骨干

2020 年 8 月,四川省陈家武名师工作室领衔人陈家武老师带领 5 名核心成员到凉山州西昌市培训高中语文骨干教师。陈家武做了《建构高中古诗文幸福课堂》等 4 个主题报告,李艳章做了《高中语文教师的专业成长路径》的主题报告,李识宇做了《高中议论文训练设计》等两个主题报告,杨琴做了《文学类文本鉴赏教学设计》等两个主题报告,曾晴婕做了《高中语文教学设计实践探索》等两个主题报告,全凤鸣做了《高中语文整本书阅读教学策略》等两个主题报告，效果很好。

（四）送教盐源，助力脱贫攻坚

2020 年 12 月，陈家武名师鼎兴工作室成员黎黎、谢运红 2 位老师参加省 2019 年深度贫困县中小学教师素质能力提升培训项目"盐源县国培计划送教下乡活动"，为全县初中语文老师上示范课，获得与会专家和老师的一致好评。

（五）成果丰硕，著书立说

工作室全体成员承担的重点课题"新时代润心名师工作室建设研究"顺利开题，各核心成员承担的子课题积极推进，每个工作室核心成员都承担了省、市、县级课题研究。工作室成员 1 人获省优秀科研成果一等奖，3 人获省优秀教育科研成果二等奖，16 人获市优秀教育科研成果一等奖，4 人获市优秀教育科研成果二等奖；2 人参加全国优质课大赛获特等奖；3 人在省级以上期刊发表文章。出版专著《体验与润泽的旅程》《聚焦与突破》《高中名师是怎样炼成的》，工作室全员参与编写；完成省级课程资源建设——录制微课 140 节。

五、工作室问题与反思

工作室核心成员都是单位的中坚力量，在所在学校工作任务重，部分成员遇到研修与工作的矛盾，特别是担任高三教学任务的核心成员很难做到工作室研修与高三教学工作二者兼顾。工作室开展活动发的证书的认可度受限，特别是普通教师担任工作室领衔人的，成员做专题讲座或授课颁发的证书（工作室印章或所在学校印章），学员回原单位往往不被认可，影响了成员参加活动的积极性。

工作室成员的构成以高级教师为主，吸纳一部分一级教师参加，工作室建设会更有活力。工作室研修活动的策划要充分考虑成员的需求，并且以开放的方式展开，比如和省外名师工作室联动，研修活动的效果会好些。

李敏名师鼎兴工作室

凝心聚力 逐"梦"前行

李敏名师鼎兴工作室是由四川省宜宾珙县实验中学道德与法治教师李敏（省特级教师、省教书育人名师等）领衔，由来自宜宾、自贡、泸州、攀枝花、凉山州等 5 个市（州）学校的 10 位核心组成员，每个成员辐射 5 名学员，共计 65 名教师组成的学术共同体。该工作室坚持因一个牌子建一个平台、聚一群人的团队文化，以"始于萍水相逢，融于同甘共苦，达于勤力同心"的价值追求，提出"德润生命，知行合一"的核心主张，并根据"无目标不教，无问题不学"的教学要求，主要进行"中学思政课'双导向大循环'——'三段五环'教学模式"研究，研究成果在省内各市、州起到较大的辐射影响。

一、认知——筑"梦"之基

为什么需要名师工作室？名师工作室要做什么？名师工作室与教师发展有什么关系？基于对三个问题的认知，工作室制定了《四川省李敏名师鼎兴工作室三年规划》，确定了工作室发展理念、定位目标、愿景主张、运行机制。

（一）工作室发展理念

"专业成长，互学共鉴，引领示范，逐梦同行"是工作室的发展理念。

（二）工作室发展定位

教师发展的平台，名师成长的摇篮，是工作室的定位。工作室要帮助教师找到职业自豪感、成就感和幸福感；要学习名师，培养名师；要坚定教师的理想信念，唤醒教师的教育情怀，塑造教师的教学风格。

（三）工作室愿景主张

"走近教师，发现精彩，服务师生，打造精品"是工作室的发展愿景。"无目标不教，无问题不学；德润生命，知行合一"是工作室教育教学的核心主张与价值追求。

（四）工作室建设目标

"建设一支优秀团队、抓好一个科研项目、做好一干研训活动、开发一批教学资源"是工作室的奋斗目标。

（五）工作室运行机制

为推进工作室的正常发展，工作室实行了"345"管理运行机制。

1. 三个要求

以学生发展为中心，以课题研究为主线，以研训活动为抓手。

2. 四个原则

需求引领原则、任务驱动原则、自主发展原则、情感助力原则。

3. 五条路径

第一，健全组织机构。工作室根据成员的特长，进行合理分工，共分为秘书处、活动主持、策划组、课题组、简报组和信息组。各部门职责明确，相互配合，促进工作室各项工作有序推进。

第二，优化管理制度。工作室制定了工作制度、会议制度、学习制度、课题管理制度、档案管理制度、财务管理制度。

第三，规划成长目标。工作室制定了《四川省李敏名师工作室成员和学员工作内容规划图》，根据需求，明确任务，确定成员、学员成长目标。

第四，记录学习经历。印制工作室成员学员研修活动手册，记录成长经历，规范工作室管理。

第五，建立宣传联系窗口。通过组建 QQ 群、微信群、钉钉群，创立微信公众号，加强工作室信息的发布和研修活动线上、线下的有效结合。

二、行动——逐"梦"之旅

"知是行之始，行是知之成。"三个问题的认知奠定了四川省李敏名师鼎兴工作室建设和一系列活动开展的基础。工作室的每一个成员用行动诠释了对名师工作室价值的理解，开启了对"梦"的追寻。

（一）常态研修活动

1. 加强学习，正心赋能

工作室通过"政治学习、理论学习、网络学习、外出学习"等方式，从"思想"开始，转变教师观念，提高思想站位，提升专业素养，拓宽视野。

（1）政治学习，凝聚共识。工作室成员、学员坚持学习党的十九大报告和习近平总书记系列讲话内容，通过持续的政治学习，凝聚共识、提高思想站位。

（2）理论学习，提升素养。工作室践行"好书推荐、买书送书"活动方案，为工作室成员购买、推荐了教育教学理论书籍，促使成员加强自身理论学习，提升专业素养。

（3）网络学习，促进发展。工作室通过参加省项目办组织的在线培训、同升学堂、四川省线上管理者网络培训等网络学习，提升能力，促进发展。

（4）外出学习，拓宽视野。工作室组织成员参加"解密南通——高品质工作室建设之南通样本"研习活动和全国名师工作室创新发展成果博览会等活动，加入"全国名师工作室联盟"，通过与全国各地的名师交流沟通，打开思路，拓宽视野。

2. 围绕"好课"，展现风采

2019 年以来，工作室及 10 个工作站先后开展送教入校，进行同课异构、好课进校等活动，共上现场课 100 余节。同时各工作站录制教学微课、课堂实录 133 节，进行课例研讨 20 余场。其间，受益师生超过 2 万人次，力求做到挖掘好课、展示好课、凝练好课。

3. 送培送教，增强辐射

为了扩大名师工作室的影响范围，发挥名师工作室的引领、示范、辐射作用。工作室开展了以"聚焦核心素养，构建灵动课堂"为主题的一系列送教送培活动。通过这些活动，工作室成员真正理解了教育良心，明白了名师工作室存在的价值，而且让参与活动的教师们找到了前行的方向，增强了名师工作室的影响力，从而让工作室成员更坚定了要把名师工作室做好的决心。

4. 课题引领，助推课改

工作室成员以工作室专项课题"基于学科核心素养的中学思政课教学模式实践探究"为主线，助推课堂教学改革。

为让各工作站活动开展有抓手，工作室成员在细化课题、明确责任后，围绕课题主线，立足课堂，开展了"专题研讨、联合教研、学术指导、主题活动、入校诊断、论文评选"等系列活动，推动课堂教学的改革与创新。

5. 开发资源，服务师生

2020年，工作室在省教厅、省电教馆、省项目办的指导下，积极组织各工作站围绕立德树人根本任务，依据教材和学科教学特点，开发"教学微课、课堂实录、教学设计、多媒体课件、导学案"等一系列课程资源，上传至四川省教育资源公共服务平台供全省学科教师参考。

（二）创新研修活动

1. 教育扶贫，意义深远

2019年至2021年，工作室通过开展教育帮扶活动，实现名师工作室价值引领和辐射带动的作用。2019年11月3日至7日，开展了以"聚焦核心素养，携手立德树人"为主题的国家级深度贫困县——凉山彝族自治州美姑县教育扶贫活动；2021年，开展了宜宾市屏山县教育帮扶活动，两次教育帮扶活动均开展了教师培训、名师课堂、入校诊断、走访辍学学生等系列活动。

教育帮扶活动的开展，极大地震撼了老师们。特别是凉山彝族自治州美姑县教育扶贫活动的所见所闻，更坚定了老师们的信念——要把"名师"这颗种子种在遇见的老师心里，让它发芽开花结果，让更多的老师成为中国教育未来的"名师"，让我国的教育越来越美好。

2. 同心抗疫，彰显情怀

2020年，新冠肺炎疫情肆虐，工作室开展了一系列战"疫"活动：老师们积极撰写战"疫"文章，录制抗疫、防疫微课视频，结合教学需求录制教学微课在线指导学生学习，指导学生写战"疫"文章、诗词、手抄报，录制防疫微视频并取得丰硕成果。陈刚老师的《道德与法治课导学中抗疫精神的弘扬》发表于《当代教育家》，李敏老师的《在线教育，家长也应"在线"》发表于《四川教育》，张贵兰老师指导的学生毛佳敏的诗歌《疫情当愈，樱花可期》被《教育导报》采用，发表在《意读》杂志上，陈思宇同学的宣传抗疫微视频被"学习强国"采用。各工作站还定期组织在线教育教学研修活动，一系列活动的开展，彰显了教师们的教育情怀。

3. 跨界联合，谋求发展

工作室通过与宜宾学院、衡阳师范学院、西华师范大学等高校的跨界联合，谋求工作室更宽、更高的发展途径。工作室成员张安权为宜宾学院、西华师范大学常聘教师，李敏、陈刚、张贵兰被聘为宜宾学院思想政治教育专业师范生实训导师。

三、梳理——已圆之"梦"

"却顾所来径，苍苍横翠微"，"水本无华，相荡而生涟漪；石本无火，相击而生灵光"。工作室全体成员学员一路走过风雨兼程的2019年、2020年，携手走进充满希望的2021年，反思来时路，究竟收获了什么？

1. 成员成长添信心

工作室领衔人2020年被评为正高职称，工作室领衔人及2位核心成员张贵兰老师和贾波老师被评为"2019年、2020年四川省教书育人名师"，实现了培养名师的目标。张安权、张贵兰、贾波、王雄等近20位教师分别获得市、县级称号，肖凤春、徐宗玲等10位学员成长为市级骨干教师。

2. 成果初显成效

与文轩合作完成了《直通中考》和《中考复习指南》的编写，参加湖南教育出版社《立德树人实践课程》教材的编写。工作室共发表论文 40 余篇；组织优秀案例评选活动并评选出 39 篇优秀案例，形成工作室课题研修成果之一。工作室依据教材和学科教学特点，开发完成"教学微课、课堂实录、教学设计、多媒体课件、导学案等"课程资源 389 个，为广大师生提供借鉴的教学样本。工作室课题中期成果《"德润生命 知行合一"——中学思政课"双导向大循环"教学模式实践探究》，于 2022 年 4 月由四川师范大学电子出版社正式出版。

工作室成员 9 篇论文在 2019 年省级论文评选中获一、二、三等奖，工作室课题成果在四川省"立德树人"优秀实践创新案例评选中获二、三等奖。工作室成员在各级培训活动中进行各类讲座 50 余场，专题发言 50 余人次，承担省、市、县学科各类展评活动评委 12 人，举办各类较大影响活动 70 余次，受益师生 2 万多人次。

3. 媒体宣传扩影响

工作室积极履行职责，广泛开展活动，积极加强微信公众号、QQ 工作群、钉钉群建设，及时上传相关的文章、学习资源，让宣传平台成为成果的辐射站。对每次活动及时进行报道，通过微信公众号进行宣传。2019 年以来，撰写活动简报并推送 216 期，被《教育导报》、市教体局官网、四川省教育新闻报道多次。

四、反思——未圆之"梦"

（一）存在的不足

"不登高山，不知天之高也；不临深溪，不知地之厚也。"两年来，工作室取得成效的同时，也存在着很多不足。

1. 课题研究需聚焦

对 10 个子课题指导不足，围绕课题活动设计不够精准，主题不够鲜明。

2. 成果梳理需提质

课程资源开发有数量，但还需加强质量的提升；工作室论文撰写和发表远远不够，需进一步加强。

3. 研修活动需丰富

工作室形成了常态化在线课题研修活动，但形式较单一，需要丰富形式、丰富内容，增强科学性和吸引力。

4. 宣传力度待加强

工作室外宣工作仍然不足，活动开展前和开展后未能及时与相关媒体联系，扩大影响范围。

（二）反思

1. 聚集课题主线，引领研修活动

加强对子课题的指导和管理，提炼出具有推广价值的成果。"三化"改进课题不足："问题课题化"，以问题为导向，强调对课堂教学问题的调研；"课题成果化"，将课题的研究以成果的形式呈现，以任务驱动研究的推进；"成果课程化"，通过宜宾学院、西华师范大学在校师范生，以及工作室各学员所在学校的课程变革，强化成果的运用和推广。

2. 扩大宣传影响，引领带动发展

进一步彰显名师工作室的价值与追求，扩大名师工作室的辐射范围，实现省教厅组建名师工作室"培养一个，带动一批，辐射一片"的目标。

程远友名师鼎兴工作室

立己达人，和谐共生

程远友名师鼎兴工作室是由四川甘孜藏族自治州康定中学英语教师程远友（正高职称，全国劳动模范、省特级教师、"国家万人计划"教学名师、享受国务院政府特殊津贴专家、四川省学术和技术带头人、省突出贡献的优秀专家、省教书育人名师）领衔，由来自甘孜、阿坝、雅安、自贡、眉山、乐山6个市（州）的13名核心成员，每个成员辐射5名左右的学员，共计60余人组建的英语学科共同体。该工作室主张高中远程直播教学模式促进学生全面发展，探索出了一条适合民族地区教学的新路子，并取得了丰硕的教育教学成果。网课直播教学成为中国边远民族地区学校的典范，对促进边远民族地区教育事业发展起到了示范引领作用。

一、工作室定位和建设目标

工作室建设发展的理念：立己达人、和谐共生。

工作室建设目标：学生成才、教师成长、学校成名。

工作室培育教师的愿景：追求卓越，崇尚创新。不断地认识自我、完善自我、超越自我，是践行师德的高尚者、学科核心素养的实施者、课改的推进者、教研的探索者、教学的引领者、人文精神的撒播者。

工作室的价值取向：认识自我、完善自我、超越自我。

工作室教育教学核心主张：高中远程直播教学模式下培育学生核心素养和有效教学实践。

工作室的价值追求：认识自我、完善自我、超越自我。

二、建设规划与运作机制

工作室建设规划有章可循，建立了三年的研修计划和年度规划并严格落实完成。围绕读书升华，写作彰显；诚心倾听，和合致远；困惑驱动，问题打造；专家引领，拾级而上；示范观摩，博采众长；实践磨砺，协同共进策略来开展研修活动。

工作室组织机构建设到位，制度、人员架构、职能职责、条件保障、考核激励等推动工作室良性运行的主要措施到位，制订有《四川省程远友名师鼎兴工作室成员发展手册》，有名师工作室主持人职责、名师工作室成员的职责与任务、工作室职责分工、工作室青年骨干教师职责、工作室学习制度等相关管理制度及发展规划、方案制定清晰及执行情况到位。

三、工作室的研修模式

工作室三年的研修活动，由于高中英语老师工作量大、离校研修时间少，加上 2020 年以来新冠肺炎疫情的影响，工作室研修模式主要有自我研修、读书研修、线上和线下研修相结合、全员集中研修等。

1. 集中研修

活动先后安排了 12 次，把成员所有学校几乎都覆盖到了。举行了四川省程远友名师鼎兴工作室、甘孜藏族自治州刘焰虎名师工作室、井研县高中英语罗应松工作室、井研县高中物理钟治刚工作室、井研县教育科学研究室"五室"联合研修活动。

2. 工作坊研修

工作坊先后进行了 5 次研修活动，地区集中研修。原则上按甘孜、阿坝、雅安、乐山、眉山、自贡的区域分布，组织地区集中研修活动。各研修组集体研修活动由各组自行规划。每次研修之前有通知，每次研修之后要形成研修记录和研修简报，发给工作室室刊当月编辑组刊载。

3. 远程研修

由于疫情的影响，工作室充分发挥钉钉平台视频会议功能、师训宝灯软件按月组织远程集中研修，所有成员通过实时交流和回放收看等功能参加远程研修。

4. 个体研修和课题研究

开展读书交流活动。工作室不定期发布图书推荐目录，各研修组结合本组研究需要指定阅读图书，各研修组成员自主学习。年终总结时，各研修组要统计本组成员读书、交流情况，由工作室汇总公布。

围绕课题"远程直播教学模式下边远民族地区高中学生核心素养培育的实践研究"展开研究，该课题于 2022 年 1 月结题。

5. 撰写教学实录、教学心得、教学设计和教学论文

工作室定期开展论文征集活动，对优秀论文进行集中修改，积极联系刊物杂志，为成员发表论文提供机会和平台。

6. 建设学科名师课堂

发挥名师示范效应，探索网络环境下教研活动新常态，缩小区域、城乡和校际差距。系统进行在线课程资源研发，本年度在线课程资源研发集中高一、高二年级。各工作坊以课堂教学为主，自选内容开发教学资源 50 节，完成高中英语第 4 册和第 5 册 12 课单元的 120 个教师微视频（教学 PPT、教学设计、学案）。

7. 扶贫送教

工作室共开展了 12 次扶贫送教活动，扶贫送教区域主要包括甘孜、凉山、阿坝以及其他偏远地区。送教主题包括学科教学、教师专业发展、学校教育科研等内容。聚焦了核心素养、高中新课程标准、课题、论文培训、高中远程直播教学模式等主题，采取了专家讲座、名师引领、成员献课、集中评课、送教下乡、推门听课等具有创新性和示范性的活动形式，为名师工作室活动提质增效进行了有益的探索。

四、工作室成效成绩

三年来，工作室围绕课题远程直播教学中培养学生核心素养研究，促使远端特长培训学校建立了信息资源库，完善了教育、教学资料。课题组聚焦学科核心素养，建设学科专递课堂、名师课堂，利用网络系统，不断完善丰富各学科资源库。

工作室成员课题成果丰富，除工作室专项课题外，还有 26 个在研课题。通过对课题的总结、搜集、整理，撰写汇编形成课题研究论文集、教学案例集、报告集等成果。工作室三年的研修促进了教师发展，教师专业能力得到提升，教师教学理念得到更新，尤其是高中远程直播教学模式提高了教师教学水平。教师可以充分利用成都七中前端资源，学习前沿的理论知识，获取名教师的经典教学案例，促进教师专业水平。高中远程直播教学模式，教学思想逐步由"教本位"向"学本位"转变，教师角色逐步由"教师"向"导师"转变，学生学习逐步由"被动接受"向"主动获取"转变，让课堂焕发出新的生命力。

五、工作室问题与反思

工作室到甘孜藏族自治州的 18 个县开展了研修活动，感受到各个学校的硬件设施很好，但是领导和老师们缺少先进的教育思想和理念，缺少主动向他人学习的精神。如何把先进地区的优质资源实实在在的落实到位任重而道远。

钱钟文名师鼎兴工作室

同行共进，共享共赢

钱钟文名师鼎兴工作室是由四川省巴中市恩阳区教育科学研究所中学英语教研员钱钟文（正高职称、省特级教师）领衔，由来自遂宁、广元、南充、广安、达州、巴中等6个市（州）的10位核心组成员，每个成员辐射5名学员，共计55名英语学科骨干教师组成的学术共同体。工作室以"打造川东北名师"为目标，以更新教育理念、改善教学行为为途径，以锤炼教学能力、提升科研水平为重点，以教学研讨、课题研究为抓手，形成了"同学习、共研讨、齐发展"的工作室文化。

一、工作室定位与目标

通过三年的互动研修，工作室成员在职业道德、专业知识、学术水平、科研能力等方面的综合素质有显著提高，把初中英语名师工作室建成英语教师发展和研究的平台，成为英语教师交流思想、反思问题、合作研究和创生智慧的中心。通过开展学习交流、论坛、课例研讨、课题研究、培训者培训等活动，工作室成为一个"学习型""研究型"的学术团队。努力探索初中英语教师专业发展的思路和策略，探索初中英语优秀教师学习、合作、研究、生成的新机制，使其成为优秀初中英语教师的培养基地，从而进一步提高他们的英语教育教学水平和教育科研能力，培育四川省东北部初中英语教学名师。

二、工作室规划与运行机制

围绕四川省教育厅颁发的《四川省中小学省级名师名校长工作室建设实施办法试行》中工作室的职责与任务，制订工作室三年建设规划和年度工作计划。

三、工作室的研修模式

工作室采取"自主研修"与"集中研修"相结合、"观摩学习"与"风采展示"相结合、"课题研究"与"分享交流"相结合的方式，提升工作室各成员和学员的研究水平和业务能力。

（一）自主研修

一是工作室向每位成员发放了《英语课程标准解读》《中小学教师教学研究方法与策略》《周国平论阅读》等教育教学理论专著。要求每位成员有计划、有选择、有实效地阅读，自觉养成读书学习的习惯，夯实每位成员的理论基础，提升工作室成员的理论修养。二是要求工作室每一位成员学习理论专著后做好读书笔记，写一篇不少于 2000 字的教育教学论文或教学经验文章。三是要求每位成员收集、整理优秀初中英语群文阅读教学设计，为课题研究积累有效的素材。四是工作室每位成员针对"基于主题意义探究的初中英语群文阅读教学课型设计及教学策略研究"课题的分工，撰写一篇高质量的群文阅读教学设计。

（二）集中研修

工作室于 2019 年 3 月至 2021 年 4 月分别在巴中市恩阳实验中学、大英县中学、苍溪县中学、川师大附属第四中学、重庆市渝北中学等学校进行了16 次集中研修。一是邀请专家和一线教师做专题学术讲座，听众 2000 余人，极大地提升了工作室成员、学员和一线教师的理论和专业素养。二是组织工作室成员和学员交流学习心得和体会，工作室领衔人和成员采取小专题讲座的形式共同分享他们的学习感悟，探讨他们在学习、研究和教学实践中的问题与困惑，同心协力，共同攻关。三是组织基于主题意义探究的初中英语群文阅读课堂教学与观摩、研讨活动，在各子工作室成员和学员反复磨课的基础上，采取同课异构等形式，展示各子工作室群文阅读教学研究的成果。

（三）课题研究

针对初中英语群文阅读教学存在的教学目的不明确、教学理念滞后、阅读量不够、工具性与人文性不统一、阅读策略指导不力等问题，工作室成员通过反复研讨与论证，确立了"基于主题意义探究的初中英语课内外群文阅读材料整合的原则和方法研究""基于主题意义探究的初中英语群文阅读教学课型设计的原则和方法研究""基于主题意义探究的初中英语群文阅读教学的教学策略研究" 3 个子课题。采取分工、协作、共同研讨、交流的形式，工作室成员和学员通过讲述他们的教学设计和磨课经历，探索和总结初中英语群文阅读的教学方法和策略，分享他们的教学经验与感悟，在研究视角上进行创新。

四、工作室的成效成果

三年来，通过工作室全体成员、学员的共同努力，取得了较好的成果和良好的效果。工作室编印《基于主题意义探究的初中英语群文阅读教学优秀教学设计选编》和《基于主题意义探究的初中英语群文阅读教学优秀教学论文选编》各一册。《巴中日报》、《巴中晚报》、巴中电视台对工作室的工作成果进行了宣传和报道。

工作室成员纪宴平，西南领航名师、国培特聘专家、四川省首届名师、四川省三八红旗手获得者、遂宁市德育先进工作者，已发表学术论文 3 篇，参与编写校本教材 2 本。指导工作室学员王娟在遂宁市初中英语赛课中获一等奖；指导工作室学员任艳在大英县"基于主题意义的初中英语阅读"教学展评中获二等奖；指导工作室学员陈进在大英县初中英语赛课活动中获一等奖；指导工作室学员陈慧敏在 2018 年遂宁市微课大赛中获一等奖，在 2019

年大英县中青年教师英语赛课活动中获一等奖。

工作室成员陈霞，广元市教学名师、广元市初中英语名师工作室领衔人，在《教学与研究》等刊物发表学术论文 4 篇；2020 年 4 月，在广元市"课堂教学大比武"活动中获一等奖；在县级以上教学研讨活动中上示范课 4 节，做专题讲座 5 次。指导工作室学员祖慧琳，在 2019 年苍溪中学第一届"苍中论坛"交流评比中获一等奖，指导工作室学员陶艳菊获广元市 2019 年智慧课堂优质课竞赛一等奖，指导工作室学员熊晓蓉获 2019 年苍溪县初中英语课堂教学展评一等奖，指导工作室学员杨萍在 2020 年四川省国培计划初中英语骨干教师微课比赛中获一等奖，指导工作室学员在国培计划和送教下乡活动中讲研究课和示范课 14 节。

工作室成员陈春燕，南充市初中英语骨干教师，在南充市教学大比武活动中获得一等奖，在南充市教科所组织的有效课堂教学展评活动中获一等奖，在《英语周报》等刊物发表论文 4 篇，在市级教学研讨活动上做专题讲座 2 次。指导工作室学员孙家怡在 2019 年南充市中考英语总复习优质课展评活动中获二等奖，指导工作室学员徐莉在 2020 年全国优质教育科研成果展评中获"优质课"一等奖，指导工作室学员徐静怡 2018 年获四川省"一师一优课，一课一名师"一等奖，指导工作室学员赵晓华在 2019 年 10 月获南充市课堂教学大比武一等奖。

工作室成员王虹，邻水县初中英语骨干教师、初中英语名师工作室领衔人，在县级教学研讨活动中讲示范课 3 节，做专题讲座 2 次。指导工作室学员梅文芳 2020 年 12 月在广安市中学英语教学改革试点学校课例展评活动中获二等奖；指导工作室学员宋茂霞在 2018 年邻水县初中英语课堂教学展评活动中获一等奖；指导工作室学员易晓兰在 2018 年广安市微课大赛中获一等奖，在 2019 年邻水县初中英语课堂教学展评中获一等奖，在 2020 年广安市英语教改课例展评活动中获一等奖。

工作室成员禹英，华蓥市初中英语骨干教师、初中英语名师工作室领衔人，在《课程教育研究》等刊物发表学术论文 5 篇，论文《基于群文阅读的初中英语阅读课堂教学研究》获一等奖，在市级教学研讨活动上做专题讲座 2 次。

指导工作室学员蒋黎在 2019 年广安市课堂大比武活动中获二等奖；指导工作室学员袁野在广安市 2019 年中学英语教学改革试点学校教学展评活动中获二等奖；指导工作室学员唐薇在华蓥市 2018 年"精品课建设"课堂教学竞赛中获一等奖，在 2019 年广安市课堂教学大比武活动中获一等奖。

工作室成员汪永梅，开江县初中英语骨干教师、初中英语名师工作室领衔人。2020 年 9 月在开江县名师引领教学研讨活动中讲示范课一节，在县级教学研讨活动中做专题讲座 3 次。

工作室成员李本万，巴中龙泉外国语学校初中英语学科带头人，巴中市初中英语骨干教师，论文《初中英语阅读教学策略》获得 2018 年巴中市初中英语优秀论文一等奖。

工作室成员董江华，巴州区初中英语骨干教师，获巴州区初中英语课堂教学展评一等奖，在区级教研活动上做专题讲座 3 次，在送课下乡活动中讲示范课 2 次。

工作室成员叶俊，巴中市恩阳区初中英语骨干教师，获巴州区初中英语说课一等奖，获巴中市第十届晏阳初杯优质课赛课活动一等奖。

工作室成员黄敏，恩阳区初中英语骨干教师，恩阳区初中英语赛课一等奖获得者，在区级教研活动中做专题讲座 3 次，在送课下乡活动中讲示范课 3 节。

廖良国名师鼎兴工作室

沿光生长，尽情绽放

廖良国名师鼎兴工作室是由四川巴中市南江县教研室副主任、语文教研员廖良国（省特级教师、省教书育人名师）领衔，由来自眉山、资阳、广安、南充、达州及巴中等6个市（州）的12名工作室成员、136名学员组成的语文学科共同体。

工作室聚焦小学语文统编教材习作教学，开展了内容丰富、形式多样的系列研讨活动，从多维度、深层次探索魅力习作教学的基本元素，创新建构了魅力习作教学新路径，形成了"以'点'显'线'建体系，以'情'促'写'彰个性"的习作教学新主张。

一、精准定位，勾勒愿景

工作室以"寻源问道，守正创新；共建共享，携手并进；辐射引领，精彩绽放"为理念，以课题研究为纽带，以理论研修、课例研讨、成果展示、学术沙龙等主题活动为载体，打造教师培养的基地、名师展示的舞台、教学示范的窗口、科研兴教的引擎，使工作室成为名师引领教师专业成长的"学习型、辐射型、合作型、研究型"的专业组织，使工作室成员三年后能在省内外小语界具有一定的影响力和知名度，进而实现"培养一个，带动一批，辐射一片"的目标。

工作室教育教学核心主张与价值追求：创享习作教学，打造魅力课堂，让习作教学活动成为师生生命成长的快乐之旅。

二、科学规划，高效运转

名师工作室和谐、有效运行，才能充分发挥名师引领、示范和辐射作用。科学规划是名师工作室发展的前提，规范化、制度化的运作机制是名师工作室发展的有力保障。

工作室以"习作教学为研究方向，坚持科研课题引领、开展教育研训活动、组织开发优质资源、带动小学语文学科教学改革发展、培养造就优秀人才"为职责；领衔人以做好"点灯人"（点亮成员对教育艺术不断追求、对教学风格不断磨砺的"心灯"）、"聚光人"（聚教育理论之光、聚教育专家之光、聚团队成员之光、聚各级教育部门之光、聚教育媒体之光）、"成就人"（成就工作室成员与学员及区域教师）为己任；以"工作室各项管理制度、成员个人发展规划、任务驱动"等带动工作室成员及学员迈入学习成长之旅；以"集中研修与自主研修相结合、理论研修与实践研修相结合、线上研究与线下研究相结合、室内研修与高端引领相结合"等多种方式引领团队成员发展；以微信群、QQ群、工作室微信公众号、成果集、学术专著、教育主流媒体等，使名师工作室成为各位成员专业发展研究学习的共同体，成为各位成员分享教学理念、交流教学思想、共享教学资源、点亮自己人生的新平台。

三、丰富活动，活化研究

研修，是工作室团建的核心纽带；研修，是工作室研究方向得以突破的主要抓手；研修，是工作室成员得以发展的有效载体；研修，是区域教研教改得以推动的可靠路径。

工作室在长达三年的时间里，开展了丰富多彩的研修活动。

1. 理论学习活动

理论是实践的先导，有理论之光的照射，实践之路才不会偏离方向。学习书籍中，有教育理论、教育科研、教师专业成长领域的，也有语文学科教学、习作教学方面的。为提高理论学习实效，工作室采取了"集中与分散相结合、线上与线下相结合"的形式，常态化开展了"专题讲座、读书笔记、读书沙龙"等活动，充分利用微信群、QQ 群、视频等载体进行交流探讨。

2. 实践研修活动

理论需要在实践中转化，实践可以验证、创生新的理论。工作室紧密结合自己的研究方向，围绕"小学语文统编教材习作教学目标、小学习作教学现状调查及对策、小学语文统编教材习作编排体系及特点、习作教学资源的研发与利用、读写结合有效路径、习作策略单元教学、单元习作教学、创意习作教学策略、习作课堂教学评价体系"等维度，分阶段、分区域、分主题开展了融"学术报告、课例展示、议课辩课、教后反思、学术沙龙"为一体的大型集中研修活动 10 余次；12 名成员带领学员围绕各自团队承担的研修任务自主开展实践研修活动累计达 100 余次；领衔人赴工作室成员所在市、县开展活动 10 余次。

3. 高端培训活动

组织工作室成员参加小学语文习作教学高端培训活动，接受前沿、先进的教育教学理念，感受来自全国各地专家、学者的风采，观摩优秀教师的教学课例，思考自己的教学课堂。

4. 成果展示活动

通过工作室内教学设计展评、课堂教学大比武、教学论文评比、反思交流、优课录制等活动，展示团队研修成果，推动研修成果形成。

5. 锤炼教学特色活动

名师工作室不仅"名"在"成果之名"，更是"名"在"名师之名"。挖掘每位成员的潜质，发现每位成员的特点，彰显每位成员的教学个性，是工作室永恒的主题；培养一批名师，固化名师教学风格，锤炼名师教学特色，是名师工作室的不懈追求。活动中发现成员的特点，磨砺成员的风格，点亮成员的特色，是工作室活动的主旋律。工作室成员付黎明"情智融通，雅致灵动"的教学风格、《永远热泪盈眶》的成长手记及领衔人廖良国撰写的《雅致灵动　彰显魅力》的密码解析被《四川教育》刊载，付黎明荣登《四川教育》

2019年封面人物。

6. 送教活动

验证、推广工作室成果，辐射、引领、带动区域小学语文教学改革，是工作室开展的常态活动。两年多以来，带领工作室成员、学员开展送教到县、学区、学校活动30余次，受益学校达200多所，受益教师近1万人次。

7. 助力各级培训活动

带领工作室成员积极助力国培、教育公益活动、骨干教师培训、班主任培训、教育科研培训等各种培训活动，为当地教育发展和教师成长助力。据不完全统计，两年多以来，领衔人及成员为市、县各级培训做专题学术报告和上示范课60余人次。

形式多样、内容多样的工作室活动，使工作室的研修活动在常态中创新，在创新中发展，形成"研、引、行、思、创"的基本范式。

四、沿光而生，拔节欢歌

多元化、多样化的活动，让工作室成员相识、相聚、相帮，使工作室如家一般温暖，凸显了工作室的温度；系列化、主题化的活动，工作室成员共研、共建、共享，使工作室研修有深度，研究成果有高度，团队发展有效度。得到《四川教育》、《教育导报》、今日头条、《科技日报》及电视台、教育网站等媒体的广泛关注。领衔人廖良国受邀在四川小语专委会、四川新创教育研究院组织的活动中展示工作室团建及研究成果，深受与会专家及教师的赞誉；工作室成员刘红霞在四川省教科院项目办举行的省名师、名校长工作室领衔人及成员线上培训活动中，以"名师引领，携手成长"为题，汇报了自己在工作室的经历、感悟和成长历程。工作室研修活动及成果被2021年《四川教育》第5期重点推送。

工作室以"追梦路上"命名，结集编印了大型研修活动简报2本；在南江县《课改通讯》专题登载工作室成员的教学设计、习作教学论文2期；将工作室成员撰写的习作教育叙事，以"踏浪欢歌"命名结集编印；将工作室成员针对统编小学语文教材的目标、教学要求和教材编排体例，研发、建构的习作教学课程，编印了《统编小学语文教材习作教学课程体系》；结集选编了工作室成员的《成长故事》，录制了优秀习作教学课例 120 多节次，出版了《跟随名师学写作》《随课微写读本》《课内课外直通车》《魅力习作教学》。

领衔人及工作室成员先后发表了《作文的"教"与"不教"》《小学语文统编教材习作教学资源的开发与利用》《试论习作教学的基本原则》《让"随课微写"点亮习作教学的新路径》《多元融合，为习作教学提质》《以"点"显"线"建体系 以"情"促"写"彰个性》等研究成果。

工作室成员及学员指导学生在报刊发表习作 100 多篇，指导学生参加各级各类作文竞赛活动有 1000 多人次获一等奖。

五、工作室建设的问题及反思

（一）问题

由于工作室成员大多是当地有一定影响力的业务骨干，有学校的教学工作、业务管理工作、县区师培师训任务、区域名师工作室工作等，使得在研修的时间与精力上都难以得以保证；一线教师习惯于实践操作，反思总结、提炼升华的意识不强，致使理论性成果偏少。同时，名师工作室成员来自几个市、州，路程遥远，每次线下集中研修活动往返乘车安全也一直是令人担忧的问题；线上研究难以深入，研修效果也很难保证。

（二）反思

在丰富完善实践成果的基础上，工作室还将在提升成员的教育写作力、成果提炼力上多着力，让成员在"一体"（学科专业知识）、"两翼"（教学艺术、科研能力）得以协同发展，同步提升，让工作室成员走得更远，飞得更高。

赵茂森名师鼎兴工作室

共建共享，共促共进

赵茂森名师鼎兴工作室是以四川省巴中师范附属实验小学数学教师、党总支书记、校长赵茂森（正高职称，省特级教师、省学术和技术带头人、全国电化教育优秀工作者、全国优秀教研校长）领衔，由来自康定、自贡、广安、达州、乐山、巴中、广元等8个市（州）

的12名核心成员及相关学员组建的小学数学共同体。工作室坚持赵茂森提出的"情思"教学主张，强调以境引情，以情诱思，以思促行，制订"三层四步"的教学研究路径，形成了"激趣诱思—善导促思—巧练提思"的数学高阶思维训练模式。

一、工作室定位和建设目标

发展理念：共建共享，共促共进。

定位：以"专业引领、同伴互助、交流研讨、共同发展"为宗旨，以教育科研为先导，以课堂教学为阵地，以网络交流为载体，共同打造科学性、实践性、研究性于一体的研修团队。

美好愿景：努力培养小学数学教科研名师，着力打造充满教育智慧、具备教育魅力的名师团队，奋力实现"培养一个，带动一批，辐射一片"的目标。

核心主张与价值追求：提出"情思"教学法，探究高阶思维训练，矢志不移追求"聚是一团火，散是满天星"的工作成效。

二、工作室建设规划和运行机制

（一）阶段目标和实施步骤

按照个人发展规划的总体目标，分阶段制订自我发展目标，努力使自我成长过程呈现出"天天有收获、周周有进步、月月有提升，年年上台阶"的梯形态势。

（1）读书计划。树立终身学习的意识，每天坚持读一小时书，每本书读完形成 2000 字以上的读书笔记。

（2）课题研究。省级课题申报、立项、开题，并开展课题研究。

（3）教研活动。每月进行一次教研活动，并展示阶段性培养和发展成果。

（4）送教下乡。每学年度安排一次送教下乡活动，调查研究当前农村教育现状，提出合理建议。

（5）个人研修。利用寒假或暑假的时间走出去学习先进的教育教学方法，挑选出优秀的读后感和教育随笔，推送省级以上报刊发表。

（6）网络建设。建立名师工作室网站或微信公众号，将工作室的教育教研成果向外辐射。

（二）管理制度建设

（1）会议制度。每学期召开 3 次工作室会议，学期初讨论制订计划，期中督促工作落实情况，期末回顾总结工作。

（2）学研制度。按时学习和按需学习相结合，平时以自学为主，每月集体研修一次，线上线下交替安排。

（3）考核制度。每年对工作室成员进行考核一次，评定等次，奖优罚懒。

（4）经费制度。工作室根据下拨款额，制定预算，做到精打细算，把钱用在最需要的地方。

（5）档案制度。工作室成员的计划、总结、听评课记录、公开课，教学案例、讲座、发表的论文等成果材料及时归档、存档。

三、工作室的研修模式

名师工作室研修模式为"一个中心，四种结合，八种途径"。一个中心是以学员为中心，根据学员的情况选择相应的指导方向，推动学员主动积极地实现专业发展，在创新实践中加快成长，迈向骨干名师；四种结合为分散研修与集中学习相结合、通识教育与专题研究相结合、自我修炼与导师指导相结合、理论学习与教学实践相结合；八种途径为专家讲座、导师指导、考察学习、教学论坛、聚焦课堂、论文撰写、课题研究、特色提炼。

（一）聚焦教育发展，提升理论水平

理论是教学实践的指明灯，只有具备深厚的理论基础，才能够照亮名师的专业成长之路。工作室不断更新教学理念，学习先进的教育手段，掌握现代教育方法，实现从"教数学"走向"学数学"，从"低效课堂"走向"高效课堂"。

（二）立足课堂教学，形成教学风格

工作室大力开展校内磨课、同课异构、送教下乡、送培到校、开设讲座等活动，相互学习，提高教学艺术，形成自身的教学特色，成为教学的引领者。

（三）开展课题研究，提高科研能力

工作室立足于工作室的课题研究，给工作室成员"压担子""搭台子"，每人负责一项子课题研究，使整个工作室洋溢着浓厚的学术氛围。

（四）发挥示范作用，追求辐射效应

工作室通过开展"名师带徒""名师示范""名师送教""学术讲座"等活动，实现"培养一个、带动一批、辐射一片"的作用。

（五）搭建交流平台、共享教育智慧

工作室内部开通 QQ 研讨群和微信读书群，通过网络平台，及时进行教学、读书、撰写论文方面的研讨，力求工作室成员在师德规范上出样板，课堂教学上出精品，课题研究上出成果，管理岗位上出经验。

四、工作室研修工作目标

（一）搭好一个团队

为工作室成员搭好一个平台，使工作室学员能在专业成长中相应提升或成为在某一方面学有专长、术有专攻的优秀教师。以工作室为窗口，充分发挥工作室主持人和成员在师德修养、教育管理、学科改革、教育科研等方面的示范、引领、指导作用。以多种方式传播先进的教育理念和教学方法，提高教师的整体教育教研水平。

（二）抓好一项课题

针对小学数学教育教学实践中的重点、难点问题，结合新课程标准、新评价方案进行专题研究。工作周期内工作室要合力完成一项省级课题，成员至少要完成一个区级以上研究课题并取得相应成果，撰写出一定数量的高质量论文或专著，促进学科教学的理论建设。

（三）出好一批成果

名师工作室的教育教学研究成果应以论文、专著、讲座、公开课、研讨会、报告会、名师论坛、专题纪录片、现场指导、观摩考察等形式在全省范围内介绍、推广。工作室成员开设一定数量的区级以上公开课、培训讲座或教学论坛（报告会、研讨会）；定期组织工作室全体成员去农村送教或到学员所在学校进行同课异构。

（四）建好一个平台

名师工作室要结合课程特点和本工作室目标，系统地建立教育教学资源库。名师工作室开通好富有自己特色的微信公众号；工作室网络平台以新闻报道、成员风采、工作动态、课题研究等版块发送内容，使之成为工作动态发布、成果辐射推广和资源生成整合的中心。通过互动交流，实现优质教育教学资源的共享。

五、具体研修措施

（一）制订规划

每位工作室成员要制订个人的成长计划，本工作室结合成员的自我发展计划，为成员制订专业发展的三年规划，促使每位成员尽快提高教育教学和科研能力，推动成员的专业成长。

（二）读书自学

工作室成员要积极参与系统学习学科的前沿理论与课程改革理论等读书活动，要求做好读书笔记并定期在工作室网络平台发表读后感言，交流心得体会，以同伴互助的方式实现成员的共同成长。

（三）专题研究

工作室成员要积极参加工作室确定的科研课题，做好课题的计划与研究过程的记录、整理、反思、总结、交流等。工作室要以课题牵动成员的研究能力，引导成员把课题和工作中遇到的问题结合起来，走自主发展的课题研究之路。

（四）开展教研

每月开展一次教研活动。每次活动主题要突出，并要指定专人发言，交流经验和体会，从而实现共同发展。成员每学期都要上一次公开课。通过自身开课、送课下乡、磨课等形式，大力开展听课、评课、磨课等活动促使成员间相互学习，共同提高。

（五）参加培训

负责人带领成员参加各级教研活动和各级各类教育教学相关比赛，发挥名师的示范辐射作用。

（六）外出实践

创设条件，让工作室成员能够定期外出参观学习，更新观念，并在教学过程中进行尝试性实验。

（七）建立档案

将工作室成员的教学成果、优秀案例、获奖论文、课题研究、优质课、荣誉等全面综合记录，建好成员成长档案。

六、工作室成效与成绩

工作室按照上级要求和预定计划,有步骤地开展系列研讨活动,攻坚克难,努力完成各项任务,砥砺奋进,取得了可喜的成绩。

（一）课题研究成果

（1）编写思维拓展训练教材6个年级上下册共12册,讲数学家故事汇编2册。

（2）工作室成员邓林章、程建军撰写的课题论文获省级奖励,成员卢艳华等3人获市级课题研究奖励,学员邓丽君等8人获县区级微型课题研究等级奖。

（3）工作室省级课题中期研究成果荣获省级三等奖。

（4）成员和学员围绕课题撰写的80多篇论文获各级奖励。

（二）论文

在国家级、省级刊物上发表论文30多篇。

（三）送课、赛课

在邓林章等23人获市级赛课、优课、微课等级奖;15人获县区级赛课一二等奖;共42名团队成员送课下乡、送培到校、讲座培训100多节（场）次。

（四）讲座

领衔人和成员共开展专题讲座30多场次。

（五）课程资源

新冠肺炎疫情期间录制微课18节,5节获市级奖励;开展课程资源开发,录制北师版三、四年级上册课程105节,上传省平台供师生学习借鉴。

两年来,工作室带领名师团队深入各市州60余所学校,开展以理论学习、教学研讨、课堂展示、课题研讨、读书沙龙、专家引领为主的研讨活动70余次,培训各地教师4000多人,受到当地教育主管部门和教师的欢迎和称赞。市级以上电视台、报刊、网站宣传报道20多次,内强素质外树形象,不断扩大名师鼎兴工作室的社会影响力。

七、工作室问题与反思

在名师工作室工作开展过程中，工作室尽力克服工作中的困难，积极投入工作。但在得到收获和体验的同时，也发现了以下问题。

（一）问题

一是名师工作室成员和学员遍布全省 9 个市州，集中研修的时间有限，在网络资源的共享和交流方面次数不够多也不够深入。

二是平时注重资料收集，注意保留工作的轨迹，但资料整理归档不够规范，缺乏科学系统的管理。

三是在资源共享和优质整合方面经验还不够成熟，还要多研究，多下功夫，齐心协力，共同提高工作室的工作成效。

（二）问题反思及今后努力的方向

一是继续狠抓课堂教学研培活动，锤炼青年教师的专业素养，发挥工作室的示范引领作用。

二是强力推进课题研究，不断丰富课题研究资料，确保结题时取得丰硕成果。

三是加大名师培养力度，助推名师加快成长。采取"走出去、请进来"的方式，力争让年轻教师迅速成长为工作室的骨干，成长为小学数学教学领域的名师。

陈双名师鼎兴工作室

基于学科核心素养　问道"德艺双馨"

　　陈双名师鼎兴工作室是由四川省双流艺体中学副校长、音乐教师陈双（正高职称，省特级教师、四川天府名师，全国首届基础教育美育教学指导委员会委员）领衔，由来自成都、乐山、宜宾、绵阳、南充等6个市（州）的15名核心成员及对应学员组建的音乐学科共同体。该工作室以"聚焦学科素养，叩问德艺双馨"为教育主张，3年来，扎实开展丰富多彩的研修活动，促进工作室成员专业成长。

一、工作室的发展理念与目标

　　工作室以"德艺双馨"为发展理念。

　　德："立德树人"，即立德为先，树人为本。通过正面教育来引导人、感化人、激励人，通过适合的教育来塑造人、改变人、发展人。

　　艺："技艺"，即教师具备的先进理论与学识水平，课程科研能力、学科专业能力、教育教学能力。

　　紧扣"德艺双馨"核心理念，围绕"专业成长、追求卓越、铸就名师、辐射引领"的建设思路，聚焦教师专业发展的核心素养，以"体验式的高品质音乐课堂"为主研内容，借力"互联网＋教育"信息平台，在教师发展、课堂探究、课题研究、辐射引领各方面进行深入实践，促使工作室成员在品德修为、学术水平、教学技艺、科研能力等方面快速生长，从而锻造具有高尚的道德情操、先进的教育理念、独特的教学风格、精妙的教学技巧、灵活的教学方法、扎实的课程科研能力、坚持终身学习、勇于创新的特色音乐教师，骨干音乐教师，省、市、县（区）教学名师。

二、工作室建设运行

陈双名师鼎兴工作室是教师成长的共同体、课程改革的前沿阵地、教育科研的实践基地、高品质音乐课堂的创新基地、落实立德树人、实施美育教育的践行基地。工作室以"共同学习、共同探究、共同创新、共同进步"为研修方法，践行"学术引领、同伴互助、研训结合、开拓创新、追求卓越"的工作策略。

（一）完善研训制度

为保证工作室的正常运转，工作室成立之初，学员在导师的带领下，建立健全了工作室项目管理制度与措施，根据工作室日常工作要求，成立了研管组、科研组、课研组、学术组 4 个工作小组，明确职能分工。工作室既有科学的发展目标，又有可操性的管理制度，进一步明确了各自职能与职责分工，保障工作室研修工作顺利推进。

（二）凝练教学主张

几年的研究之路，陈双名师鼎兴工作室全体成员群策群力，共同探究。风雨同舟，脚踏实地，从规范走向精细，从精细走向特色，逐步形成了"基于核心素养，问道'德艺双馨'"的教学主张。

（三）夯实研训实践

在马克思主义哲学中，实践是指人能动地改造客观世界的物质活动，是人所特有的对象性活动。陈双名师鼎兴工作室以学科教育教学理论、教育科研、教学技能、课堂教学为实践项目，采取每月 1 次集中研修、每月至少 2 次的分组研修、每周定期网络研修和不规定的自主研修等实践形式，夯实研训实践，推进工作室建设发展。

三、工作室研修模式

（一）加强基础理论学习

1. 海量阅读

通过"导师推荐＋自主阅读"的方式，线上线下分享读书心得、举办读书沙龙多种活动形式，学习掌握党和国家新时期育人与教师发展的要求，厚积学术、教学、教研理论基础。

2. 学术论坛

紧扣学科教学、教育科研等领域，积极参加全国、省、市各级学术论坛，分享教育教学经验，凝练教学思想，促进共同发展。

3. 专项培训

通过参加中小学继续教育学习平台、全国高校网络资源平台、各级专项培训等多种途径，厚积研修文化，开阔视野，提升能力。

（二）技能提升促发展

器乐演奏、声乐表演、合唱指挥、舞蹈表演、即兴伴奏等专业技能是音乐教师在音乐课堂教学活动、课外训练活动中实施精准示范，引领学生感受音乐、体验音乐、表现音乐的重要抓手。一直以来，工作室非常重视技能研修活动，采用导师引领、专家辅导、学员互助、观摩学习、展演提升等多种研修活动，强化技能促进发展。

（三）深耕教学提质量

工作室聚焦基于核心素养问道"德艺双馨"的教学主张，以线上线下融合研修的方式，围绕"精品课＋优质课＋特色课"三种课型，深化教学实践。

"精品课"以常规课堂教学为载体，立足课堂教学目标制订、教学资源的开发与运用、教学环节设计合理性、教学方法的科学性探究；突出师生互动、生生互动的课堂教学样态；突出重点、突破难点，学生学习主体性得到彰显，学习目标达成效度高的音乐课堂教学。

"优质课"即示范引领课，教学设计、课堂教学都必须达到辐射引领的高度，是高品质音乐课堂教学的完美呈现。课堂教学方法进一步得到优化，教学模式不断创新，以建构审美性、愉悦性、创新性的高品质音乐课堂，实现师生的良性互动与主动参与，达成有效的课堂生成，让学生在审美感知、艺术表现和文化理解的学习过程中得到启发和提升，促进音乐学科教学质量的提升。

"特色课"即为学校社团训练课、学校艺术团队训练课。工作室学员充分结合各学校特点，将国家课程校本化，实施"必修 + 选修 + 艺术实践"的课程模式，优化学校课程结构，既保证必修课的规范性，又满足学生兴趣，拓宽学校音乐学习的路径，丰富学校艺术氛围，提升学生审美感知、艺术表现、文化理解的学科核心素养。

三种课型伴随着音乐课堂教学实践在探索创新进程中不断深入开展，探索建构"聆听感悟 + 互动创新 + 合作探究 + 艺术表现"的音乐课堂教学模式。组织开发基于新课程标准的学科教学设计、课堂教学视频、教学案例、创新学科教学评价等课程资源。确保音乐课堂教学的规范性与高效性，促进音乐课堂教学的高品质发展。

（四）立足科研梦卓越

工作室从音乐学科教学实践出发，聚焦学科教学的疑点、难点、热点和痛点问题，深入推进"基于学科核心素养的普通高中音乐课堂教学策略实践研究"课题研究工作。

1. 构建课题科研网络

在工作室省级课题"基于学科核心素养的普通高中音乐课堂教学策略实践研究"基础上，以各成员组建的骨干音乐教师研究共同体为研究团队，开展子课题的研究，构建一批市区级课题——"以体验式班级合唱教学提升初中学生歌唱素养实践研究""初中阶段学生音乐素质测评的实践研究""以高中高品质音乐课堂为载体的高中音乐教师素养提升策略研究""基于学科核心素养的艺体特色高中音乐课程校本化实施策略研究""基于教学评一致性的普通高中音乐鉴赏课堂教学策略实践研究"研究网络，经过三年的潜心研究已先后结题，取得了较好的研究成果，并进行推广运用。

2. 注重学术引领

为充分发挥专家引领、名师帮扶的作用。工作室定期聘请课程专家深入课题研究指导，认真解读课程标准，全面分析教材，把脉课题研究质量和方向，并开展相关专题学术培训活动，强力提升课题组教师研究能力和成果的提炼能力。

通过课题研究，工作室全体成员的学科课程能力得到提升，课堂教学方法更优化，教材分析能力与音乐作品理解欣赏能力得到增强，教育科研能力得到显著提升；发表多篇教科研论文与获奖，科研成果在教育教学实践中得到推广运用。领衔人陈双主研的省级重点课题"川剧、四川曲艺融入学校艺术教育的实践研究"获得省政府教学成果一等奖、国家教学成果二等奖。工作室成员自觉将科研的精髓和思想融入课堂实践并指导子工作室研究工作，不断反思教学行为，提升教学品质，为实现卓越教师的梦想而阔步前进。

（五）网络研修拓路径

利用钉钉网、腾讯会议以及工作室QQ群，采取四定原则"定时间、定主题、定中心发言人、定专家引领"的方法，积极开展线上研修，缩短时间、空间距离，提升研修效率，收到很好效果。

（六）辐射示范显情怀

为了彰显工作室辐射引领作用，也为了考核工作室成员通过研修获得的进步，工作室按照名教师管理办的要求积极开展送教、送培辐射示范活动。工作室成立以来送培凉山进行音乐骨干教师培训，送教宜宾横江中学，送教绵阳第二中学，送教甘孜、资阳、攀枝花等地，开展专题讲座、课堂教学示范、学科技能培训，惠及师生千余人次。进一步放大了名师效应，给工作室成员搭建了展示、研究的平台，也给送教学校教师提供了学习、交流的机会。

两年多来，工作室有步骤地开展系列研讨活动，取得了实实在在的效果：

工作室领衔人陈双导师被评为"四川省教学名师"、四川万人计划"天府名师"、"全国中小学美育教学指导专业委员会专家";学员罗茹文老师参加成都市百万职工技能大赛获得艺体教师组第一名,获成都市"五一劳动勋章",领衔人陈双获得优秀指导教师奖;张馨月获新都区线上教育"先进个人"称号;邓文兵评为成都市"优秀青年教师",被成都师范学院聘为"艺体教育专业人才培养论证专家"、双流区高中音乐学科中心组成员;曾春燕被评为成都市"骨干教师"、青白江"教学名师"、"学科带头人";张蜀仙获绵阳市涪城区"专家教师",被聘为"四川省中小学音乐骨干教师培训"指导老师;曹佳获成都市钢琴技能比赛一等奖,被评为"高新工匠";吴仕均被评为宜宾市叙州区"优秀教育工作者";邓小兰被评为大邑县"优秀教育工作者""大邑名师";刘启获成都市钢琴、声乐技能大赛一等奖,被评为双流区"学科带头人""双流工匠";夏栋梁获成都市百万职工教学技能大赛一等奖,被评为双流区"学科带头人";伍茂渝获四川省唱家乡的歌"优秀指导教师"称号;陈川获四川省中小学生优秀艺术人才大赛"优秀指导教师"称号等。

四、工作室问题与反思

反思两年多的工作室发展建设,在研修的方法上注重本工作室内的线上学习、线下实践相结合,集中研修与网络研修相结合,专业引领与团队协作相结合。但在教育信息化、国际化的当下,仅仅依靠小团队,其局限性越来越明显,教师专业化提升的空间狭窄。因此,名师工作室一定要开展同学科不同学段的工作室间互动研修、跨学科的工作室间融合研修,并充分认识云计算和大数据对教育的影响,主动渗透国内外教育改革的前缘阵地,不断提升研究和实践的水平。

何为名师鼎兴工作室

勇于拼搏，绽放潜能

何为名师鼎兴工作室是由四川省天府新区华阳中学体育教师何为（正高职称、省特级教师、省教书育人名师）领衔，由来自成都、绵阳等市（州）的15名核心成员及学员组建的体育学科共同体。工作室一直秉持"叩问体育力量，挺直民族脊梁"的教学主张和价值追求。3年来，工作室全体成员齐心协力，携手共进，编撰编写《体育的眼睛》，申请"组合式肋木""坡板斜网式单杠""担架式双杠"等14项专利。

一、工作室的建设认知

体育是什么？它不仅是一种运动、一种活动、一种课程，更是一种精神、一种文化、一种能量。它不仅要影响每个人养成热爱运动、勤于健身的意识和习惯，更要从中获得敢于梦想、团队奋斗、勇于拼搏、锐意创新、激发潜能等体育精神和生命能量。正是基于这样的价值诉求，工作室擎起"育体必育人，育人要育心"的体育改革旗帜，唤起学校体育的价值觉醒。

二、工作室的建设规划及运行

（一）三年工作规划

（1）第一年：初创时期。

组建名师工作室，制订工作室实施方案及相关制度、召开工作室启动仪式。

工作室成员根据个人实际情况，制订本人三年发展规划，明确今后成员专业发展的目标和步骤。吸纳学员并制订培养方案、存档。定期开展交流研讨。建立名师工作室微信公众号。深入研读学术文献，积极进行学术实践，整理建立资料库，为之后的科研工作提供基础支持。

（2）第二年：发展时期。

在国家级期刊发表1~2篇专业学术论文。开展4~5次的公开课、专题讲座等，输出阶段性成果。与国内尖端体育教育工作者建立合作计划，聘请其中1~2名作为本工作室的外部特聘顾问专家。专注青年教师培养，编外培养对象中10%~15%年度考核中获区县级（含）以上优秀教师、学科带头人等。整理两年来工作室的教学成果，制作课例集、公开课示范课专辑。进行精品课堂实录，推送至工作室网页，交流学习成果。完成一项课题研究。继续完善《体育印记——工作室成员成长手册》。

（3）第三年：成熟时期。

优化前期的日常性工作，更新档案、更新课例集、更新公开课示范课专辑、外出培训等。在国家级期刊上发表1~2篇专业学术论文。开展4~5次的公开课、专题讲座等，输出阶段性成果。完成《体育印记——工作室成员成长手册》的编写。结合实际案例，进行"关于体育融合课程的研究"，形成初步研究结果。持续深入体教结合工作与青年教师培养工作。讨论制订本工作室下一期的三年工作规划。

（二）工作室内部管理运行制度

工作室要求成员制定个人发展规划、强化教育理论学习、加强教育教学交流、开展各种专题研修、资源开发成果推广、深入课题研究、外出观摩交流学习、成员动态考核管理。定期考核，对考核不合格者将取消其资格，同时按有关程序吸收符合条件、有发展潜力的新成员进入工作室，细化档案管理。

三、工作室的研修机制

"政策支持、名师引领、团队协作、共同成长"的教师发展机制，让何为名师鼎兴工作室的名师资源受到重视和扩展，个体智慧转化为群体经验和规模效应得到体现。

研修模式以定期集中对当前教育教学中的热点、难点问题进行课例研讨、评课沙龙等，形成一些解决问题的策略和方法。

工作室以行动研究、主体体验、教学对话、资源共享为表征的专业合作，"走出去、请进来"是工作室研修工作的常态。推动了名师工作室的教师专业成长和团队发展，促进了新课程实施，进一步推进了工作室的理念——叩问体育力量，挺直民族脊梁!

四、工作室的成绩成效

2019年，工作室在第二届全国名师工作室发展成果博览会上获一等奖。编撰《体育的眼睛》，申请"组合式肋木""坡板斜网式单杠""担架式双杠"等14项专利。

工作室成员王世兵在2018年《科教导刊》上发表的《中学体育铅球训练速度节奏问题探究》获甘孜州论文评审一等奖;黄大春在2019年《初中体育教学中体育游戏的应用》获得彭州市论文一等奖……

工作室成员陈晨于2019年5月带队比赛获得成都市校园绳操比赛一等奖、校园韵律操一等奖，10月带队比赛获得成都市花球拉拉操二等奖;宋晓碧在全国十四城市学校体育专业指导的《游戏》获遂宁市论文一等奖;袁勇、陈诚在2018年指导的《长拳一段》在四川省中小学体育教学展评活动中获一等奖……多位教师带队参加各级比赛均硕果累累。

学员定期集中开展教学实践研讨活动，通过互动交流，实现优质教育教学资源的共享，推广教学成果。由工作室领衔人牵头，各成员明确分工、各司其职。工作室建立以来在领衔人何为的带领下，成员获奖共计109项。

五、工作室问题与反思

（一）问题

工作形态程式化、常规化、平庸化。工作室的工作开展从一开始的兴奋期转变为倦怠期。工作室创新性不足。一线教师实现体育课堂特色化和个性化、高品质、原创性、突破性还略显不足。工作室名师培养效率有待提高。关注专业技能提升，忽视了教师价值理念、成长情境、关键事件、教学智慧的研究。辐射、引领的范围偏窄。教师培养主要关注工作室成员，名师资源没有真正实现最大化的共享。

（二）反思

工作室工作核心应回归课堂，注重"师生之间的活动"。同时，学校体育需要实现体育竞赛的转变、全校师生参与竞技趣味结合的综合运动会的转变，这是名师工作室突破瓶颈的另一个突破口，也是新的发展目标。

李大勤名师鼎兴工作室

唤起求知欲望，激发学习动力

李大勤名师鼎兴工作室是由四川省成都市新都一中化学教师李大勤（正高职称，省优秀工作者、天府"万人计划"教学名师、全国优秀教师）领衔，由来自成都、德阳、绵阳、南充、自贡及泸州等6个市（州）的11名高中化学骨干教师及对应学员组建的学科共同体。该工作室坚持李大勤教师主张的"学生通过化学阅读发现问题，再通过化学阅读思考解决问题的方案、探究解决问题的途径，在解决问题过程中生成新问题，为解决新问题继续阅读"教学理念开展工作室系列活动。

一、工作室的定位和建设目标

（一）工作室定位

搭建研究型、创新型教育教学平台，打造在全省乃至全国有较大影响的化学阅读教学和科研团队，建设化学阅读教育教学研训基地及教师专业发展梯次成长基地，探索符合中学生认知发展规律、保障学生身心健康发展、培养学科核心素养的中学化学育人之路。

（二）工作室建设目标

整体目标为铸造川派名师，建设未来教育家、教师教育、攻坚克难、成果提炼和推广四个平台。具体目标为围绕高中化学教学中出现的"化学阅读素养弱化、化学育人功能淡化、化学阅读教学浅表化"等问题展开研究。通过领衔人的教学示范和引领，在全省范围内打造一个化学阅读教学的研究和学习基地，为工作室成员的成长和发展提供一个孵化器，围绕化学阅读教学出一批有重大影响的成果。

（三）核心主张与价值追求

工作室的核心教育教学主张为激发学生学习动力，唤起学生求知欲望，促使学生兴趣盎然地参与到教学活动中。

工作室的价值追求为化学阅读、悦读化学。

二、工作室建设规划及运作机制

名师工作室的成员是一群充满教育情怀的人为了共同的教育理想和教育目标而成立的一个学习共同体和科研共同体。四川省李大勤名师鼎兴工作室以"弘扬高尚师德、潜心立德树人"为准则，以示范引领、专业成长、理论提升为宗旨，以课堂教学为主阵地，围绕教育教学中的重点问题、难点问题和痛点问题展开研究。并将研究成果运用于教学实践，指导全省乃至全国化学教师的教育教学，为成为卓越教师而继续努力。通过领衔人的示范引领，构建团队发展目标，培育团队成员，凝聚团队成果，坚持与团队成员共同学习、共同进步、共同发展。

三、工作室的研修活动

（一）课堂打磨

领衔人带领工作室成员围绕化学阅读教学进行课堂打磨。以领衔人上示范课—核心成员上实践课—外围成员上公开课的形式，集中工作室团队的智慧，对主持人和成员的课堂进行自评、互评和总评，规范从备课、上课到评课的一系列教学过程和环节。实现"培养一个，带动一批，辐射一片"的教师梯次化发展。从 2019 年至 2021 年，借助成都市化学市级菜单培训平台和工作室成员所在学校提供的机会，每年开展了 10 多次、40 多节课堂打磨活动。

（二）教育研训

借助工作室的团队力量，通过进行送教下乡、送培到校、教育扶贫、支教扶薄等活动，对薄弱区域和薄弱学校开展支持帮扶等研训活动。从 2019 年至 2021 年，工作室领衔人及其成员先后到陕西、贵州、云南及四川的成都、西昌、达州、甘孜、泸州等地，为民族地区及边远贫困地区的师生提供了 20 多场关于化学阅读教学的专题报告（讲座）和 30 多堂示范课（公开课）。

（三）资源开发

围绕化学阅读教育教学改革，撰写并出版了《高中化学的进阶之感知阅读》等专著，录制了 4 堂基于问题驱动的高中化学阅读教学示范课、16 堂基于问题驱动的高中化学阅读教学实践课，积累了大量化学阅读教学研究的过程性资料，保留了大量的实验研究数据。

（四）课题研究

工作室领衔人带领成员围绕化学阅读教学展开广泛深入的研究，并将研究成果运用于教学实践。从 2019 年至 2021 年，工作室围绕化学阅读教学开展了 13 次课题研究活动。

（五）交叉培训

鼓励工作室成员走出四川，到北京、上海等发达地区或者到广州、深圳等沿海地区交流学习，参加有较大影响力的全国性教育教学学术会议，开阔视野、寻找灵感。

在领衔人李大勤的带领下，工作室全体成员围绕化学阅读教学进行深入研究，并将研究成果在全国范围内推广应用。

通过研究，认识到化学阅读是在传承语言学科阅读的基础上彰显化学特色的理科阅读，问题导向是化学阅读的突破口和动力源，"三知阅读"进阶是落实化学育人功能、发展学生化学核心素养的有效途径。

四、工作室的成绩成效

从工作室成立到 2021 年，1 人次获全国表彰，4 人次获省级表彰；在研国家社科基金课题 1 项，省级课题 5 项，市级课题 4 项；结题课题省部级 4 项，市级 1 项；论文发表国家级期刊 5 篇，省级期刊 3 篇，市级期刊 1 篇；论文获奖国家级 2 篇，省级 2 篇；出版专著 5 部。

（一）表彰

工作室领衔人及成员 1 人次获教育部表彰，1 人次获省政府表彰，1 人次获省委组织部表彰，2 人次获省教育委员会表彰。

（二）成果

1. 论文

工作室领衔人及成员在国家级期刊发表论文 5 篇，在省级期刊发表论文 3 篇，在市级期刊发表论文 1 篇；2 篇论文获国家级奖项，2 篇论文获省级奖。

2. 课题

工作室领衔人和成员申报成功的课题有 1 项国家社科基金课题、4 项四川省教育科学规划办的重点课题、1 项四川省教育厅四川师范大学基础教育课题中心课题、1 项成都市精品课题、1 项成都市重点课题、1 项成都市名师课题及 1 项南充市课题。工作室领衔人和成员结题的课题有 1 项中国教育学会课题、3 项四川省教育科学规划办课题、1 成都市名师课题。

3. 专著

工作室领衔人带领成员围绕化学阅读教学进行长期实践和研究，出版了《高中化学阅读教学进阶之感知阅读》《高中化学阅读教学进阶之认知阅读》《高中化学阅读教学进阶之觉知阅读》《基于问题驱动的高中化学阅读教学模式学案开发研究》《普通高中拔尖创新人才培养模式研究》5 部化学阅读教学专著，惠及上百所学校几万名师生，产生了广泛的社会影响。

（三）学员成长

刘旭东获评正高职称，白涛、白萧获评高级教师。

五、工作室问题与反思

工作室成员均为各个地区和各个单位的骨干教师和核心力量，工作任务重，工作量大，难以兼顾单位与工作室的工作。同时，工作室成员所在单位没有按照文件要求为其计算工作量。另外，工作室成员对教学远大于对研究的关注度。为了促进工作室更好的运行，除了领衔人带领全体成员创造性地开展活动之外，如果在遴选工作室成员时，管理部门预先对领衔人的工作及研究领域有所介绍，老师们再根据自身的发展需求去进行申报，那么就可以在很大程度上解决工作室成员积极性不高的问题。

周丽名师鼎兴工作室

向心而发，向阳而生

四川省周丽名师鼎兴工作室是由四川省成都市石室联合中学英语教师周丽（正高职称、省特级教师、省教书育人名师等）领衔，由来自绵阳、德阳、雅安、自贡、阿坝及成都等市（州）的10名英语骨干核心成员及对应学员共计98人组建的中学英语学术共同体。该工作室以子工作室为助推区，建构工作室点—线—面的研修和专业引领模式，着力"三课"（课堂、课程、课题）的探究，建立名师与骨干教师合作互动的机制，在全省许多区域发挥了积极的学科引领辐射作用。

一、工作室的定位与价值追求

工作室是以锻造教学风格与品牌、提升教学质量为主旨，集培养、培训、教育研究、教学实践和成果推广等功能于一体的教师发展共同体。通过开展教育教学研究和学术活动，促进名师理论素养的提高和实践经验的升华，打造个人特色鲜明的初中英语名师集群，促进和引导地域性名师向省级名师的转变。

工作室教育教学核心主张与价值追求："向心而发，向阳而生，三人同行、三人合一。"

二、工作室的建设规划及运行机制

工作室从建立之初，就一直坚持制度先行，规范管理，并确立了明确的工作室目标，建立了科学的运作机制。

（1）通过三年的努力，创建并逐步完善名师工作室培养机制。

（2）通过名师引领和自身努力，在培养周期内实现名师工作室研修人员教学、科研能力的提升，为全省打造一支师德高尚、业务精湛，具有较强研究能力和实践能力，并在省、市内外有一定知名度的初中英语骨干教师队伍。

（3）立足本市，辐射全省，营造一种讲学习、重研究、求发展，相互合作、交流提高、奋发向上的学术氛围，在工作周期内要提炼出一定的研究与实践成果。

（一）精神文化建设

1. 工作室定位

工作室的建设和发展定位：打造"1+10+5"模式下和"学＋研"研修模式下，能覆盖四川省各代表区域、脚踏实地、务实肯干、"有教育情怀、有大教育观、有尊严、品质型、学习型"的，能充分发挥各自特长、互通有无的，"有格局、有大气、多元化"的四川省初中英语教学示范引领的"娘子军"。

2. 工作室建设理念

工作室领衔人精心设计了工作室 Logo，并赋予工作室建设的目标理念，使其成为工作室的文化精髓，倡导全体成员"相伴、相存、相行，三人为师、直面挑战、披荆斩棘、一路前行"。

3. 工作室学习文化

（1）工作室为所有成员设计了研修手册和会议记录，要求每位成员务必认真、规范、严谨地落实工作室研修任务、并认真记录自己成长的"足迹"。

（2）制定"共读一本书、分享促成长"的"共学、共研、共享"的业余研学制度。工作室不定期为成员推荐各类书籍，期望大家能在不断学习、探究中"修炼"。

（3）"科研追梦，一路前行"的课题研修是工作室另一道"特色、靓丽"

的学习文化风景,即在领衔人负责下的省级课题"基于主题意义探究的初中英语单元话题复习课的建构研究"下,10名成员协同各子工作室学员共同研究课题,落实课程改革。

(二)制度文化建设

完善的制度是工作室正常运作和发挥工作室作用的保障。为了规范管理工作室,助推和工作室成员的良好专业成长,在工作室成立之初从工作室工作制度、工作室领衔人及成员职责、经费管理制度、考核评价制度等四个方面制定制度,形成工作室"规范、专业"的制度化、细节化管理文化氛围。

(三)物质文化建设

除了硬件配置,工作室还专注文化打造:①工作室通过将制度上墙的方式,明确了工作制度和工作室领衔人及成员的职责。②为了营造良好的研修氛围,助推成员专业成长,工作室办公室硬件的配置、空间的布局为工作室开展日常工作提供了必备的条件,也为工作室研学氛围的营造提供了基本的保障。

(四)交流平台建设

为了发挥工作室引领示范作用,体现"现代、高效、务实、创新"的工作特色,工作室重视交流平台建设,组建了微信平台,同时整合四川省教师培训项目办提供的各种途径和资源平台开展研修。

三、工作室的研修模式

工作室把"研修活动"作为成员及其子工作室成员成长"修炼"的重要途径,从研修活动的工作思路、规划、形式、内容等方面做了科学、合理、务实的思考。

1. 研修总体思路

将"理论学习 + 课题研究 + 课例探究 + 区域调研 + 反思调整 + 总结梳理 + 成果展示"作为工作室研修总体思路。

2. 研修常态模式

将"学 + 研"作为研修的常态模式,即提倡教材挖掘、课标解读、素养理解、理念更新同步下的课题研究"双管齐下"的模式。该模式既重视成员理论素养的提升，又重视课改研究能力的培养，同时也发挥了成员的引领辐射作用。

3. 创新研修活动

工作室紧紧围绕省级课题"基于主题意义探究的初中英语单元话题复习课的建构研究"，以"课题为抓手"，以"问题为导向"深入开展研究，在课改中实现"教学相长"。

四、工作室的成效、成绩

（一）工作室成员、学员专业发展

工作室成员和学员在工作室帮助指导下，在专业发展方面不同程度地受到影响，得到发展。增强了深挖教材，研究教材教法的意识；聚焦课堂，解决实际问题的意识；落实课改，关注学生素养的意识；加强研修，提高业务素养的意识；学科定位，担当学科责任的意识，具体表现在以下方面：

（1）增强了自身专业成长必要性、重要性、迫切性的认知及实践。

（2）对自身教育科研能力的"查漏补缺"有了清晰的认识和目标定位。

（3）主动担当学科区域发展责任的意识增强。据不完全统计，各地成员共完成各级各类研究课约 140 节，论文获省、市、县级奖共 43 篇，取得科研成果 11 项，子课题项目 30 多项。

（二）示范、辐射、帮扶效应

工作室开展了 15 次线下研修活动，23 次线上研修活动；子工作室共开展 67 次研修活动，线上、线下参与活动的英语老师约 5 万人。

五、工作室问题

工作室成立至 2022 年 4 月共 3 年多的时间，一路探索、一路成长中取得了阶段性的可喜成效，但达成工作室总体目标和最大化发挥工作室的作用方面还有一段距离。困难与发展同在，挑战与机遇同行。工作室运行过程中暴露的问题和挑战主要如下：

1. 精力问题

工作室各成员均是所属地区或工作单位的骨干，承担着重要日常教学工作，有的还承担当地名师工作室的工作。整体表现为教学工作繁重、日常事务和临时工作安排多，明显感觉精力不够，有种"心有余力不足"的感觉。

2. 时间问题

一是工作繁重导致时间不够用，常规教学任务让大家感觉身心疲惫，没有充足的时间静下心来更多地思考自身专业发展和参与工作室活动；二是因参加和组织活动需要的工作调整困难导致研学时间不能保证。

3. 地域问题

工作室各成员来自成都、绵阳、雅安、眉山、自贡、阿坝。从地域上讲"覆盖面广"，从距离上讲"战线绵长"，特别是从最远的阿坝藏族羌族自治州金川县过来参加一次活动需要来回至少 4 天的时间。因距离因素，难得一次的研修活动面临"进退两难"的境地。

4. 经费问题

经费无保障问题是绝大多数成员参与、开展活动的制约因素。绝大多数成员参与活动或组织子工作室开展活动经费报销无便利、规范的保障。

李海容名师鼎兴工作室

通过三研机制，助力教师成长

李海容名师鼎兴工作室是由四川省成都市锦西外国语实验小学校副校长、语文教师李海容（正高职称，省特级教师、省教书育人名师）领衔，由来自成都、泸州、内江、自贡、攀枝花、凉山、德阳、资阳等 8 个市（州）的 13 名核心成员及对应学员组建的 58 名小学语文骨干教师组成的学科共同体。

一、工作室的定位和建设目标

钟情教育，让执着与挚爱成为习惯；热爱学生，让尊重与理解成为习惯；潜心学习，让读书与思考成为习惯；不懈探索，让研究与实践成为习惯；主动合作，让交流与分享成为习惯；真诚辐射，让示范与指导成为习惯；勤于笔耕，让反思与提炼成为习惯。

通过上述七种习惯的养成，经过三年的沉淀、研究和提升，每一位成员在教学和科研水平等方面均有较大幅度提升，能承担省级或一定区域的教学专题培训任务，在学科沙龙或论坛中做专题报告，在理论、教学和科研等方面有较强的指导能力和较高的造诣，在全国小学语文领域有较高的知名度。

工作室教育教学核心主张与价值追求：敬业乐群，做学生良师，成同伴益友，海纳百川共成长。

二、工作室的建设规划及运作机制

工作室以名师公开教学、组织研讨、现场指导、专题研究、课题研究、公开课讲评、观摩考察等形式对成员进行培养。以论文、专著、研讨会、报告会、学术论坛等形式开展辐射、示范，显现相关工作过程、工作策略及工作成果，引领全区小学语文学科课程教学改革，努力打造省、全国名牌教师、特色教师、风格教师，完成"六个一"工程建设任务。

1. 开展一项名师专项课题研究

在实践中总结教育教学经验，瞄准新课程实施和教学改革前沿，探寻教研教改的新思路、新方法并确定一项具有实用价值的科研课题，并以此为研究方向，在实践探索中破解学科教学难题，带领本工作室同伴开展有效的科研活动，是工作室的重要目标之一。

2. 开展一些名师工作室联动

积极与省内、省外等各级名师工作室开展"名师工作室"联动活动，有目的、有计划、有步骤地传播先进的教育理念和教学方法，帮助各层面的小学语文教师解决教与学过程中遇到的问题，充分发挥名师的带头、示范、辐射作用，从而形成名优群体效应，实现优质教育资源的共享。

3. 建立一个微信公众号

通过微信公众号及时传递工作室成员之间学习成果，交流工作室研究成果，发布工作室最新研究成果。

4. 搭建一个成员成长平台

依靠各方资源，为工作室成员搭建多种展示平台，努力研究与探讨骨干教师成长规律，带领工作室成员及子成员50多人，积极参加教育科研，不断充实和提高青年优秀教师的教育理论水平和教育科研水平，造就具有学科研究特色的骨干教师队伍。工作室成员不仅能独立上高质量的课，也要有具备指导他人上好课的能力，享有学科发言权。能独立承担或参与课题研究工作，撰写高质量的论文，并在省级以上刊物发表。

5. 建设一种学习氛围

工作室努力引领成员认真学习古今中外优秀的教育理论、新课程理论与学科新课程标准，了解国际基础教育改革与发展的动态，正确把握新课程所倡导的理念、目标以及学习方式等；提升成员的理论素养，增强成员的课程意识，促使学员向学者型教师发展。建立工作室"主题共读"读书制度，共读教育教学相关的优秀业内书籍，以同伴互助的方式实现成员的共同成长。

6. 带出一支研修队伍

工作室力求在一个工作周期内使工作室成员在师德规范上出样板、课堂教学上出精品、课题研究上出成果，实现工作室成员的专业成长和专业化发展，以引领学科教学共同发展。做实日常研修，将研究的重心放在学科教学上，通过线上线下相结合的方式，开展丰富多彩的研修活动。

三、工作室的研修模式

如何让每一位成员成为更好的自己呢？工作室通过"三研机制"的建立，助力"三型"教师的成长。

1. 课题研究机制

工作室承担的省级名师课题"基于群文阅读教学的小学古诗词教学策略研究"已经顺利开题。通过课题研究，让成员经历研究全过程，规范成员的研究行为，提升成员的科研综合能力，提升成员成果物化的质量和理论研究的水平，帮助成员成为具有科研能力、科研方法的研究型教师。

2. 专题研讨

结合教育部统编版教材的全面实施，工作室利用自身资源优势（成员中有 2 名国家级培训专家库成员），开展了系列专题研讨活动，如统编版教材口语交际的专题研讨活动、习作单元教学专题研讨活动、精读课文教学研讨活动、1+X 群文阅读课例的专题研讨、整本书阅读专题研讨活动等。

3. 项目研发

工作室承担了四川省教育厅民族地区教学资源的开发工作，用一年半的时间，在四川省电教馆录制了 358 节专门针对民族地区教师培训的视频课，为民族地区教师的培训工作做出了应有的努力，也让工作室的成员在项目开发中极大地提升了教材解读能力和教学设计能力。工作室成员承担了教育部统编版小学语文教材的审读工作、《教师教学用书》的编写工作、面向全国的网络培训工作以及示范课录制工作，参与了《国家统编小学语文教科书教学指导——与其他版本教科书的比对研究》的编写，负责北师大版本与统编版教材中"习作教学、快乐读书吧"两个板块内容的比对研究和教学建议。

四、工作室的成绩成效

工作室的成绩主要体现在以下两个方面：一是出色的精准扶教工作。全体成员发扬无私奉献精神，为四川省民族地区的教育扶贫做出了积极的贡献，承担了大量精准扶教工作。工作室圆满完成"四川省教育厅民族地区教学资源开发"一、二年级全部微课的录制工作。工作室开展了民族地区支教送教工作，先后到凉山彝族自治州会东县、甘孜藏族自治州泸定县开展了送课、讲座、课题指导等工作，为民族地区的基础教育发展做出了应有的努力。工作室的扶教工作除了涉及四川省内的凉山、甘孜、阿坝、达州等地外，还远赴甘肃、青海、西藏等地开展了执教扶教工作。

二是成员的茁壮成长。工作室通过系列项目的开发，聚焦成员的个性发展，发挥他们各自所长，激发他们的创新意识，帮助他们不断突破瓶颈，超越自我，使每一位成员成为更好的自己。自 2020 年 2 月 17 日起，将工作室纳入四川省公共教育资源服务平台"春日宅家阅读行动"专项活动，由工作室承担此版块小学名师导读的所有任务。工作室成员克服重重困难，每天通过微课、音频、文字、图片等多种形式，为全省小学生推荐好书。作为阅读陪伴者，工作室成员还要定期在线答疑解惑。仅 2020 年 2 月初，"春日宅家阅读行动"总注册用户即达 15.3 万人，参与上传阅读笔记的用户 8.7 万人，上传笔记 32.2 万篇，总浏览量达 682 万次，平均日浏览量 24.3 万次左右。工作室共录制了 38 节微课、52 个音频和 45 期文稿推送。工作室成员用实际行动彰显了名师工作室的使命和担当，为全省的停课不停学活动做出了应有的贡献。新冠肺炎疫情期间，工作室成员李海容、李利会两位老师还在四川省公共教育资源服务平台的"名师讲堂"中担任线上教学任务。

工作室在群文阅读教学和整本书阅读研究方面可谓硕果累累。工作室老师研发的群文阅读优质课例，从区赛到市赛到省赛到国赛获得特等奖、第一名，一路见证了工作室在群文阅读教学方面的实力及巨大的影响力。3 年来，工作室老师应邀到全国各地讲课、讲座达 73 多人次，遍及成都市青羊区、锦江区、金牛区、高新区、成华区、武侯区、天府新区等 14 个区（县）、四川省 13 个市（州）及全国 19 个省市，几位成员成为全国群文阅读的知名专家、指导教师。工作室老师参与编写的《多文本进阶阅读读本》列入新华文轩教辅目录，由西南大学出版社出版的《新群文读本》、贵州人民出版社出版的《1+X新群文读本》均在全国公开发行。3 年来，工作室成员出版个人专著 2 本，主编出版著作 6 本，参编出版著作 4 本，在省级以上刊物发表文章 46 篇，在核心刊物发表文章 8 篇，被国家一级核心期刊人大报刊复印资料收录 2 篇；2 人获评四川省首批教书育人名师，1 人获评第二批四川省教书育人名师，2 人分别成为《语文教学通讯》（小学刊）、《小学语文教学》封面人物。

五、工作室的问题与反思

工作室工作的开展，对充分发挥领衔人的专业引领能力起到了很好的推动作用，对成员的专业成长也起到了催化剂和助推剂的作用。但在开展工作室的工作过程中，还有不少困难需要多方协调解决。比如，关于领衔人和成员的工作量问题，省教厅有文件规定，但在实际的执行中，基层学校一个萝卜一个坑，很难兑现。导致绝大多数领衔人及其成员都是在满额工作量的前提下，承担工作室的工作，长期处于一种超负荷的状态。建议省项目办可以通过官方的渠道，与发达地区的名师工作室按照学科对口的原则，建立长期共建关系，相互学习，相互促进。

钱中华名师鼎兴工作室

改善数学思维，培育理性精神

钱中华名师工作室是由电子科技大学附属实验小学数学教师钱中华（正高职称、省特级教师、天府"万人计划"教学名师等）领衔，由来自成都、德阳、宜宾、泸州、绵阳、攀枝花、眉山、雅安、资阳等9个市（州）的12名核心组成员及对应的学员共计70余人组建的学科共同体。工作室一直秉持钱中华教师提出的"数学教学，思维第一"的教学主张，以"守正融创"为理念，以凝练现代教育思想、锻造教学风格与品牌、提升教育质量为主旨，以"小学数学思辨课堂的实践研究"为抓手，开展培养培训、

教育研究、教学实践和成果推广等，引领驱动工作室成员成长，促进了工作室持续健康发展。

一、工作室定位及价值理念

"凡事，预则立；不预，则废。"在工作室成立之初，制定了《四川省钱中华名师鼎兴工作室三年发展规划》（以下简称《发展规划》），对工作室建设进行顶层设计，明确工作室建设理念、培育教师愿景、教学主张、研究方向、工作重点及措施等内容。

（一）工作室建设理念

确立以"守正融创"为工作室建设理念。"守正"包含：①坚守加入工作室的初心；②遵守工作室规则；③秉持专业发展；④坚守教育规律。"融创"包含：①了解数学教育改革的方向；②对自己的探索不故步自封，要吸纳先进的教育思想与理念；③紧扣数学教育改革方向，融合创新。在遵循儿童身心发展规律的基础上，承创并举，探索数学教育教学改革。以项目研究为载体、研培训活动为抓手，激发团队成员发展的内生力量，走向教育智慧深处，成为有教育理想信念、独特教学风格、精心教科研、能出成果的优秀教师团队。

（二）工作室教学主张

工作室的教学主张是"数学教学，思维第一"。追求教学以数学知识为载体，学生全身心投入，经历数学思考和判断的过程，理解掌握内容的实质结构、句法结构、组织结构，改善数学思维，培育数学理性精神。

名师工作室价值定位绕不开"教学、研究、团队"三个核心词，也就是目标实现和功能发挥，团队成员的发展，必须根植于课堂教学研究。因此，根据当下小学数学教学普遍存在学生数学思维培育缺乏的问题，将工作室研究方向确立为"小学数学思辨课堂的实践研究"。该项目于2019年度申报成为四川省名师专项重点课题。

二、工作室的运行机制及研修模式

以项目研究为载体，以自主研修为抓手，以课堂教学实践为主线，全员参与，开发课程资源，开展辐射地方的工作室活动，并建立《研训制度》《展示制度》《经费管理制度》《退出制度》等内部管理运行制度。制定《研训制度》《展示制度》《经费管理制度》《退出制度》等，为工作室运行提供保障。

（一）年度工作计划

年度工作计划是落实工作室"三年发展规划"的关键环节，是确保工作有序推进的根本。

重点突出两个方面：一是工作任务；二是工作措施。如 2020 年度工作任务：建设"三个"课堂，教育扶贫，深化课题研究，建设"书香工作室"。工作措施：推进课题研究并提炼成果，围绕课题开展研训及开发课程资源，开展送教、送培、扶贫、支薄及成果推广活动。

（二）活动方案

每次开展活动，制订详细的活动方案，内容主要包括以下方面：

主题：每次活动的主题确定为"构建思辨课堂，培育核心素养"。

组织：工作室与当地市教育局（市教体局）或教研部门合作。

内容：活动内容包含课例（上示范课或同课异构）、主题交流。

课程表：每次活动有的放矢，不仅使得活动有效，而且以任务驱动、目标引领，促进成员（包括学员）发展。

（三）项目共研

全体成员参与工作室承担的"小学数学思辨课堂的实践研究"项目研究。

在研究过程中，工作室采取分工与合作的方式推进。分工就是根据项目内容，将项目分成概念教学、计算教学、探索规律教学、解决问题教学、复习课教学 5 个子项目，由领衔人负责课题研究的认识部分及统筹；其余 11 人分成 5 个研究小组，各小组负责一个子项目，从实践层面探索小学数学思辨课堂的流程及框架。合作就是在研究过程中，要互通信息，加强交流，相互吸纳并提出建议。

（四）活动共展

工作室开展的主要活动有以下内容：①在各工作站与当地市（州）教育局（教体局）或教研部门联合举办研训活动，进行推广成果。3 年来，到过成员所在的 9 个市（州）。②组织成员参加思维导图、结构化教学、新学堂教师培训学习活动。③积极参加四川省教师培训项目办公室主办的"川越视界　天府师说"以及"川越视界　天府师说"民族地区专场线上培训和线下雷波支教、凉山教师培训。

（五）资源共建

工作室另一任务是建设课堂教学资源，这是成果推广的另一形式，也是检视工作室成员是否发展的一种方式。

在新冠肺炎疫情期间，工作室积极参与微课程录制、正能量文学创作及撰写居家战疫故事；其间录制微课程 78 节，创作诗歌等文学作品 7 篇。全体成员（含个别子成员）录制北师版小学数学五六年级全部内容的微课程，共计 280 节。编写了西师版、人教版一至六年级上册、北师版一至六年级各课时的"练习设计"及新授课"导学单"，由电子科技大学出版社出版发行。

（六）书刊共读

为了确保项目研究、活动开展、资源建设等更有质量，仅靠自己思考提炼是不够的，还必须广泛涉猎，提升理性认识水平和实践智慧。

三、工作室的有效成绩

至 2021 年 12 月止，工作室获得了良好发展，开展了以下大型活动：成都市活动 22 天、雅安市活动 3 天、宜宾市活动 9 天、德阳市活动 4 天、攀枝花市 4 天、泸州市活动 3 天，均是全员参与；雷波县支教 5 天，贵州岑巩县支教 2 天，凉山彝族自治州为千名骨干教师培训 9 天；参与四川省教师培训项目办主办的"川越视界　天府师说"活动 5 天；做专题交流、微课等计 258 场，惠及近 5 万名教师。为推动教育均衡发展、做公平而有质量的教育奉献了绵薄之力。

在课程资源开发上，录制微课程 243 节。出版著作（含教材）7 部，撰写的论文刊发 31 篇，获奖 39 篇，承研各级课题 12 项。

四、工作室问题及反思

名师工作室是继"国培""省培"等采取的另一种教师培养方式。由于具有极强的针对性、影响的广泛性而受到各级教育行政主管部门的青睐，也取得了较好成效。展望未来，还需从以下几个方面发力。

一是相关部门研制印发专项政策，并督促落实。主要内容体现：以机制保障落实名师工作室领衔人、成员的工作量、活动开展时间等；建立领衔人月劳务费保障机制，进一步调动领衔人的工作积极性；建立名师工作室奖励机制，对在工作室存续期间卓有成效的工作室领衔人及成员予以适度奖励。

二是建立同一学科名师工作室联盟。当下的名师工作室运行都处于"单兵作战"状态，建议建立同一学科名师工作室联盟，更好地实现资源共建、共享。

三是建议对退出成员实施通报制，并在评优评先中实施一票否决制。

胡琳名师鼎兴工作室

以美育心，异彩纷呈

胡琳名师鼎兴工作室是由成都市成华小学校美术教师胡琳（正高职称，省特级教师、省教书育人名师）领衔，由成都、眉山、广安、乐山、凉山和绵阳等6市（州）的15名核心成员及对应学员组建的小学美术共同体。工作室秉持胡琳老师的教学主张：不变与经常变，不变的是儿童主题创作教学的题材（彝族风情），经常变的是不断地探索在教学中使用不同的材料、不同的表现形式和不同艺术呈现效果。三年来取得显著的学科研究与实践成果，产生了积极的社会影响。

一、工作室建设与运作机制

工作室发展定位：立足成都，辐射全川。工作室发展理念：各施所长，汇聚大成。以学科为纽带，以工作室为平台，以科研和交流为抓手，把工作室的成员培养成理论型、专家型教师。工作室教育教学主张：以美育心，求同存异，异彩纷呈。依据成员特长、优势，对人员进行分工，成立了办公室、课题组、宣传部、教学组、后勤组。各部门运作有条不紊、相互配合。构建三横三纵发展框架

（一）三横

1. 导师联合，优势互补

与冯恩旭名师工作室联盟式建设与发展，同为美术学科，一小一中，携

手共进，优势互补。胡琳是四川省特级教师，具有丰富的一线教学实践经验，指导学生创作作品，连续四届参加全国中小学生艺术节展演并获大奖；冯恩旭是四川省美术教研员，多次主持国家级、省级重大课题研究，具有丰富的理论储备。胡琳丰富的实践经验与冯恩旭资深的理论储备，强强联合，强势出击，铸就工作室发展的最强机芯。

2. 平台互通，共促成长

工作室平台的互通与交流促成了工作室成员的互通与成长。平台的共建互通，实现了同一平台交流同时服务两个工作室；同一资源的分享，达到双倍的惠及。两个工作室成员的互通与交流实现了"1+1>2"的发展。工作室的横向互通，实现了工作室研修资源利用的最大化，促成了工作室成员成长的最优化。

3. 省内省外，互通交流

工作室与省内外各地名师工作室建立了定期交流机制，持续互动，各取所需，为己所用。以交流促发展，以交流促创新，以外部的刺激来激发工作室成员思变，以相互的交流促思维格局打开，拓宽视野，调整成长维度，加速成员的成长与发展。

（二）三纵

1. 人员体系的纵深

建立完备的领衔人（1人）、成员（15人）、子成员（每个成员带领5位子成员）体系，形成91人的研修团队，构建了完备的培养纵深与梯度。名师工作室的名师影响实现多层次的辐射，形成教师梯度上最大层次的纵深与影响，使名师工作室的名师效应在最大的广度上产生作用。

2. 教研活动的地域上的纵深

由省会到地方，由教育资源富集区到教育资源匮乏区，是一个地域上的纵深。工作室积极广泛地深入民族地区和偏远地区帮扶指导，既促进了地方教育的发展，也促进了工作室成员的研修成长，实现教育共荣。这样跨越地域差异的纵深教研帮扶，更是实现了名师工作室效能的最大地域范围的辐射。

3. 线下线上的纵深

培训与研修活动的现场与网络的结合，实现时空上的纵深。这种时空纵深使工作室活动的开展跨越了地域和空间的限制，促进了工作室培训与研讨活动的常态化，一周一讲一研讨的活动得以顺利高效地实施，使每次培训覆盖面得到最大化拓展。

二、工作室的研修活动

工作室的成员责任不仅仅只是教好学生、上好课，还有更深层次、更重要的责任——迅速成长为理论型教师、专家型教师，以指导更多的青年教师，将先进的教育理念、优秀的教育策略，最大限度地推广传播；培养他们把骨干教师的影响传播作用发挥到极致的能力，这才是名师工作室的价值所在。只有把成员都培养成理论型、专家型教师，名师工作室才能实至名归。

工作室着重以下三种方式开展工作：搭建平台，助力发展；因人施策，个性发展；出去进来，激活动力。

（一）搭建平台，助力发展

工作室的目标是培养研究型的教师、四川教育鼎兴之路的专家型教师。

2020年上半年，省教育厅要求省名师工作室做一次全省线上专题汇报工作。工作室提出将一周一讲一研讨的交流搬上全省线上讲座平台，得到了省教育厅的支持。

平台助推发展，工作室成员在这种模式的研修中得到了快速地成长。

（二）因人施策，个性发展

工作室一直都坚持在常规研修的工作中，有的放矢，目标明确，因人施策，促进成员的个性化成长。在研修过程中，工作室会对每一位老师进行定向性的分析，找出每一位老师的长短板，量身定制能张扬其长处、弥补其短处的方案，促进其个性化的发展。

（三）出去进来，激活动力

工作室组织了多次与南京黄黎敏名师工作室、无锡贾方名师工作室、成都胡琳名师工作室、杨书虎名师工作室的交流互访活动。活动中，各地的工作室都出一节课、一个专题讲座进行同台交流研讨，并且参观到访地区学校的文化建设、美术校本开发，了解他们的教育科研；组织工作室成员及子成员到苏州现场观摩第六届全国中小学生艺术展演，并要求成员深入工作坊进行细致调研交流，与来自全国各地的美术教师交流美术教育、校园特色以及校本开发的经验；组织成员参加全国名师工作室联盟的活动，工作室成员带上自己的成果与来自全国各地的名师同台竞技；参加新加坡、马来西亚，中国台湾与成都的艺术教育交流研讨。通过不同渠道和机会，最大限度地将工作室成员"送出去"，进行交流互动，体验文化差异，感受多彩的各地教育。

为了提高成员的美术专业能力，工作室还联合出资将中央美术学院的胡明哲教授请到工作室，对工作室成员进行色彩采集、形体转化以及岩彩创作培训；邀请国画名家吴绪经老师到工作室讲学，指导大家国画创作；邀请水彩、版画名师到工作室来讲课，以提升成员的艺术专业素养。工作室还购买国内美术教育名家的线上培训券，组织成员学习，促进他们及时准确地把握美术教育发展的新动向，以精准地把握自己的差距，激发成员奋发的动力与激情。

名师的成长需要不断地打磨和锻炼。名师工作室肩负着培养国家未来教育鼎兴之路的理论型、专家型教师的责任。领衔人要清晰地知道自己的责任，更要清晰地知道工作室的目标，清楚地知道工作室的成员需要什么，清楚地知道怎样才能满足这些如饥似渴的成员的成长。工作室唯有竭力建平台促发展，多渠道，多方式，以谋求成员在名师成长道路上少坎坷、少曲折。

谯述忠名师鼎兴工作室

以创新意识引领中职课堂教学

　　谯述忠名师鼎兴工作室是由四川省广安市教育科学研究所副所长、中职教研员谯述忠（正高职称、省特级教师等）领衔，由来自全省13个市（州）共计15名核心成员及对应的64名学员组建的中职数学学科共同体。工作室坚持课堂教学"三心二意"的教学主张，即以学生为中心、以思维为中心、以问题为中心，培养学生的自主意识与创新意识，积极开展各种研修活动，取得丰硕成果。工作室人员受到市级以上表彰34人次，县级29人次；发表文章43篇，主编或参编17部资料书籍，做专题讲座70场次，上公开课、示范课82节。

一、工作室定位及价值追求

　　中职数学课堂以学生为中心，以问题为中心，以思维为中心，培养学生的自主意识和创新意识。大面积提升全省的中职数学教育教学质量，为办人民满意的中职教育做出应有的贡献。

二、建设规划及运作机制

　　采用线上理论学习、线下实践研讨相结合的方式，借助省、市级教学竞赛、研讨等活动平台，大力开展中职数学教学改革研究、重难点问题课题研究，更新中职数学教学理念和教学手段，大面积实现中职数学教学行为规范，统一教学计划与质量监测评估，开发教学辅助资料，帮助教师钻研教材、学科教学标准。每年开设研训专题 6 次以上，专题报告 2 次以上，学员听评课 2 次，专题报告 2 次以上，发表 1 篇论文。3 年后要求能实现"三个一"：做好一个高质量教学设计，上好一堂高品质课，命好一套高水平试卷。

三、工作室研修模式及研修活动

（一）理论实践双向驱动

1. 理论学习提升素养

组织工作室成员加强理论学习和专业知识研讨，提升成员的理论水平和专业素养。工作室领衔人向高等教育出版社募捐教学设计原理、中职教育理论、教学艺术、中职数学教学参考及教学用书等近 50 种，总价值 6 万多元。通过会议或邮寄等方式发放到省市级成员手中。

聘请 14 位在职业教育研究、课题研究、文章写作、信息技术研究等方面的专家，针对成员职业教育政策理解不透、课题研究零基础、文章写作不得法、信息技术使用较差、教学设计不科学、课堂教学效益不高等问题开展 22 场次的专题讲座，促进成员综合能力提升。

组织成员参加省外学习培训、研讨会、全国教学竞赛以及专家讲座，开阔成员视野，反思差距，奋发图强，充实自身，内化素养。

2. 实践指导锻造技能

领衔人在研讨会现场或到成员学校听成员的课 32 节（或成员学校数学老师的课），并组织数学组进行评课议课，现场指导数学老师如何提高课堂教学效果，如何践行"三心二意"的数学教学主张，从而提高中职数学教育教学质量。指导成员参加国家及省级教学能力的比赛获得佳绩。成员上示范课、研究课 82 节次，促进成员提高技能。

（二）线上线下相得益彰

1. 线上研修破解困难

中职学校数学教师人数偏少，工作量较大。新冠肺炎疫情期间，在开展网络教研时，很难找到一个大家都空闲的时间开展研究活动。于是，大家讨论后决定将成员分成几个功能组分别开展活动——时间调节相对灵活，成员特长相对集中。共分成 4 个小组：规划组、课题研究组、命题组与宣传报到组。

课题组就开题报告、问卷表制作等问题开展研究，成员从课题研究"小白"逐步走向课题研究"爱好者""成熟者"。

命题组就命题多维细目表制作、试题题干、选择支的设计策略、试卷整体难度、信度与效度进行学习、培训。成员从命题盲目逐步走向熟练、科学，成员中李富明成为省内小有名气的专家。

组织全体省级成员学习教学设计原理，分解落实网课任务，各小组团队在网上开展教学设计研讨、磨课等活动，完成了 108 个课的教学设计，并由四川教育出版社出版发行。

2. 线下活动德技双修

各成员团队结合当地中职数学教育教学研究实际，与市州教育体育局、教科所联合举行活动。扩大影响力，促进当地中职数学教育教学质量不断提升，受到好评。

（三）借助省级教研平台

与省教科院职教所联合开展活动，培养培训工作室成员，大力提升成员综合素质，大面积提升全省中职数学教育教学质量。

2020 年 5 月 15 日，四川省教育科学研究院举办了全省中等职业教育数学教学网络研讨活动。四川省谯述忠名师工作室协助完成相关工作，全省参加直播人数 4040 人。

（四）借助市级教研平台

工作室与各市州教科所联合开展活动，大面积影响当地的中职数学教育教学研究，从而更大范围提升中职数学教育教学质量。

（五）教育扶贫，培训示范

组织工作室优秀成员及省市级教学能力大赛获奖成员到民族地区开展专题讲座与示范课，并与当地市州教科所职教室联合开展教学研讨活动，促进民族地区中职数学教育教学质量不断提升。

四、工作室成效、成绩

1. 吃透政策把握方向，数学教学得到重视

工作室注重与各市州相关部门联合开展活动，即时宣讲职业教育政策、解读教学与考试大纲、研讨新课程标准、探索课程思政等，让中职数学教师明白"培养什么人，怎样培训人，为谁培养人"的深刻含义，落实立德树人根本任务。通过规范教学设计、研讨课堂教学效益，中职学校更加重视数学教学，按专业设置方案开足数学课时。

2. 规范数学教学行为，统一教学质量监测

通过调查了解到中职学校开设数学课学期数为每个学期均有，周课时2~12节，可谓五花八门。通过研讨，在成员学校逐步统一教学周课时，统一教学计划（第四学期完成新课教学，第五学期开始复习，在当年的12月下旬进行统一的诊断考试）。广安市实行全市统一期末考试，川东5个市部分学校进行诊断联考。

3. 加强教育教学研究，促进课堂生机勃勃

通过省市教研平台，研究提高中职数学课堂教育教学效益策略、信息技术与中职数学课堂教学深度融合策略、数学教学软件（如几何画板与GGB教学软件）在数学课堂上的灵活运用、课程标准与教学大纲、考试大纲的分析和解读等内容。成员听专家讲座48场次，开展讲座70场次，上示范课82节次。大力开展中职数学教学改革研究，更新中职数学教学理念和教学手段，变要学生学为学生想要学，发挥学生的主观能动性，初步克服中职数学课堂上大面积"睡觉"现象。成员在各级教学竞赛中取得佳绩，获国家等级奖6人次，省级奖29人次，市级奖68人次，县级奖6人次。

4. 开发中职数学课程，丰富教育教学资源

与普通高中比较，中职教学辅助资料少，加上中职数学教师教学研究的水平有待提高，如果无可供教学参考、研究的资料，中职数学教师在进行教学设计时，就会很盲目。为此，工作室组织成员编写了《基于核心素养的中职数学教学设计》（并进行网课开发）、《高等职业学校单独招生考试模拟测试卷》、《高等职业学校对口招生考试模拟测试卷》、《中等职业学校升学考试复习指导·数学》等资料，由四川教育出版社出版发行。

5. 开展中职数学课题研究，培养成员教育科研水平

中职学校课题研究是薄弱环节，特别是中职数学教师开展课题研究更少。工作室聘请专家做专题报告、在网上加强培训 8 场次，开展研究活动 19 次。工作室组织成员从极易入手的调查研究开始，到组织团队开展立项课题研究（4 个市级立项课题），成员从课题研究"小白"走向课题研究爱好者，再走向课题研究熟练者。

五、工作室的问题与反思

1. 工作体制与机制需优化

按省厅文件组建工作室，但对工作室的文件，市县相关部门、成员学校认可度不高，支持力度不够，工作量难以认定。加上成员跨区域，活动开展时间安排上难以统一协调，对工作室的辐射作用有相当大的制约和影响。

2. 成员选拔与考核需完善

领衔人的选拔经过层层考核，优中选优，但省、市级成员未经过选拔程序，而是以"自愿＋选择"的方式组建，导致成员"进""出"工作室没有制度约束，成员的考核结果相关部门认可度不高。

3. 反思与建议

省级相关部门为工作室文件提供官方发布平台。完善考核办法，考核结果在相关职能部门中充分发挥作用，促进成员成长。真正起到带动、引领、辐射作用。

尹福泉名师鼎兴工作室

专注发展，共同成长

尹福泉名师鼎兴工作室是由四川省什邡职业中专学校语文教师尹福泉（省特级教师、省中等职业教育语文教学指导委员会主任)领衔，由来自省内 11 个市（州）中职骨干教师的 13 名核心成员及对应学员 140 名组建的中职语文学术团队。工作室领衔人和成员秉持"永葆职教情怀，永在成长路上"的初心，以"专注发展，共同成长"为建设理念，以"'生''动'语文，职教特色"为教学主张，三年工作室建设期内，主持或主研省级课题 8 个，市级课题 15 个；发表论文 135 篇，论文获奖 26 篇；献课 210 节，送教送课 12 节，开发教学视频 69 个；覆盖省内中职教师及教学管理人员 5100 人次，工作室建设取得了丰硕成果。

一、工作室定位与目标

作为省内唯一的中职语文学段名师工作室，工作室以"引领语文课程改革，促进教师专业成长"为己任，将工作室定位为四川省中职语文教师的"学习平台、研修平台、实验平台和成长平台"。核心是中职语文教师的成长平台。

工作室以"培养一个，带动一批，辐射一片，影响一方"为建设目标。

在此基础上，形成一批有较强示范性和较大影响力的可复制、可推广的建设成果。工作室建设启动伊始，领衔人即重视以文化建设凝聚人心、提振精神、推动工作、促进发展。工作的教育教学主张与价值追求可提炼为：

工作室教学主张："生""动"语文，职教特色。

工作室室训：求真、求新、求变、求进。

工作室建设理念：专注发展，共同成长。

工作室团队文化：情怀，胸怀；眼界，境界。

工作室建设主题：聚焦核心素养，践行教学主张。

二、工作室的规划与机制

1. 建设规划研制

工作室在项目启动之时，即制定了《四川省尹福泉名师鼎兴工作室三年建设规划》，并在实施过程中组织工作室成员对其进行讨论和修订。工作室三年建设规划包括建设目标、主要任务、工作机制与措施三部分。其中，"工作机制与措施"由"以规划为指导""以团队为依托""以问题为导向""以活动为载体""以成果为指向""以成长为目标""以评价为推手"等七部分组成。依据三年建设规划，工作室还制定了分年度建设规划。

2. 管理制度建设

经工作室成员的讨论协商，工作室制定了《工作室职责与任务》《工作室领衔人职责》《工作室成员职责》《工作室管理制度》，明确了工作室、工作室领衔人及成员的任务和职责。为激发工作室成员的主动性和积极性，工作室建立了考核奖励机制。这些制度和机制在工作室建设运行过程中得到切实有效的执行，为实现建设目标、完成建设任务提供了保障。

3. 运行机制建设

为使工作室建设有序、有力、有效推进，工作室建立健全了工作机构与运行机制。以 13 名工作室成员为站长建立了 13 个工作站，并授予站牌，各工作站共有青年成员 140 名。各站按照工作室统一要求制订计划、开展活动、完成任务、编制简报和总结。工作室对应主要建设任务建立了研修、课例、课题、资源、宣传等5个工作小组。为适应数字化时代对工作室建设的新要求，工作室建立了线上研修机制。工作室设置一名秘书，协助领衔人处理工作室日常工作。

4. 交流平台建设

根据工作需要，工作室建立了微信公众号、网站、微信工作群、站长 QQ 工作群、学员 QQ 工作群、课题组 QQ 群、各工作站 QQ 群等信息交流平台。这些交流平台在工作室建设和管理中发挥着重要作用。

三、研修模式与运行机制

1. 研修模式

工作室把团队研修活动作为工作室建设的主要载体和重要抓手，探索并实施了具有中职语文学科特色的团队研修活动模式。这些模式包括：

①集中研修：本工作室成员及部分青年成员集中开展研修活动。

②联合研修：与职教类兄弟工作室、市县级工作室联合开展研修活动。

③线上研修：线上开展献课评课、教学竞赛和教师培训等活动。

④小组研修：工作室所属工作站自行开展研修活动，或 2~3 个工作站联合开展研修活动。

⑤自主研修：工作室成员和青年成员按照工作室的要求进行自主研修。

⑥高端培训：组织工作室成员参加各种高端培训，并结合培训内容开展研讨活动。

⑦教学诊改：组织工作室成员赴省内中职学校开展教学诊断、听课评课活动。

2. 研修活动

①网课竞赛。为适应新冠肺炎疫情防控需要，工作室探索并实施线上献课及竞赛，并使之常态化。为配合省级网络教研活动，工作室举行了网络献课竞赛。

②线上教研。工作室每月定期召开线上教研活动，活动内容包括听课评课、教法学法交流、课题研究、资源开发等。2020 年 5 月，工作室承办四川省中

等职业学校语文网上教研活动，全省 4000 余名中职语文教师参加此次线上教研活动。此外，工作室针对课题研究、资源开发、网络献课、新课标学习等专题定期开展线上研修活动。

③读书说书。为深入开展读书说书活动，3 年来，工作室购书总额达 2 万元，为每位成员赠书达 30 册。图书内容涵盖中等职业学校语文课程标准及其解读、核心素养研究、发展师生核心素养、教育发展趋势、学习指导策略、核心素养导向的课堂教学、各类文本教学方法、语文课堂教学策略、怎样听课评课、怎样上出精品课、如何提升教育艺术、名家谈教育等。工作室为每年评出的优秀成员予以图书奖励。为营造读书氛围，增强读书效益，工作室安排成员开办读书讲座，推荐阅读书目，要求每位成员写读书心得，在集中研修或线上研修活动时讲读书故事，分享读书心得和收获。

④献课评课。3 年来，工作室成员和青年成员共献课达 210 节。献课后，工作室或工作站均组织成员认真开展评课活动，对一些典型课例进行深度剖析。

⑤技能竞赛。工作室针对教师教学能力竞赛开展专题培训，为参加市、省级教师教学能力竞赛的教师进行指导。工作室成员在市、省级教师教学能力比赛中取得优异成绩。

⑥支教援教。工作室连续 2 年分赴凉山、阿坝、巴中等民族地区和革命老区开展支教援教活动。活动覆盖 33 个区县、30 所学校，涉及教师 650 人次、学生 800 人次。

⑦集中研训。工作室始终把集中研修作为成员学习成长的主要形式和载体。研修主题涵盖职业教育发展形势与方向、名师工作室建设思路与策略、基于中职语文核心素养培养的写作教学理论与实践探索、聚焦语文核心素养提升教师教学能力、中职语文教师成长与发展、教学资源开发、课题研究、教师教学能力竞赛、对口升学教学等各方面。

⑧专题讲座。3 年来，工作室领衔人及成员在各种研训、师培活动以及线上活动中共开办专题讲座 36 次，主题涉及教师成长与发展、教学策略、新课标解读、课题研究、教学能力竞赛、教学资源开发等多方面。专题讲座覆盖省内及湖北、重庆等地中职教师及教学管理人员 8500 人次（含线上

5000 余人次）。

四、工作室成绩与成效

1. 论文著述

3 年来，工作室成员及青年成员撰写的教育教学论文在省级以上报刊发表135 篇，在省级教师论文比赛中获奖 26 篇。其中，工作室领衔人尹福泉撰写的教学论文《中职语文基础模块综合实践课程的开发与探索》《上好疫情"四课"》《以核心素养统领中职语文教育》《严格实施教学质量监测　守护职业教育质量底线》均发表于省级以上报刊。

2. 课题研究

工作室专项课题"基于核心素养的中职语文课堂教学策略体系实践研究"于 2020 年 6 月 5 日在什邡职中开题，工作室成员主持或主研的其他省级课题8 个、市级课题 15 个。蒋光明负责的"基于核心素养的中职语文典型课例研究"被列为省级重点课题。蒋光明负责的"中职语文综合性实践活动地方课程开发"、傅洪成负责的"基于'OBE'理念的中职专业课'项目过关制教学'改革研究与实践"入选省级职业教育教学改革重大项目名单。蒋光明主研的省级课题"区域推进面向未来的中小学全面育人五大体系建设"获四川省教育科研课题 2020 年度阶段成果一等奖。

3. 资源开发

在建设期内，工作室在教学资源开发方面力度空前，成绩斐然。已录制并上传至工作室网站的以新课标 15 个专题为内容、高教版教材为文本的教学视频 69 个，每个视频均配有教学设计和 PPT。由工作室领衔人主编、全体成员及青年成员参编的中等职业学校学生核心素养发展系列教材《经典诵读 300篇》；由工作室领衔人或成员主编、青年成员参编的《四川省中等职业学校升学考试复习指导　语文》《中职语文点中点》《高职考语文知识梳理测试卷》等 25 种中职学生语文教材教辅已由省级以上出版社出版发行。

4. 成员成长

在三年建设期内，通过学习与研修，工作室成员迅速成长。所有成员能上课、能讲座、能命题、能做课题；大部分成员能自觉落实课标、精准解读教材、自如驾驭课堂；部分成员形成了自己的教学特色和风格。工作室领衔人尹福泉，成员蒋光明、邓丽霞，青年成员游振芬受聘担任省教师教学技能大赛评审专家。领衔人尹福泉获评德阳市杰出教师，成员傅洪成获评四川省中小学名师、四川省名班主任和全国优秀教师，成员李勇生、谢明辉获评市级名师。工作室成员和青年成员有83人次在市级以上教师教学能力竞赛、论文评比或其他竞赛中获奖。

5. 社会反响

在三年建设期内，工作室成员戮力同心，积极作为，在献课评课、教学竞赛、论文著述、课题研究、资源开发、教师培训、线上教研、成员成长等各方面取得了丰硕的成果，产生了较好的社会反响。工作室的带动力、影响力惠及13名成员、140名青年成员、数百所中职学校、数千名中职语文教师，对四川省中职语文课程改革和中职语文教师发展的引领、示范、辐射效应逐步显现，市级以上媒体对工作室的宣传报道达95次。

五、工作室的问题与思考

1. 主要问题

①研教矛盾突出。工作室成员大多为本校教学或管理骨干，教育教学和管理工作任务繁重。工作室成员周课时普遍在20节以上，这不可避免地造成本职工作与研修活动之间的矛盾。

②执行力不足。对于名师工作室建设项目，市县级教育行政部门和教研机构重视力度不够，部分工作室成员所在学校的领导对项目建设的意义缺少认识，导致工作室在管理运行过程中缺少执行力。

③缺少专家引领。在建设过程中，工作室缺少专家在学科建设、专业成长、资源开发、课题研究等方面的指导、引领和培训。

2. 几点思考

①改变成员遴选方式。第一批工作室成员的遴选主要依据书面材料进行，领衔人对候选人缺少直观、感性了解。建议工作室成员的遴选采用线上或线

下面试的方式进行，经领衔人面试后对候选人做出取舍。

②成员之间应有职责分工。名师工作室建设全靠领衔人挑大梁、唱大戏，工作室成员没有发挥应有的作用。作为教师专业成长共同体，工作室运作宜为分工合作、集体负责模式。

③为工作室配设导师。导师的指导引领对工作室建设至关重要。建议由项目办牵头，为每个工作室聘请2~3名专家担任导师，对工作室给予全程、全面指导，提升工作室的专业性、学术性。

④建立对工作室的考核激励机制。省级名师工作室领衔人及成员是靠着对教育的情怀和使命感参与工作室建设的，但要建设好工作室仅靠情怀和使命感的支撑是不够的。建议在顶层设计时，能建立对工作室领衔人及成员的考核激励机制，以调动其主观能动性。

冯学敏名师鼎兴工作室

"树型生长"的名师工作室运行模式

冯学敏名师鼎兴工作室是由四川德阳市教育科学研究院所小学语文教研员冯学敏（省特级教师、省突出贡献专家等）领衔和由来自德阳、绵阳、广元、阿坝、甘孜、雅安、乐山等 7 个市（州）的 15 名成员和 92 名学员组成的小学语文学术共同体。工作室主张大美语文教育思想，3 年来，一直致力于大美语文的理念与实践探索，成果丰硕，影响深远。

一、工作室定位及价值追求

冯学敏名师鼎兴工作室以"大美语文"为核心愿景，引领工作室成员和学员认识汉字之美、习得汉语之美、品味阅读之美、训练表达之美、体悟语文生活之美。通过"读""写""讲"三招九式，教师以美育美，追寻母语教育的大美之境。工作室以"'大美语文'课堂教学评价标准"为导向，锁定教材处理、目标达成、教法优化、效果显著。通过 17 条具体途径实现教学内容美、语言形式美、教学艺术美、整体感觉美的"大美语文"课堂。

工作室教育教学核心主张与价值追求：破解语文教学困境，让语文课堂美起来。

工作室规划：2018 年度，选拔人才，组建团队。2019 年度，课题引领，活动践行。2020 年度，专项研究，达成目标。2021 年度，提炼成果，推广运用。

二、工作室的"树型生长"的研修模式

（一）愿景引领·扎根

（1）确立"大美语文"愿景，设计"大美语文"工作室徽记。

（2）以"大美语文宣言"的形式发布，目的就是希望这个愿景指引全体成员和学员去重塑大美语文。这是工作室的目标，必须深入每个成员的内心。

一是"大美语文"不仅要描绘美的语文，更需要去建设它。语文教学的目的不是陈述知识，而是让教学本身具有真善美。

二是"大美语文"不仅是一个愿景，而且是一个过程。理解、思考、审美、传承以及相关的综合实践，必须平等对待学生并以学生的视角展开。

三是在每堂语文教学中，至少要给学生两次质疑问难的机会。

四是两年中至少要有一堂自认为满意的美的语文课送到所在地区边远或者相对贫困的学校。

五是每位成员在今后的教学生涯中至少要上出一堂真正意义的大美语文课。

（二）课题研究·强干

播下了"大美语文"的种子，如何才能正常生长呢？课题研究就是最好的强干方法。

第一步，申报四川省名师专项课题"大美语文的理论和实践研究"，线上会议形式开题。

第二步，确立 15 个子课题，分组开展研究活动。

第三步，分阶段分享研究成果，并出版阶段成果集。

第四步，指导各小组撰写研究报告，并出版阶段成果集。

第五步，同期撰写研究的工作简报，并上传之四川省教科院课题管理平台。

第六步，实践验证"大美语文"研究成果。

第七步，撰写研究报告并推广研究成果。

（三）任务驱动·舒枝

工作室成员分布在 7 个地市（州），要让大家都能成长，只有通过完成各项任务来自我发展。于是工作室领衔人冯学敏设计了以下系列任务：

1. **撰写感言，愿景扎根。**

所有成员、学员研读《大美语文宣言》，务必撰写心得体会，并发布于微信公共号，供广大教育者在线交流研讨。

2. **阅读书籍，提高认识。**

短短几个月时间，工作室各小组共计购买关于寻找大美语文的书籍431部，人均 3~5 部。成员、学员的读书心得都记录在《寻找大美语文》这本书里。

3. **理论解构，深研教材。**

认识汉字之美。汉字有"三美"：意美以感心，音美以感耳，形美以感目。

习得汉语之美。依次分析字、词语、句子、段落、篇章、语法、修辞、逻辑以及文采之美。汉语的结构之美、音韵之美、意蕴之美，不仅有繁复多变的外在美，也有意境深远的内在美。

品味阅读之美。分别从单篇阅读、群文阅读、整本书阅读和非连续性文本阅读等方面循序展开，从各文本阅读的概念内涵、价值意义、阅读内容、原则、方法、策略等方面做具体的阐述。

训练表达之美。在小学语文教学中，既有"显性"表达，即用说、读、写的方式直接表达出来；也有"隐性"的表达，即通过阅读文本进行理解与感受，把作者的表达"内化"为自己表达的过程，是"逆化"与"潜意"的表达。因此，工作室着重从观察有法、想象有根、表达有序、微写有境等方面去论述、揭示表达之法，发现表达之美。

体悟语文生活之美。在美丽的大自然中，在广阔的社会生活中，孩子们能在亲身的经历中寻找美、发现美、创造美，架起语文与生活的桥梁，探寻语文与生活美的奥秘。语文书写生活，生活丰盈语文。

4. **学术分享，理论内化。**

工作室开展学术研讨交流活动，促使大家把前期学习的书本知识进一步内化，通过互相交流，发生思维碰撞，从而得到启迪、认同、迁移的作用。

分享活动按 15 个学术专题依次展开。以小组为单位，围绕一个学术话题，人人上场，讲述研修心得。每组交流 30 分钟，研习心得高度浓缩。各小组交流的话题有"统编教材背景下教师阅读助推专业成长""儿童语言文字学习的思与行""从逻辑与语文的关系看逻辑思维训练"等 15 个专题。

5. 三招九式，练就内功。

印度著名哲学家克里·希那穆提（1895—1986），在西方有着广泛而深远的影响。他主张真理纯属个人了悟，一定要用自己的光来照亮自己。他一生的教诲皆在帮助人类从恐惧和无明中彻底解脱，体悟慈悲与至乐的境界。他在论述教育时有这样的灼见：教育者的真正意义是自我了解，教育上的真问题是教育者。因此，冯学敏老师把工作室所有人的成长放在重中之重，通过探索大美语文实践路径，使教师自我成长。

读之"三式"，美教师德行。读，可以说是语文老师的第一妙招。工作室成员将这一招拆解为三式：诵读、读书、读人。作为一名小学语文教师，诵读、读书、读人是必修的功课。

写之"三式"，美教师素养。写，是语文教师的第二妙招。在这一招里，工作室成员拆分为写字、写反思、写论文三式。语文老师要掌握正确的硬笔、软笔执笔法，要熟练硬笔字和毛笔书法的教学要领，要写得一手漂亮字；要强化教学反思意识，开拓反思实践途径，提升教学反思技能，掌握教学反思的类型；要写得一手好文章，要写教学经验总结，写教育科研论文，写教育叙事等。

讲之"三式"，美教师技能。这一招可以说是一个小学语文教师走向成功的关键，工作室成员拆分为演讲、讲课和评讲三式。语文老师要深刻领悟演讲的意义，熟练掌握演讲的技巧，知道如何组织学生开展演讲活动；要做到讲课前充分准备，讲课中循序渐进、渐入佳境，讲课后检测补救；要充分发挥评价的"评讲"功能，构建以教师专业发展和学生学业发展为核心的语文课堂评讲标准，讲究试卷、习作、作业等评讲技巧。

6. 思维四标，评价课堂。

从"四维"塑造课堂之美。处理教材，发掘教学内容美。确立目标，彰显语言形式美。优化教法，构建教学艺术美。营造氛围，追求整体感觉美。

从"四标"引领课堂之美。在推进"大美语文"课堂教学中，工作室成员主要从教材处理、目标达成、教法优化、效果显著四项标准切入，细化"大美语文"，以评价驱动，引领课堂之美。"四标"是一个理想的标准，同时也是一个现实的操作方案。可以用它来指导教师自己备课、上课；同时也可以用它来评价、激励一堂优质的"大美语文"课。

7. 专题研究，深度学习。

工作室的 15 个小组分别开展大美语文专题研究，如"教学反思对促进民族地区小学语文教师专业成长的实践研究""交互课内外构建小学语文全息学习空间的实践研究""小学语文教学与大自然巧妙融合的实践研究"等 16 个专题。

（四）活动分享·展叶

1. 寻找大美语文

工作室领衔人冯学敏将课题拆分成 93 项任务，让每位参研者领取一项任务。通过买书、晒书、读书，撰写心得、论文和报告、专题演讲、上课验证等方式完成各自领取的任务。

2. 开展研讨活动

工作室三年以来共开展大型活动 6 次，各成员自主带领学员开展活动 142 次，覆盖 8 个市（州）25 个区（县）33 所学校，涉及万余人次；采取送课到校、专题讲座、进校诊断、帮扶结对等形式。工作室举办县级活动 53 次，市级活动 8 次。外出（省外）交流学习 5 次，涉及上海、北京、香港等地。

3. 针对深度贫困地区学校的送教帮扶活动

覆盖凉山、甘孜、阿坝 3 个自治州 26 个区（县）、26 所学校，涉及千余人次。这些活动都记录在《行动的证明》这本资料集中。

4. 送教民族地区

工作室举办"'大美语文的理论与实践研究'阶段成果推广暨经典课例展示活动"，截至 2020 年 10 月 13 日，全国观看量为 10266 人次，其中四川、山东、广东观看量最高。

5. 分组录制微课

集体编制微课知识点，上传省级资源平台。

6. 诠释评价标准

分组解读"大美语文课堂教学评价标准"中的词组、短语 148 个。

7. 设计教学案例

分类设计并验证大美语文课堂教学范例 65 例。

（五）遗绩昭示·结果

状元张謇说："万事有始有卒，教育有始而无卒之事也；万物有新有旧，教育有新而无旧之事也。"工作室短短的三年时间，任期结束了，能给后人留下什么？

工作室形成专著《大美语文》《三招教好小学语文》《大美语文专题研究》《大美语文教学设计案例》，资料集《寻找大美语文》《行动的证明》《大美语文心语心事》《大美语文研究历程》。这里涵盖了工作室的理念、行动纲领和成果，或许后来者能从中感受到当年工作室成员的探索和追求，更希望能从中得到启示。

三、工作室的成效、成绩

1. 专业得以迅速成长

不少成员、学员在工作室的引领下，专业能力得以迅速成长，在各级各类赛课、公开课中，均取得了骄人成绩，并获得市、县级的骨干教师、学科带头人等称号。广大成员和学员从优秀到卓越，独木成林，硕果累累。

2. 开发大量在线课程

2020 年初，突如其来的新冠肺炎疫情打乱了正常的教学秩序，工作室开发了"宅家学习"系列线上课程，上传至四川教育公众资源平台，被广大师生广泛使用，获得一致好评。

同时，开发了大量与统编教材配套的同步微课，上传至四川教育公众资源平台和工作室微信公众号，为一线教师和家长、学生提供了高质量的线上教学资源。

3. 开展扶贫支教工作

工作室成立以来，多人次深入阿坝、甘孜等民族地区开展教材培训、扶贫支教等工作，为提升当地教师业务水平和教育教学质量做出突出贡献。

4. 发表高质量学术论文

工作室自成立以来，领衔人、工作室成员及学员积极探索，先后撰写了上百篇学术论文，据不完全统计，仅 2020 年一年，就有 16 篇（本）出版或公开发表。2021 年又有 9 篇论文发表。

四、工作室的问题与反思

1. 工作室成员分布广，集中学习和研讨费用很高，所在单位和工作室负担重

如果进行线上学习，氛围又不够，探讨无法深入。这需要领衔人所在单位从时间上支持，配套费用要有所保证。

2. 领衔人拥有激励成员和学员的机制制度不健全

鼓励上进仅靠领衔人的魅力和学员的内驱力是不够的。虽然他们是优秀教师，仍然需要评职选先。比如，工作室内部要评选学习积极分子、上课等颁证就需要行政主管部门支持才有效。

苏仁智名师鼎兴工作室

着力文化建设，成就川派名师

苏仁智名师鼎兴工作室是由四川省绵阳市三台县教育研究室高中英语教研员苏仁智（正高职称、省特级教师、"国培"省专家库成员等）领衔，由来自南充、巴中、广安、广元、达州、绵阳等6个市（州）的10名核心成员及各自引领的5名学员组成的"三环一核维恩模"教师研修共同体。

一、工作室定位及价值追求

引领成员（学员）开展集中和分组研训，打造集培养研训、理论研究、实践探索和成果推广于一体的"三环一核维恩模"教师发展共同体。努力打造一个"教育理念能领先、师德修养是楷模、课堂教学可示范、教研教改走在前、教学风格有特色、教育科研敢引领"的教师团队。努力把工作室建设成创新教师研训的平台、攻坚教育教学改革难题的平台、提炼推广教育教学改革成果的平台、"锻造川派名师、孵化未来教育家"的平台，把参培教师培养成为四川乃至全国的学科带头人。

二、工作室建设规划与运作机制

（一）三年建设措施

1. 以目标为引领

让各成员明确责任与发展目标，助力他们的课堂教学出质量，课题研究出成果，使他们成为有独特教学风格、有教育思想的新时代名师。

2. 以任务促研修

落实各成员课程资源建设任务，以此促进大家共同研修，提升课程资源整合与设计、PPT制作、驾驭课堂和视频制作的能力。

3. 以实践为导向

通过"建设团队—搭建平台—立足课堂—开发课程—研究课题—提炼成果—展示推广—示范引领"的发展思路，每年开展研讨活动，凝练现代教育思想、锻造教学风格、打造教学品牌。

4. 以专业为引领

聘请专家顾问团队做课、开设讲座，引导成员专业发展。

5. 以科研促提升

获准立项2个省级教科研课题——"以故事教学促进高中英语学困生转化的实践研究"和"推动'1+10+5'省级名师工作室文化建设的实践研究"，尽力形成高水平研究成果。

6. 以活动促成长

每学年举办主题研讨和展示活动。

7. 以平台达交流

在省教育资源公共服务平台开辟名师鼎兴工作室专栏，发布工作动态、推广成果，实现优质教育教学资源共享。

8. 以论文显成果

围绕2个省级课题研究和解决课堂教学中的实际问题，及时总结，在省级以上学术期刊发表论文8篇。

（二）内部管理运行制度

①建立会议协作制度。②建立工作指导制度。③建立展示交流制度。④建立考核评价制度。⑤建立档案记载制度。⑥建立经费管理制度。⑦建立日常研讨制度。⑧建立课题管理制度。⑨建立奖励惩罚制度。

三、工作室的研修模式及研修活动

省级名师鼎兴工作室研修不仅搭建起领衔人带动区域骨干教师专业成长的平台，发挥名师资源辐射功能，而且促进教育教学改革，推动教育均衡发展，形成推动教师个体专业发展向教师群体专业发展转变。基于此，工作室采取如下主要研修模式：

（一）开展线下集中主题研修，提出发展愿景，形成研修共识

1. 明确目标，引领发展

依据省级名师工作室建设目标，调查分析成员优势与不足，帮助他们制订个人三年发展规划和年度研修计划，以此开展研修活动，助推他们专业发展。

2. 聚焦问题，帮助提升

聚焦课堂，重视实践，关注成员（学员）普遍存在的问题，解决他们的困惑，引领他们提升高中英语教学能力。

3. 开展科研，提升研能

多次组织开展教科研课题集中研究，帮助他们全面掌握教科研方法，提升教科研能力。

4. 开展调研，了解实情

开展省级名师工作室运行状况调查，掌握实情，优化操作策略，提升省级名师工作室运行效益。

5. 研究课例，优化结构

组织开展课堂教学案例对比研究，寻求其突出优势特点，学习消化，运用于教学实践，优化自身课堂教学结构，提升教学能力。

6. 研究风格，形成特色

跟踪成员（学员）课堂教学行为，帮助他们提炼教学行为所长，打磨、建构属于自己的独特教学风格。

（二）开展线上网络研修，共享优质教学资源

1. 研究直播网课，解决教师所需

新冠肺炎疫情背景下，响应"停课不停学、停课不停教"的号召，及时

组织视频研讨会，解决老师们网络直播教学中的实际问题，增强他们的教学技能。

2. 开展网络研修，顺应时代趋势

充分依托现代信息技术——工作室 QQ 群、腾讯会议视频、名师工作室网站平台，建立网络互动机制，开展网络教学研讨，分享教育教学智慧。

3. 开展网络检视，掌握成员动态

定期和不定期进入工作室研修平台，查看成员研修动态和完成研修任务情况，适时表扬先进者，提醒落后人，激发大家研修热情，保证如期完成研修任务。

4. 开展网络展示，共享优质资源

各成（学）员每学年展示自己最好的课堂教学设计、教学反思、教学视频、教研论文、心得体会、励志案例，供大家浏览学习，借鉴运用，实现共享。

（三）开展混合式研修，提高研修效益

混合式研修即网络研修与面对面研修有效而深度的融合，是网络研修与名师室研修常态化的大趋势。它不止是两种方式的简单混合，而是混合多种设备、多种方法、多种策略与多种评价、同步研修与异步研修、多种课程和研修资源等，汲取面对面研修和在线研修的优势。在研修计划制订、研修方法设计、研修效果评价和研修记录跟踪等方面能发挥降低成本、提高研修效果的突出优势，是未来名师鼎兴工作室研修活动的重要形式。

（四）特色活动模式并进，全面提高研修质量

1. 依托省级名师鼎兴工作室，建立 1 个市级和 2 个县（市）级名师工作室

工作室传播着四川省教师培训的先进理念，为当地高中英语教学质量提升发挥着积极作用。

2. 运用现代技术，创新研修模式

引进远程培训机构，开展网络与名师鼎兴工作室研修整合培训，创新名师鼎兴工作室网络研修模式，建立名师鼎兴工作室研修常态化运行机制，夯实以名师鼎兴工作室为本的成（学）员培训基础，促进教师专业发展。

3. 与市教科所联合研修，增大工作室社会影响

在高三英语教研、非毕业班教学研讨、课堂教学展评等与绵阳市教科所高中英语教研活动无缝对接，开展联合研习，扩大优质资源受众面，增大社会影响。

4. 工作室间联合互动，促进大家抱团发展

开展省级名师鼎兴工作室联合互动活动，为领衔人、成员（学员）创造彼此了解、交流、学习平台，助推大家自悟自省、为大家专业发展提供支点。

5. 建立四级联动机制，解决工研矛盾之困

开展省、市、县校四级管理联动机制，保证成员（学员）外出研修无阻；开展省、市、县、校四级名师鼎兴工作室研修联动机制，明确各层级研修活动重点，实现活动互通互鉴，减轻成员（学员）负担，提高研修效益。

6. 注重培育培训团队，由输血向造血转身

充分运用建设各级名师鼎兴工作室平台机会，遴选知名专家、教研员、特级教师和省、市骨干教师作为专兼职培训者，逐步打造一个"愿意干、干得好、能引领"的教师培训队伍，实现由输血向造血的转身。

四、工作室的建设成效

坚持以"让成员获得更多机会，让领导获得更多喜悦，让学生获得更好发展，让学校更好持续发展，努力塑造品牌与特色"为名师鼎兴工作室建设理念，取得了一定成效。

（1）形成学识厚重、作风踏实、互为师徒、创新发展、共同提高的团队文化。

（2）形成"三环一核维恩模"教师发展共同体。四川省名师鼎兴工作室是一个短期的学术组织，是在省教厅的领导下，由1名名师工作室领衔人、10名优秀教师成员和5名中青年教师学员组成的、以教师发展为核心的"三环一核维恩模"教师发展共同体，目标是"培养一个，带动一批，辐射一片"，培养途径是教育教学研训活动。

（3）确定"锻造川派名师，孵化未来教育家"为省级名师鼎兴工作室核

心理念和品牌口号。铸造"名师鼎兴工作室",培养能打硬仗的"川派名师",让"名师鼎兴工作室""川派名师"成为全国的知名品牌。

（4）提出英语教学"三环一核维恩模"组织与管理模式、"后方法,元认知,深度学习,多维发展"的14字诀,努力建构以"学力发展"为核心、适应新时代、有四川特色的英语教学策略。

（5）在《中小学教育》等期刊相继发表6篇关于四川省名师工作室文化建设和16篇关于英语教学的论文。

（6）祝清华2020年被评为广安市优秀教师,高林枫获评广元市立德树人好教师,5人获评县（市、区）优秀教师。

（7）绵阳南山中学许强、三台中学实验学校何晓敏、三台县第一中学刘建明、三台县芦溪中学申继萍、广元宝轮中学高林枫、广安华蓥中学祝清华等6人获市级高三教育质量综合评估特等奖。

（8）12位教师参加教学大比武或指导青年教师赛课获省级一等奖1人次、二等奖1人次,市级一等奖3人次、二等奖5人次、三等奖2人次。

（9）"以故事教学促进高中英语学困生转化的实践研究"和"推动'1+10+5'省级名师工作室文化建设的实践研究",2019年10月被正式批准为省级立项课题。11月5日两个课题在三台县第一中学顺利开题。两个教科研课题均已通过中期检查。

（10）辐射示范,赢得好评。按照省教师培训项目办要求,工作室积极动员指导,先后建立起广元市高林枫高中英语名师工作室、广安华蓥市祝清华高中英语名师工作室、三台县申继萍高中英语名师工作室。它们基本按照省级名师鼎兴工作室策略组织研训活动,传播着四川省教师培训的先进理念,为当地高中英语教学质量提升发挥着积极示范和辐射作用。

五、工作室的问题与反思

（一）问题

1. 操作实践

省名师鼎兴工作室是非正式的学习和教研共同体,没有独立的地位,没有单独颁发的通知、文件、聘书、证书之类。经费使用受诸多限制，难以有必要的奖惩措施。一些单位不支持成员（学员）请假参加研修活动。

2. 教育科研

新冠肺炎疫情扩散，阻碍集中研究。少数主研人员课题研究和课程资源建设的时效性意识和目的意识不强。工作室间横向联系不多，能互相借鉴的成果很少。

（二）反思

（1）省名师鼎兴工作室开展研修活动前，将方案报至省项目办，由联络人导入"四川省教师培训项目办公室"红头文字和结尾落款并盖章后，再发至相关领衔人和市州教（体）育局师培科。市师培科转发给相关县（市、区）教育行政部门和成员单位，确保他们研修出行无阻。

（2）适当给予荣誉，提高参与积极性。各名师鼎兴工作室组织的送教、公开课、研究课、专题报告等活动，都发给主讲人由省项目办盖章的证书。

（3）切实做到"两加强"，按时完成预设目标。一是再次培训主研和参研人员，增强他们的实效意识和目的意识；二是加强与其他省级名师鼎兴工作室的联系，找出解决问题的策略，为省级名师鼎兴工作室科学和高效开展提供更有效的借鉴。

赵绪昌名师鼎兴工作室

彰显学科思维，发展师生思维

赵绪昌名师鼎兴工作室是由
四川省达州市宣汉县中小学教学
研究室数学教研员赵绪昌（正高
职称，省中小学教师校长培训专
家、省特级教师、省学术和技术
带头人、苏步青数学教育奖获得
者、享受国务院政府特殊津贴专
家）领衔，由来自达州、巴中、
广安、南充、遂宁、广元等 6 个市（州）的 15 名核心成员及其对应学员组建
的初中数学学科共同体。工作室坚持"为凸显思维过程而教"的教学主张，
着力工作室建设，取得显著成效。

一、工作室定位及价值追求

工作室奉行"一个人可以走得很快，一群人走得会更远"的理念，遵循
教师发展规律，坚持实事求是、注重实效的原则，融自主力与他动力、实践
性与研究性、个体型与团队型于一体，以教育科研为先导、课堂教学为阵地、
集中研训为抓手、网络交流为载体、学习提高为根本，打造一支队伍、引领
一门学科、带动一所学校、辐射一个区域，促进教师专业发展。为凸显思维
过程而教——凸显概念的形成过程、原理的学习过程、规律的发现过程、问

题的解决过程、思想的提炼过程、结构的建构过程、思路的探索过程、错误的纠正过程等，培养学生思维能力，提升教师专业素养。

二、工作室的建设规划及运作机制

按照"组建团队、明确任务、制定规划、落实责任、建章立制、考核奖惩"和"搭建平台、立足课堂、开发课程、研究课题、探讨交流、提炼成果、展示推广、示范引领"的发展思路，以"制度建设、增强内驱、活动推进、辐射引领"为运作基础，以通过成员负责制、季度例会制、共同维护制、开放流动制、课题跟进制、档案管理制等共同约定为基础，不断增强成员自我成长的内驱力，促进教师专业发展。

三、工作室的研修模式与研修活动

1. 学习活动

学习内容系统化。工作室每年给每位成员购买4本专业书籍、订阅2种专业杂志、不定时印发文献资料，推荐若干涵盖教育教学、数学教育、自然科学等专业理论书籍。在向书本学习的基础上，还大力向专家、同行、学生学习，采用"请进来、走出去"相结合的办法，聆听省内外知名教育教学专家"讲经布道"，不断引领工作室成员教育思想向纵深发展。通过学习专家思维，学习先进人物事迹，提高道德修养。虚心学习同行经验，每人年听课均超70节。各成员还结合自己的研究内容，开展专题学习，如思维导图、导学案等，实现了宽度与深度的融合。

2. 教学活动

围绕"为凸显思维过程而教"的教学主张开展课堂教学实践，让课堂教学改革实践成为工作室最为平常又最为重要的方式。开展"为凸显思维过程而教"的专题研讨。工作室成员坚持一月集中教学研讨，形式灵活多样：既有研修小组活动，也有面向全体成员的大型活动；既有工作室自身的研讨，也有与其他工作室的联合研讨。研讨活动突出一次一主题；同时，所有主题之间呈现序列性、逻辑性。

抓实"为凸显思维过程而教"的日常教学。每位成员力求把每一堂课都当作公开课来上，在教学中努力彰显学科思维，发展教师思维，发展学生思维，让每一堂家常课成为怀特海所认为的"最终是使人具有活跃的智慧"的课。努力使日常课一开始就具有一定的研究价值，从而不断积累对学生、对课堂、对教育的丰富的感性经验与素材，构筑自己专业成长的资源库。

3. 科研活动

以课题研究为统领，聚焦教育教学热点和疑难问题，引导工作室成员走研究之路，使每位成员都能"研究出成效"；以任务驱动为手段，引导成员在创造性解决问题过程中实现自我突破。

扎实开展课题研究。以领衔人主持的四川省名师、名校长鼎兴工作室专项课题"凸显学习数学思维过程的教学策略研究"为抓手，全体成员围绕相应的 12 项子课题，通过举行课题开题论证会、研究读书会、沙龙研讨、开设研究课等多种形式开展研究，全面落实科研活动。

在积极推进工作室主课题研究的同时，工作室成员还分别主持或作为核心组成员，开展省、市、县课题研究。

大力倡导微型课题研究。主张"从问题到课题"的研究思路，强调"问题即研究""教育即研究"的意识，鼓励工作室成员及时捕捉和确认教育教学中的真问题、小问题，提炼为微型课题，做到人人有课题、个个做研究，以问题解决推动教育教学改革，以草根研究促进自身专业发展。

四、工作室的成效、成绩

工作室教师普遍认为，教学是对话与知识的建构活动，没有沟通、交流的教学是不可想象的。教师在教学目标中融入"激发学生学习兴趣""掌握学习方法""养成良好的学习习惯""形成数学思想方法""培养思维能力""情感、态度和价值观与知识同样重要"等。教师尊重学生个体差异，注重培养学生的学习信心。教研活动中教师谈论的话题是如何从学生的已有知识和经验出发，密切知识与生活之间的联系；如何引导学生观察、猜想、实验、论证等参与思维过程；如何在实际活动中体验、感悟并运用所学知识去解决问题。

工作室采用课堂观察的方式进行调研，有 95% 的课堂不同程度地体现了问题意识，引导学生在学习思维过程中积极自主地发现问题、提出问题、分析问题、解决问题；75.7% 的学生认为教师在教学中善于启迪学生的思维，69.3% 的学生认为应"以学生探究为主"，58.9% 的学生认为应"以学生合作学习为主"等。教师和学生之间不再是被动、服从的关系，而是和谐、互动的合作关系。创设探究式的学习氛围，想方设法设计一些师生、生生互动的教学活动，通过活动实现合作学习。87.7% 的学生认为师生、生生间"经常交流"或"交流"，不应仅局限于解答习题，更多的应交流各自解决问题的想法、经验、感悟等。

五、工作室的问题与反思

一是教师工学矛盾突出，存在有的成员不能按时参加集中研修活动现象；二是研修经费不足，未能提供更广层面、更深层次的研修活动；三是团队文化建设是名师工作室建设的重要内容；四是出内而外的内动力是名师"成长自觉"的关键；五是名师成长的基本方式是读书、实践、研究与写作；六是共同愿景、系统规划、心智改善、组织承诺、活动开展、协同发展等是名师工作室运行的方略。

寇忠泉名师鼎兴工作室

聚"三明"，促"三力"

寇忠泉名师鼎兴工作室是由四川省成都市高新区电子科技大学实验中学附属小学校长、音乐教师寇忠泉（省特级教师、省学校艺术教育先进个人，基础教育全国音乐名师工作室联盟常务理事）领衔，由来自德阳、绵阳、

巴中、泸州、攀枝花、达州、甘孜、成都8个市（州）的成员13人、各地市州学员67名，还有工作室以外近200人的优秀教师组成的学习团体。成员对接学员扩展到辽宁沈阳、重庆沙坪坝区、重庆两江新区、新疆石河子市、内蒙古、浙江等其他省（区、市）。工作室以"培育有'学养'的'三明'教师"为发展愿景，以"三力"为发展途径，专注于民族音乐文化传承学术品牌建设，立足四川省小学音乐教学区域，放眼全国小学音乐教育发展时态，聚焦工作室教师的专业发展目标，聚"三明"，促"三力"，取得了丰硕的民族音乐文化教育研究成果，为鼎兴民族音乐教育发挥了示范、引领、辐射作用。

一、工作室核心价值追求

工作室将"小学民歌教学研究"确定为工作室学术研究品牌，以聚"三明"、促"三力"、鼎兴民族音乐教育作为工作室的核心价值追求。从民族文化出发，

探寻具有中国文化色彩的方法，用本民族的生活方式学习中国民歌，以实际行动落实中共中央办公厅、国务院办公厅《关于实施中华优秀传统文化传承发展工程的意见》，鼎兴民族音乐教育事业。

何为"三明"？

三明即明白、明理、明朗。工作室希望把每一位成员、学员培养成为"有'学养'的明白、明理、明朗的'三明'教师"，这是工作室的核心价值追求，是工作室的发展愿景。明白之师，即做角色定位准确，教育职业理想清晰，有教育情怀的音乐教师；明理之师，即教育专业理念清楚，有必需的、前沿的基本专业理论知识、专业技术较高的音乐教师；明朗之师，即教育视野高远，教育胸怀开阔，做人阳光大气的音乐教师。

何为"三力"？

"三力"指成长内生力、专业发展力、学术影响力，这是工作室为实现工作室发展愿景的行动措施。工作室通过文化聚魂，激发团队成员、学员的成长内生力；通过读书、研课、科研、交流等措施提升团队成员专业发展力；通过总结升华学术成果，以凸显工作室的学术影响力。

聚"三明"，促"三力"，鼎兴小学民族音乐文化教育引领成员、学员践行工作室的核心价值追求，找寻正确的教育人生价值观，让老师们产生发展的内驱力，找到职业幸福感、自豪感。工作室领衔人寇忠泉以身作则，带领教师们坚守在教学研究的路上，用实际行动指导、引领着每一位教师扎实开展学术活动，在活动中成就"三明"教师。为保证活动的顺利开展，工作室还建立了相关制度，在文化的引领和制度的管理下，工作室团队形成了一支有理想情怀、务实又肯干的优秀教师队伍。

成员目标：要求参加工作室三年的成员成为有学术素养的优秀教师，通过活动，指导他们形成自己的教学的特点、教学特色甚至教学风格，并在研修活动中起到辐射、引领、示范作用。

学员目标：要求工作室学员在三年的学习研修活动中成长为能总结自己的教学经验、在工作室有经典课例的骨干教师，并向成员教师目标发展，在研修活动中起到示范作用。

领衔人目标：成为一个具有学术思想的学者型老师。通过三年的研修活动，用自己的学术思想，指导、引领成员学员，有效解决老师们存在的典型问题；带领大批成员、学员以及高新区青年教师在音乐教育教学水平方面有大幅度提升。

二、工作室研修模式及运行机制

（一）"三明"聚人心

在工作室发展愿景的引领下，工作室成员牢记习近平总书记"四有教师"要求，深刻理解"以美育人、以文化人"的内涵。用"明白、明理、明朗"的"三明"价值观来凝聚人心，用做民族音乐文化传承者的目标来鼓励教师，用教师对民族音乐文化的学习、研究、传承的自觉，来回答习近平总书记的文化自信期望。几年来，在"培育有'学养'的'三明'教师"的工作室愿景指导下，工作室已建成一支有理想、有激情、有目标、充满生命活力与奋斗精神的工作室教师队伍，形成了工作室的"三明"文化品牌。

（二）制度促发展

制度是发展的保障。工作室成立之初，便制定了《工作室管理制度》《工作室团队分工与任务要求》《工作室成员学员学习成长制度》等，坚持按《工作室三年发展规划》和《工作室工作计划》开展活动。在制度的管理要求下，教师们逐步形成发展、成长、提升的自觉，活动质量得到了有力保障。

（三）读书明理

读书是学术素养的丰厚，是教育智慧的升华，是最朴素的学术修炼形式。它不受时间、空间限制。这里的"明理"指的是明教育教学的真理、原理、理论、理念、规律，其本质意义就是通过读书，了解、掌握教育教学的真理，通过书本了解教学实践、课题研究、课堂课例研究、教师成长等典型问题基本原理，解决教师成长的困惑，并以此来指导教师教育教学行为。在教学中尊重学生成长的规律，帮助学生成为一个有人文情怀与审美情趣的人，以提升学生艺术学科核心素养。

（四）研课求真

杜威说"教育是经验的改造"。课例研讨是理论的实践，是个人经验的验证，是个体学术经验总结与提炼的重要途径。在民歌课堂教学中，民歌教学资源的选择、教材的研究、教学活动的设计、教学方法的运用等，都需要教师们好好去研究。在研究中，工作室要求教师养成问题意识，善于在教育教学实践中发现并提出有实践意义的问题，养成学术研究的思维习惯，总结自己的教学特点、形成自己的教学特色乃至教学风格，并学以致用。在实际教学中用艺术美、音乐美去熏陶人，以文化去影响人。工作室每年通过大型民歌课例展示活动、磨课活动、辨课活动、评课活动等，来求真音乐学科教学理论，掌握音乐学科教学规律，在实践中求得小学民歌教学真谛。

（五）科研提质

课题研究是教师学术素养提升的有效途径。2018 年以来，工作室立项了成都市名师课题"小学民歌教学方法实践研究"，开展了四川省名师重点课题"以四川省为例——小学民歌教学资源开发与运用"研究。

工作室以四川省境内的主要民族——汉族、藏族、彝族、羌族、土家族等的民歌为教学研究内容，用专题研修的形式促进学术发展。工作室成员开展民歌教学课例观摩，共同观课议课，提炼课堂中的规律性经验；或讨论重大认识与方法问题，开展民歌采风活动，邀请专家培训、讲座，学习民歌知识，了解民族音乐的研究动态；阅读关于民族音乐、民族音乐文化方向的书籍，弥补教师自身在民族音乐文化方面知识（甚至常识）的不足；撰写教学论文、课例、反思、心得等。在"写"的过程中总结、反思、提炼、升华民歌教学方法，形成物化成果。工作室成员"走出去"，与重庆、杭州、沈阳、郑州等各地的音乐教师们共同交流民族音乐的小学课堂教学经验；参加"第二届中国音乐教育大会""杭谈州'千课万人'"等国家级平台展示活动，把研究成果带到现场展示，与专家、同行交流，聆听他们的建议，接纳他们的批评。工作室成员还到边远的山区小学送教，深入当地的民间艺人之中，吸收来自山岭大地的民族音乐文化养料等。研究过程是艰苦的，思考是深刻的，成果也是丰硕的——完成了近百节民歌课堂课例视频录制，完成了 30 多节民歌微课视频录制，完成了 26 万字的《美的绽放》工作室发展专著，完成了《歌声飞出大凉山》的课程读本开发（修订），在国家、省、地、市、区展示了 30 多节民歌教学现场课例，提炼出民歌教学的"三感"统一主张、六条教学策略、"五点策略教材分析方法"等小学民歌教学的经验，出版了 2 本民歌教学研究的专著——《美的绽放》和《中小学民歌教学方法》……

这些成果很好地总结归纳了小学民歌教育教学的基本经验与方法，展现了自我的教育认识、态度、价值观，展示了对小学民歌教育教学的理性认识。工作室的科研水平有了很大提高，教学质量有了明显进步。

（六）交流辐射

学术经验在分享中才会更有意义。经验交流、专家培训是学术的思考与思维的碰撞，是团队专业化发展、快速提高教师学术素养的重要途径。在学术素养形成与提升的过程中，工作室鼓励教师之间相互帮助，互助成长，更鼓励合作、分享个人的成长经历；鼓励教师开展个人专题讲座，扎根教学一线的教师有很多微创造，将这种微创造的效果弄清楚、想明白，并分享给同伴，既能提升自己、又能启发他人；邀请专家给团队培训，柳良、贺继业等近 30 名省内外专家对团队进行了专业指导。除此以外，还与省内外名师工作室进行学术交流，分别与沈阳陈运成工作室、重庆谢晓梅工作室以及浙江、内蒙古、新疆石河子市、达州市、攀枝花市教研室等进行联合教研，交流工作室的发展成果，扩大了工作室的影响。

三、工作室的成果成效

一直以来，工作室以"小学民歌教学方法"为主要研究内容，着力打造工作室民族音乐文化教育学术品牌，形成了丰厚的物化成果。

（一）学术成果

有《在"司空见惯"中寻求发展》等 5 篇课题论文在国家、省级刊物发表；

有《展地域之歌，承民族之魂——安州本土音乐在小学的现状与策略研究》等20多篇论文在全国、省、市、区论文比赛中获奖；出版研究成果专著2本，12万字的《中小学民歌教学方法》和36万字的《美的绽放》收录于"2018年度国家社会基金教育学重大课题'教材建设中创新性发展中华优秀传统文化研究'子课题'音乐学科传承中华优秀传统文化研究'阶段成果"和教育部基础教育课程教材发展中心课程教材研究所"中华优秀传统文化传承项目"中。

（二）成员与学员成长显著

工作室核心成员中，5名成员获得区（县）及市（州）级特级教师、学科带头人、最美教师、青年优秀教师等称号，2人成立了区级名师工作室，1人获得唱歌微课比赛全省一等奖。学员中，4人获得所在区（县）及市（州）优秀青年教师、教坛新秀、先进个人等称号，4人获得市（州）所在学科教学设计、课堂展评、歌唱微课等赛事活动中的一等奖。

（三）社会反响强烈

工作室辐射省内德阳、绵阳、巴中、泸州、攀枝花、开江、万源、成都8个地区，省外新疆、杭州、内蒙古3个地区，受益人数达3000余人次。工作室开展的每一次现场研讨、培训活动，成都地区都有很多区（县）中小学和高校师生主动参与，每一次活动的参加人数都在200人以上。此外，工作室各片区还组织了教研活动10多次，参与人数近400人次；工作室领衔人寇忠泉和部分成员分别为新疆石河子（线上）、浙江音乐学院"基础教育全国音乐名师联盟"（现场）、内蒙古（线上）举办讲座，聆听人次近千人。

聚"三明"，促"三力"，鼎兴民族音乐教育事业。寇忠泉音乐名师工作室作为四川省的音乐名师工作室，有责任将传统的民族音乐文化发扬光大，通过老师在教育教学中去继续传承、推广、创新、传承，为增强我国的民族文化自信，努力前行！

吴中林名师鼎兴工作室

凝聚团队力量　促进整体发展

　　吴中林名师鼎兴工作室是由四川省教育科学研究院中学数学教研员、普通高中教育研究所所长吴中林（正高职称、省特级教师、教育部基础教育数学教学指导委员会委员）领衔，由来自全省8个市（州）的16名核心成员及对应学员83名组建的高中数学学科共同体。工作室成立以来，始终以"立德树人"为根本任务，立足数学课堂教学，坚持五育并举，以线上线下混融式的学科教育教学研究、教改探索、教学反思、创新协同育人机制和名师培养方式，凝聚团队力量，促进各成员的专业成长，工作室建设取得明显成效。

一、建章立制，科学规划谋未来

（一）建立引领机制

　　工作室以"深入基础、直击本质，提升数学思维品质，发挥学科育人力量，促进学生全面发展"为核心主张与价值追求，以"学术交流、教艺切磋、互动提高、整体发展"工作室建设基本理念，按照省教育厅的要求，充分发挥全体成员的特长，扎实、创新性开展工作。

　　工作室成立之初，全体成员讨论确定了工作室三年规划、工作室培养方案、工作成员考核方案。大家以"研究的基地、提升的平台、辐射的中心"作为工作室建设发展目标，明确了"以提升教师专业素养为导向，以课题研究为载体，以项目引领、团队学习、同伴互助、实践探索为路径"的研修模式。具体研修中，结合"学科核心素养理念下提升中学生数学思维品质的教学策略研究"的课题研究，聚焦新教材、新高考，推进全体成员加强"理论学习、教学实践、交流讨论、反思总结、成果提炼"；规划了以"课题引领、课例研究、课程开发、学习交流、读书活动、案例写作、示范引领"等项目为抓手，科学开展工作室及工作站研修活动。在此基础上，构建以工作室为线、以工作站为面的线上线下立体教学研讨与成员专业发展模式。

（二）形成运行策略

工作室的年度计划是在工作站研修计划的基础上完成的，结合四川省名教师项目办和工作室年度活动安排，在每年的12月份制订完成。确定每月第一周周一下午为工作室例会时间，对工作室的活动情况进行总结和交流；同时根据情况的变化，及时调整活动方案，形成常态化的工作室活动组织流程。

以2020年8月参与"凉山州千名骨干教师培训"活动为例。工作室经反复调查、明确培训需求，结合成员特长和培训要求，精心设计研修内容和形式，领衔人带领11名骨干力量，全面展现高中数学教学发展趋势，针对教学实际，举行了以"最美的相遇"为主题的系列名师专题讲座。

工作室成员充分发挥主观能动性，根据各自特长，开设特色活动。王贤华工作站以区级名教师工作室为平台，聚焦数学文化研究；谢维勇工作站以眉山市名教师工作室为平台，探索云教直播教学的策略；谢远净工作站以成都市教师培训课程为平台，聚焦"教学评一致性"实践探究，对民族地区、革命老区数学教师专业成长课程进行研究；黎方平、陈中根工作站针对高考原创题进行研究；罗志英、夏雪工作站聚焦新课标开展课标解读活动；张宇、张勇工作站以"学科核心素养"为研究方向，开展大单元教学设计研究活动；郑达平、柴文斌、任芳工作站以同课异构、专家指导、师徒结对等项目聚焦区域教师，示范教学和教法研讨，切实提高课堂教学效率的教学策略。

（三）实施考核评价

工作室的考核评价分为工作室成员个人的考核评估和工作室集体考核评估两方面。工作室成员的考核评价以个人自我评价兼顾师德师风、工作业绩、成果获奖、著作论文、区域引领等方面综合评估。以量化考核为主，以考核方式目标导向专业成长，促进成员专业发展和示范引领。工作室成员的集体考核评估由领衔人负责，考核内容分为过程性考核、年度考核、三年周期考核三种形式。过程性考核项目是指参加工作室活动的次数和活动效果的评价，依据是工作室成员的活动记录表、示范课或学术讲座记录表以及活动心得、听评课记录等；年度考核依据是"某某年度个人专业成长提升计划表"中目标任务的达成情况，对照个人提升计划，工作室成员完成"年度工作总结表"；三年周期考核评价仍然是以自我评价为主，参考依据是工作室成员的"三年个人专业成长提升计划表"和"三年工作总结表"。年度考核和周期考核、评价项目类别一致，分别为师德师风、工作业绩、成果获奖、著作论文、区域引领等。

二、探索实践，聚焦教学话改革

（一）凝练主张，聚力"三课"促发展

1. 强化理论研修，把握课改方向

工作室以习近平新时代中国特色社会主义思想为指导，认真学习《国务院办公厅关于新时代推进普通高中育人方式改革的指导意见》及教育部、四川省相关文件精神，认真学习研究新的课程方案、课程标准和新教材，全面把握课改方向。各团队及其成员加强理论修养，深入研读工作室指定书目，并自主选择数学教育、教学研究、数学史及其他教育名著进行独立学习或小组互动研修。各成员结合自身实际，认真撰写读书笔记，丰富理论修养。工作室领衔人根据《四川省教育厅关于进一步提升中小学课堂教学质量的指导意见》《普通高中数学学科课堂教学基本要求》，主编出版了《培育中学生数学核心素养的策略与实践》；工作室成员陈中根、谢远净、任芳、王贤华

等参编专著 7 册。

2. 加强课题研修，助推专业成长

2019 年工作室成功申报四川省教育厅名师专项重点课题"学科核心素养理念下提升中学生数学思维品质的教学策略研究"。课题组调研省内中学生的现状，从培养学科核心素养、数学思维品质的教学策略入手开展课题研究活动。

工作室通过课题研究确立"数学最大价值—发展人的思维—立德树人"的数学思维教育理念，通过课题研究，聚焦新课标、新教材、新高考，回答"数学教育应该使学生获得什么样的发展"的问题。在课题研究中更新观念，大胆尝试整合教材内容，深度挖掘教材文化底蕴，围绕数学核心素养制订教学目标，创设适合的教学情境，借助信息技术等措施，有效地推动了学生数学素养的形成和学生思维品质的提升。

3. 强化课堂研究，落实课堂实践

为进一步贯彻落实"课程标准"，深刻理解教材内容，立足数学课堂教学，充分发挥课堂教学主阵地作用，提高教学质量，提升工作室成员的教学水平与教研能力，探索数学性质、概念、复习等课堂教学路径，工作室先后在成都七中、石室中学、树德中学、南山中学等地举行以课堂教学为核心的现场研讨 40 多次、四川省网络教研工作 5 次。教学资源建设工作顺利，成效明显，课堂教学实录、教学案例汇编出版有条不紊地进行着。

各工作站充分调动学员力量，立足所在区域或学校实际，围绕主题，每月开展一次课堂教学活动，积极进行深入一线的教学实践，产生了积极的引领、辐射和带动作用。

（二）激发动力，搭建平台促发展

1. 创新管理模式

结合工作室成员构成特点，实施了"1+16+5"分层管理模式。形成三个层次：一是核心层，领衔人对工作室的重大思路进行设计和规划，起决策作用；二是紧密层，由工作室 16 位成员教师组成，重点负责业务指导；三是工作层，

由 16 位工作站站长负责，是工作室的活动主体和重点培养对象，需要承担具体的任务，在任务的驱动下促进自身发展。这样的合作方式既能确保工作室的整体运作的良好状态，又能充分发挥每个成员的主观能动性。

2. 构建教师发展共同体

名师工作室是基于共同的目标，在专家的组织下，旨在通过对话、合作和分享活动来促进专业成长的共同体。工作室成员既有共同的培养目标，如提高课题研究能力和论文写作水平，又有个性化的个人专业发展提升计划，如专题教学总结、教学个案的分析汇报等。

（1）项目驱动，自主成长。项目驱动本质上是通过"项目"来诱发、加强和维持学习者的成就动机。各工作站依托工作室的技术、理念，通过工作站来完成、落实工作室的目标。

（2）专题研讨，助推成长。工作室围绕培养目标，开展系列专题研讨活动，助推全体成员持续进步，部分教师成为川派数学名师，同时又为教师的个性化成长创设条件。通过专题研讨活动，为助推成员发展搭建了平台。

（3）采取"请进来、走出去"培训策略。"请进来"主要是指请一些专家、名家到工作室做专题讲座。既"被培训"又"做培训"，有助于成员拓宽研究视野，提高理论素质，增加实践机会，是成员们提升自身专业素养的重要途径。

3. 开展"订单式"研讨

工作室成员以各市州名优教师为主体，在市区内数学学科领域具有一定知名度，容易出现个人发展懈怠情绪，形成个人发展中的"高原现象"。工作室有针对性地开展了"订单式"研讨活动。

4. 建立名师工作室交流机制

工作室与其他工作室、川内师范院校数学学院、各市州教育行政和教研部门协同工作，进行学术研讨、经验交流、成果展示，实现数据共享、经验共享、专家共享，构建学科间教师发展共同体，积极将成功经验和研究成果向其他工作室推荐、介绍，向师范院校、各市（州）推广。

三、反思总结，阔步发展新征程

（一）初步成效

工作室取得的成效主要体现在以下两方面：

1. 培养川派数学名师

工作室运行 3 年来，夏雪获得四川省"五一劳动奖章"，黎方平、夏雪、柴文斌先后被评为四川省优秀教师、四川省教书育人名教师；谢维勇获首届眉州名师称号；任芳、柴文斌获评正高职称；夏雪、张宇、李波波等在全国、省市教学展评中取得佳绩；王贤华、谢维勇等成为市级名教师工作室领衔人，培养了郑达平、唐开兵、梁红星等科研能手；陈中根、罗志英、张勇、唐开兵、张彬政等人在课堂教学、数学学科测试命题水平持续提升，为深化新时代教师队伍建设、探索名教师鼎兴工作室提交了一份满意的答卷。

二是构建教师发展共同体

3 年来，工作室发挥团队力量，先后走进阿坝、甘孜、凉山、巴中等民族地区和革命老区开展送教活动。开发了《高中数学文化读本》（共 6 册，即将付印），选编了《高中数学课堂教学优秀案例》及成员成果集（待出版）；"学科核心素养理念下提升中学生数学思维品质的教学策略"课题研究成果获得 2020 年四川省阶段成果二等奖；工作室成员在《课程 教材 教法》《基础教育课程》《数理化解题研究》《教研周刊》《数学通报》《中小学教育》等期刊发表论文 136 篇，录制视频资源 119 节，支教送培 16 余次，获得市级及以上等级奖 18 人次；有 26 篇教学反思、79 份教学设计、200 余份有价值的课堂实录。

（二）工作反思

回首 3 年的鼎兴工作室建设经历，工作室大部分成员都能够做到主动学习、奋发有为，但个别成员自我成长定位不高，工作学习矛盾的调适还不太合理。在新教材的研究、资源建设、作业设计质量等方面还需要加强教学研究。

青春名师鼎兴工作室

在研究中前行

青春名师鼎兴工作室是由四川省教育科学研究院初中物理教研员青春（正高职称，省学术技术带头人、享受国务院政府特殊津贴专家、省突出贡献优秀专家、省特级教师）领衔，由来自甘孜、阿坝、攀枝花成都等12个市（州）的20名核心成员及对应80余名学员组成的初中物理学科共同体。工作室以"共建共享，共同成长；合纵连横，搭建平台；

勇攀高峰，引领发展"为理念，聚集初中物理教育精英，聚焦省域初中物理教育的问题，以课堂教学为主阵地，以教育科研为抓手，以网络研修为载体，将工作室建设成为学员成长平台，进而成为省初中物理教学的交流平台、初中物理教师的发展平台、初中物理教育的展示平台。工作室致力于"培养有思想的物理教师，推行有灵魂的物理教育"，带出一支队伍、孵化一批成果、引领学科发展。

一、工作室建设规划及运作机制

（一）工作室建设规划

工作室成立之初，领衔人向成员提出"不忘教育初心，牢记教师使命"，要把工作室建设、成员发展与学科发展、时代需要结合起来,让每一位成员明白:发展,也是一种责任!每一位成员都要规划自身发展,通过自身发展去带动周边乃至全省初中物理教师的发展;要将研修成果推向全省,特别是要辐射到省内薄弱地区,进而促进初中物理教育质量的提升,促进四川初中物理教师团队建设,促进四川初中物理教育品牌创建。这是工作室全体成员共同的历史使命和责任担当。

(二)运行机制

在建立健全工作室相关制度的基础上,根据成员特点细化分工,具体负责财务宣传、课题研究、专著编写、网络教研、学术研讨、送教扶薄、理论学习、考核评价等工作,使工作室人人有事做,事事有人做。工作室成员个人学习、研修及成效、组织参加活动情况,要求定期上报,由分工负责人统计、评估,作为年终考核的依据,录入工作室成员成长记录手册。工作室活动除领衔人发起的集体学习、研修外,采用自主申报、分工负责人统筹和领衔人审核批准的方式确定研修主题、形式等具体安排。按照"工作室领衔人 + 工作室成员 + 四川初中物理教师"确定活动主体,要求针对初中物理教育教学实际问题,研究、实践解决方案,辐射、引领一线教师。

二、工作室的研修模式

工作室通过对教师(包括成员)、学生进行调查研究,了解工作室成员需求及四川省初中物理教育教学状况,确定研究方向,构建研修网络,搭建研修平台,线上线下结合,集中研修和个别指导结合,理论学习和实践探究结合,形成了工作室的研修特色。

(一)项目引领,各展所长

工作室依托四川省专项重点课题"名师工作室引领省域学科课堂教学改革的实践研究——以四川初中物理为例"进行顶层设计,就怎样促进学生学、教师教及初中物理教学改革三个方向,确立了三个项目:在研究的基础上,撰写《叩开悟理之门——名师带你学习初中物理》《基于实验创新在初中物理教学中应用的改革实践》《四川省初中物理课程改革理论与实践》三本专著。让工作室成员根据自己的特长和需求，自主参与，在研究中学会研究，在写作中学会写作，在实践中成熟教育思想、促进专业发展。

（二）主题教研，示范引领

工作室按照"问题驱动—主题研修—课例研讨—反思总结"的思路，开展主体教研活动，通过专家引领（教学示范、专题讲座、课堂点评等）、理论学习（自主学习、集中学习、专家讲座等）、课堂研讨（送教下乡、课堂观摩、同课异构等）、专题研讨（学术沙龙、成果交流、课题研究等）、总结反思（读书笔记、教学反思、撰写论文等）等形式，让工作室成员充分交流学习成果、展示实践经验，在研修中提升自身专业水平，起到示范引领作用。

（三）区域联动，优势互补

在自愿的前提下，秉承平等互助、资源共享、优势互补的原则，鼓励工作室成员跨区域开展线上线下教学教研活动。通过相互学习和经验分享，拓宽研究视野，实现优质教育资源的开放与共享，扩大项目成果的辐射面，提升成员的专业影响力。尤其提倡城乡互动，重视向边远地区和薄弱地区的辐射，做到精准扶贫。如多次与甘孜冉志勇工作室联合教研，工作室成员集体到甘孜参与当地老师的备课与上课，为甘孜全体初中物理教师上示范课，展示交流研修成果。

三、工作室的建设成绩成效

（一）搭建平台，示范引领

工作室积极搭建各种平台，为工作室成员及全省物理教师提供学习、交流、展示的机会，先后请全国著名专家（如教育部中学物理课标组组长、国家课标物理教材主编廖伯琴教授、中国创造学会大脑开发研究会理事长、国家课标物理教材主编吴祖仁教授等）进行学术讲座；与上海等省市进行联合教研，组织参与全国学术交流、优质课展评等。工作室采用"工作室领衔人＋工作室成员＋四川初中物理教师"三级研修模式，领衔人通过线上线下对成员进行统一培训或个别指导，成员将学习和研修成果及时分享给一线教师，真正做到培养一个、带动一群、引领一片，尤其重视对薄弱地区、民族地区的帮扶。

（二）科研兴教，专业成长

工作室一直把教育科研作为成员专业发展的必经之路，要求他们在研究中形成自己的教学风格，在研究中成熟自己的教育思想，在研究中改革创新物理教学。先后启动"名师工作室引领省域学科课堂教学改革的实践研究——以初中物理为例"课题研究和《基于实验创新在初中物理教学中应用的改革实践》《叩开悟理之门——名师带你学习初中物理》《四川省初中物理课程改革理论与实践》三本专著的撰写。所有工作室成员参与其中，成果惠及上万名一线物理教师，有效促进了工作室成员的专业成长，带动了四川省初中物理学科的发展。工作室成员有 21 人的论文共计 49 篇发表在相关学术刊物中，51 篇论文获得市级以上奖励；在研课题 18 项，已结课题 19 项；参赛公开课和讲座发言 103 次，支教帮扶或指导教师 33 次；出版专著 7 本，获发明专利 1 项，获得各项荣誉称号 56 人次。在新冠肺炎疫情期间，组织全校老师率先开展"停课不停学，停课不停教"网络教学，对全校教师开展网络授课教学方式培训、对学生进行心理疏导、组织理县初中物理名师工作室成员编写《初中物理能效提升》中考校本教材，助力 300 多名理县学生迎战中考。青春的先进事迹《一片丹心铸高尚师魂》《青春献给乡村，用心浇灌花朵》先后在理县电视台、《民族》、《阿坝教育先锋》、《阿坝日报》、四川新华网等媒体宣传报道。

四、工作室建设的问题与反思

工作室建立以来，成员们在实践中不断反思，不断总结，取得了丰硕的成果，同时也发现了一些有待加强和提升的地方。一是工作室需要投入更多资金建设研究、交流平台，尤其是网络平台建设。二是通过官方的渠道，促成与发达省市名师工作室的交流。三是延长研修时间至 5 年，3 年时间很难出高水平、高质量的成果。

张白峡名师鼎兴工作室

研究新时代教育，聚焦现代化课堂

张白峡名师鼎兴工作室是由四川省教育科学研究院高中地理教研员张白峡（正高职称，省中学特级教师，省学术和技术带头人，享受国务院政府特殊津贴专家，基础教育地理教学指导委员会委员等）领衔，由来自成都、德阳、绵阳、广元、乐山、宜宾、泸州等 7 个市（州）的 11 名高中地理骨干教师（教研员）组成的高中地理学科共同体。工作室以"研究新时代教育，聚焦现代化课堂"为理念，以将工作室建设成为"名师摇篮、教学基地、研究平台、

辐射中心"为目标，努力将工作室人员培育成活力课堂的引领者、教育科研的领跑者、教学质量的促进者。

一、工作室的制度建设

为了确保工作室目标的达成，增强工作效益，工作室建设初期即制定了工作室会议制度、学习制度、工作制度、考核制度和档案管理制度，具体内容如下。

1. 会议制度

（1）每学期召开一次工作室计划会议，讨论本学期"工作计划"，确定

工作室成员的阶段工作目标、工作室的教育科研课题及专题讲座内容。

（2）每学期召开一次"工作室"总结会议，安排本学期需展示的成果内容及形式，分享成功的经验、探讨存在的问题。

（3）根据工作室计划，每学期至少安排两次阶段性工作情况汇报会议，督促检查工作计划的实施情况，研究解决实施过程中的问题。

2. 学习制度

学习活动以自主选择和计划安排、分散研学和集中交流相结合的方式开展。

（1）工作室拟定年度学习专题，每学期安排不少于2次的学习交流活动，邀请相关领域的专家作学习辅导不少于1次。

（2）工作室成员制订年度自我学习计划，明确学习内容、学习目标。

（3）工作室组织一定范围内的年度学术会议，工作室成员将学习成果以恰当的方式进行交流。

3. 工作制度

（1）名师工作室领衔人与工作室每个成员签订"名师工作室成员工作协议书"，在完成工作室研究项目和个人专业化成长方面制订周期发展目标，规定双方职责、权利及评价办法。

（2）工作室领衔人为工作室成员制订具体进步计划，安排培训过程。

（3）工作室成员须参加工作室布置的带、教培训工作，完成工作室的学习、研究任务，并有相应的成果，努力实现培养计划所确定的目标。

（4）工作室成员积极参加各级各类教学研讨活动，建立定期"主题"研讨制度。由工作室负责人根据研究方向确定主题，定期集体研究。

4. 考核制度

（1）工作室接受四川省教师培训项目办公室的过程性督查、过程性绩效评价和终结性绩效评价。

（2）工作室成员进行年度考核，由领衔人负责。主要从思想品德、理论提高、管理能力、教育教学能力、研究能力、技能水平等方面考察是否达到培养目标，考核不合格者调整出名师工作室。同时，按有关程序吸收符合条件、有发展潜力的新成员进入工作室。

5. 档案管理制度

（1）建立工作室档案制度，确定专人负责，领衔人兼管。

（2）工作室成员的计划、总结、听课、评课记录、公开课、展示课、教案等材料及时收集、归档、存档，为个人的成长和工作室的发展提供依据。

二、工作室的研修模式及研修活动

（一）课题研究，以研促教内涵发展

2019年10月，工作室申报立项四川省名师、名校长工作室专项重点课题"基于学科核心素养的高中地理问题式教学法及其应用研究"。工作室以该课题研究为重要抓手，设计了10个子课题，工作室成员每人领研一个子课题，以此引领工作室成员提升教育教学理论水平，关注课程改革的深化发展，聚焦学科教学实践研究。围绕课题研究，工作室拟定研究工作任务、制订研究工作计划、开展阶段性研究活动，以此促进课题研究工作的推进，提升工作室成员的教育科研能力，带动学科教师研究学习，营造学科教学研究氛围。

（二）高端引领，关注学科前沿研究

工作室成员是四川省高中地理教育的骨干，是引领学科建设的重要力量。为了让成员具备先进的教育思想、了解学科前沿研究动态、掌握课程改革发展方向，工作室重视高端引领。工作室先后邀请国家地理课标组成员、北京师范大学王民教授、华东师范大学段玉山教授来川讲学，指导地理学科核心素养教学、解读地理课程理念、传授先进教学思想，使工作室成员拓宽了学术视野，提升了对课程改革深化的认识，增强了引领学科教学改革的能力。

（三）彰显先进，发挥示范引领作用

省级名师工作室是政府和教育行政部门开展学科教师培训提升、实施教育帮扶工作的可以利用的重要优质资源。因此，开展教育帮扶、送教下乡始终是工作室工作的重要内容，纳入工作室的年度工作计划。工作室先后前往凉山彝族自治州、广安市、眉山市开展高中地理教师培训工作，前往木里县、盐源县、昭觉县、德昌县、高县等教育薄弱地区进行教育帮扶活动。工作室成员、

指导的青年教师，通过上现场观摩课、做教学指导讲座。与当地教师座谈交流、深入课堂听评课等方式，培训和指导教师1500余人次。

通过相关工作，工作室为四川省高中地理教育教学质量的提升和教师队伍的建设发挥了积极作用，同时，工作室成员的教育思想也得以充实，学科教育教学技能得到进一步提升。

（三）整合力量，带动学科教学研究

作为省级名师工作室，具有引领、带动学科教学研究的责任。因此，工作室在重视自身建设、充分履行社会担当的同时，还注意加强与教研机构、其他名师工作室以及社会学术团体的横向联系。通过加强学术活动交流，共同探讨教学实践问题，以此整合学科教学研究力量，正确发挥引领、带动作用，合力推进区域学科教学的发展。工作室分别与四川省教科院、绵阳市教科所等开展了联合教学研究活动。在相关研究活动中，工作室成员以发表研究观点、做学术报告、现场授课示范、听评课指导等方式，取得了良好的效果。

三、工作室的成效成果

工作室成员在研修期间，努力学习、勤奋工作、无私奉献，取得了优异的工作业绩，赢得了社会认可，获得了荣誉。

在地理学习中开展地理实践活动，可极大地激发学生的学习兴趣，有助于学会正确处理个体与自然、个体与社会、个体与他人的关系；能满足学生探索自然奥秘、认识社会生活环境、掌握现代地理科学技术方法等需要。为了引导中学地理实践活动的正确实施，工作室组织撰写了《中学地理实践活动教程》一书。全书约30万字，由四川大学出版社出版。本书的编写旨在从理论阐释、实践指导两个维度，构建中学地理实践活动教学指导体系，以帮助中学地理教师正确认识地理实践活动教学在地理课程教学中的地位和作用，提升中学地理教师的教学能力，促进中学地理课程教育教学目标的全面落实。

四、工作室建设的问题与反思

四川省首批省级名师工作室在工作室建设方面经验不足，省内无可供学习、借鉴的工作室建设模式。加之在该批成立的工作室中，地理学科工作室仅此一个，缺少相互交流、合作研究、并肩同行的同伴。因此，工作室在近三年的建设中，摸索前行，尽管取得了一些成绩，但总体来看，工作室的建设机制还不够完善，研究工作的视野还不够开阔，研究、解决实际问题的能力还不高；工作周期内的工作目标、任务成体系化建构的线索还不够清晰，完成工作目标、任务的保障条件还有待加强。今后，工作室应进一步强化理论学习的高度、教育研究的深度、关注实践问题的广度。相关方面应重视对四川省名师工作室建设经验的凝练，进一步加强对工作室建设的技术指导，使工作室能在自身耕耘、社会关怀中建设、发展。

何云竹名园长鼎兴工作室

努力做更好的自己

何云竹名园长鼎兴工作室是由四川省绵阳市花园实验幼儿园园长何云竹（正高职称，省特级教师、省三八红旗手、省中小学名校长、全国教育改革创新杰出校长、全国普通高等学校师范类专业认证专家）领衔，由来自全省11个市（州）的13名幼儿园园长组成，每名成员带动各区域5~8名青年成员，形成"1+13+13×N"的人员结构，共有各级成员88名。

工作室以凝练现代教育思想、提升办学品质为主旨，旨在建立集"培养培训、理论研究、实践探索、成果推广"为一体的园长发展共同体，培养"科研型、教学型、管理型"三位一体的优秀职业园长，实现"培养一个，带动一批，辐射一片"的目标，为四川学前教育规范、持续、高品质发展尽一份力量。

一、工作室定位及价值追求

（一）发展定位

把工作室建成解决重难点问题的"策划区"，深化教育改革的"试验田"，提升园长研修的"实践地"，培养青年园长的"成长园"，凝练教育成果的"孵化园"。

（二）工作目标

（1）探索名园长工作室建设的主要途径，为四川名师、名校长鼎兴工作室建设提供实践经验与方案。

（2）提升园长科研、教学、管理能力，形成"三位一体"职业园长成长指南。

（3）聚焦新时代名园长成长的核心素养，探寻名园长成长的一般规律、名园长成长与学校高品质发展的关系。

（三）发展理念

协同创新，开放共长。

（四）价值追求

做有温度的园长，关爱教师和儿童；做有宽度的园长，尊重教师和儿童；做有深度的园长，引领教师和儿童；做高品质的园长，成就教师和儿童。

（五）行动方案

第一年，从0到1，发挥"1"的示范作用，组建团队，开展活动；第二年，从1到n，发挥"n"的能动作用，积极跟随，自主创新；第三年，从n到1，发挥每个"1"的核心作用，高位引领，解决问题，办好每一所幼儿园，形成"各美其美、美美与共"的发展新格局，让每一个孩子都能享受家门口最优质的学前教育。

二、工作室建设规划与运作机制

（一）建章立制，为发展护航

1. 制订管理办法

基于团队健康发展的思路，共同制定《四川省何云竹名园长鼎兴工作室建设管理办法》。

2. 完善考核细则

制定《四川省何云竹名园长鼎兴工作室成员考核细则》，分三级指标：一级指标 5 项（制度建设、培养培训、项目任务、项目效益、加分项目）、二级指标 21 项、三级指标 25 项。总分 100 分，加分项目 25 分。分别以学年度或 3 年周期进行考核，定期举办成员阶段工作展示。

3. 加强过程管理

根据考核细则内容，编印《成员手册》，每位成员每年填写一本；每年度制订《工作菜单》作为工作室活动指南；定期举办成员阶段工作展示和学术论坛，规范档案管理。

（二）架构组织，让管理顺畅

1. 组建班委

根据成员性格、专长委任不同职务，明确职责分工，共同分担工作室工作。

2. 划区联动

按成员所在区域划为攀西、川南、成都、绵阳 4 个片区研修小组，加强片区互动。

3. 带动助理

成立领衔人助理团队、成员助理团队，负责工作室建设和日常管理，做好教师队伍后备人才培养。

4. 组织结构

建立领衔人、成员、青年成员和助理四级管理体系，领衔人牵头，成员共进，青年成员跟随，形成人人有事做、齐抓共管的工作格局。

（三）建设阵地，搭互动平台

1. 筑牢研修阵地

"软""硬"兼顾，一方面，在绵阳市花园实验幼儿园选定 4 个区域，打造集阅读、讨论、沙龙、学术、办公为一体的研修阵地；另一方面，探索"温暖、民主、进取"的团队研修氛围，不断提升工作室研修场所的品质，保障研修的深度与温度。

2. 建好线上平台

一是创建工作室微信公众号，发布资讯与活动报道，扩大工作室影响辐射范围；二是加强四川省名师、名校长鼎兴工作室网站建设，积极上传教育资源。

（四）理念引领，谋共同发展

1. 文化理念

凝练工作室理念：协同创新、开放共长。意在志同道合，携手创新，在开放、互助中共同学习与发展。

全人　每位成员园长知道自己的定位、教育职责与情怀

五项修炼　做好愿景、信念、心智、学术、情感的修炼

协同创新开放共长

全纳　每一个成员园长不掉队，在优秀中更优秀

三大能力　努力提升领导力、凝聚力、发展力

工作室理念释义图

2. 设计 Logo

历经 60 余稿，自主设计了工作室 Logo 标识。

三、工作室研修模式与活动开展

（一）立足专业提升，以学术研讨作为支架

1. 聚焦热点，开展学术论坛活动

整合多方优质资源，围绕新冠肺炎疫情下的科学保教、幼儿园课程、名园长核心素养、高品质幼儿园建设等专业热点、难点话题，举办专题研讨与论坛交流，将工作室建设为全省幼教同仁、名园长学习、研究、交流、展示的平台。

2. 强化互动，开展省际学术交流

与教育部幼儿园园长培训中心优研班成员、外省名师、名校长工作室等建立互动研修机制，成立"省际名园联盟"，多方联动，多边交流，多元互动，共享优秀资源、共研教育问题、共建实践经验。

3. 满足内需，开展工作室研修沙龙

立足工作室园长专业发展需求和年度工作菜单，聚焦读书交流、主题沙龙、园际互动、培训反思等，采取诊断指导、跟岗研修、网络研修等形式，定期开展工作室讨论交流。

2019年1月至2022年5月，工作室共开展学术活动40余次，进行省际交流10余次，辐射全国各地10余万名园长、教师。

（二）做实专项课题，以研究作为研修主线

1. 扎实推进工作室专项课题研究

开展专项课题"新时代名园长核心素养的实践研究"，基于"1+13"成员撰写的个人成长故事，提炼关键词编制"幼儿园园长核心素养调查问卷"。通过2次问卷调查，分析、提炼新时代名园长的成长路径和关键要素，构建新时代名优园长的核心素养框架，为园长们追求专业、追求卓越提供了参考。

2. 有序开展各成员单位研究项目

鼓励全员结合园本特色与实际，积极开展教育教改研究，主动将各自的立项、在研课题纳入工作室研修活动，将结题成果拿出来分享交流。工作室成立至2021年，领衔人和13名一级成员主持、主研课题共31项。

（三）追求均衡发展，以支教帮扶作为助推器

1. 做实教育帮扶

情系"三区"和农村学前教育，主动承担示范帮扶任务，积极扩大教育对外开放；坚持开展送教下县、送课到园、外出送培等活动，在手把手带教指导中携手共进、抱团发展。其间共开展送教帮扶活动38次，覆盖凉山、阿坝、攀枝花、宜宾、绵阳等11个市（州）的102个乡镇200余所幼儿园。

2. 做好领办幼儿园工作

工作室建设期间，"1+13"名成员负责新建、改建、领办了 39 所幼儿园，主动积极探寻"名园＋新园""老园带新园"等办学模式，开展集团化办学经验交流会等，携手共进，满足老百姓对优质学前教育的期待，助力所在区域学前教育质量的优质均衡发展，努力在当地形成学前优质教育品牌。

3. 做深成员单位的传帮带

推行"领衔人＋成员""领衔人＋青年成员""成员＋青年成员"的三种指导范式。通过主题化、系列化的诊断方式，围绕凝练办学理念、游戏环境创设、课程建设等主题，深化对下级成员单位的指导，带领它们进一步实施科学保教，凝练办园思想与理念，深化课程建构与实施，加强教师队伍建设，实现了办园质量的普遍提升。

（四）注重多元研修，以常态教研催生实践范例

1. 线上教研

充分运用互联网低成本、高效的平台，每月围绕读书交流、主题沙龙等定期召开线上教研活动，借助钉钉、腾讯会议、CCtalk 等办公软件，打破时间与空间的限制开展实效研修，让网络环境下的研修活动成为新常态。

2. 研学活动

根据需求组织成员到教育发达地区开展研学活动。2019 年，赴上海开展研学，探访上海名园，深度了解各园办园理念、特色教育、课程建设、一日保教等工作；2021 年，紧扣建党 100 周年重大主线，到延安开展党史教育活动。

3. 入室跟岗

形成"共研互学"的园际研修机制，每年度，工作室成员、助理到领衔人单位开展为期一周的跟岗研修等，开展互动研讨。

4. 资源建设

以建好"专递课堂""名园网络课堂"两个课堂为载体，积极开发课程资源，充分运用网络媒体，探索教学与信息技术的深度融合。录制优秀课例、

讲座近40个,供全省园长、教师网络研习;疫情期间录制网络微课资源124个,编制了《居家育儿手册》。

（五）加强成果凝练，以项目任务作为孵化器

1. 研制编写保育实操手册

带动成员单位一起编写《保育操作实用手册》。手册共有"入园、洗手、饮水、进餐、如厕、午休、离园"7个章节，每章由"培养目标与建议、保育操作要点与流程、典型问题与策略"3个模块组成。通过简洁明了的文字、鲜明形象的图片、卡通可爱的手绘插图、直观可操作的案例，为幼儿园规范保教行为、提升保育质量提供实践范例，并无偿捐赠给凉山彝族自治州普格县等偏远民族地区作为培训教材。

2. 编撰园长成长故事专著

以工作室专项课题研究为基础，搜集工作室41位园长的个人成长故事，编撰《名园长的修炼之路》，回应《幼儿园园长专业标准》的要求，揭示新时代名园长的成长规律与培养路径。专著分为成长篇、保教篇、管理篇，经过10余次改稿研讨、5次统稿审稿，于2021年9月出版。

3. 参与省级重大课题研究

领衔人与成员邹晓敏、刁玲3个研修团队，分别承担四川省教育科学研究院"高品质学校的实践与探索"子课题项目，研究成果收入《高品质学校建设·幼儿园卷》《高品质学校建设实践之行》。其中《高品质学校建设·幼儿园卷》被评为"2020年四川十大好书"。

四、工作室建设与发展成效

（一）发展每一个成员

1. 政治理念素养得以提升

倡导学习常态化，学习党和国家有关教育的方针精神，学习省、市相关政策，加强园长的政治素养修炼，提升园长解读政策的能力，工作态度和作风发生了明显的变化。

2. 教研科研素养得以夯实

多数园长的学术意识、知识、能力得到提升,成为幼儿园教研科研的"第一人"。多数成员单位建立起教研科研的组织生态:研究选题指向"真"问题;研究策略指向"实";研究保障指向"好";研究成果指向"新"。

3. 信息技术素养得以历练

通过 3 年的努力,让每一位园长树立信息化观念,重视信息化建设、掌握一定的信息知识。其间,学会了 7 个视频会议软件的操作,熟练了 7 项办公技术,剪辑制作课程资源 200 余个,线上讲座与交流实现全员全覆盖。

(二)带动每一所幼儿园

1. 办园理念与文化得以进一步升华

"1+13 名"成员依托教育教学实践,撰写了约 10 万字的《办学思想与实践报告》。在此过程中深入反思、完善办园思想与理念。

2. 保教工作更加规范、科学、精细

一方面,在新冠肺炎疫情期间,88 名园长带领幼儿园科学防疫,化"疫"情为"育"情,保证了幼儿园的顺利复学及安全稳定的教学秩序;另一方面,受疫情启发,更加注重幼儿健康养成教育,提升了各园保育工作档次,守护了幼儿的健康成长。

3. 课程建设更加因地制宜、接地气

每个成员单位遵循"以游戏为基本活动"的思想,结合本土、园本特色对幼儿园课程实施进行深度研讨,形成因地制宜的园本课程。

4. 队伍素养能力整体水平不断攀升

各成员单位建立了囊括幼儿园所有岗位的队伍发展体系,聚焦岗位职责实施分层分类、量身定制的学习培训,提升了全员专业素养,促进了各园办学质量的提升。

(三)塑造一个品牌

3 年来,工作室实现了从单打独斗到抱团发展,从基本合格到品质发展,从点滴成绩到硕果累累,逐步形成了四川名园长工作室品牌。

1. **品牌形象——成为四川名园长工作室的代表之一**

致力于探索园长队伍的培养路径，通过指导示范以及不断推陈出新的成果推广，让工作室的活动辐射了全省的各个市（州）。

2. **品牌力量——汇聚各区域学前教育的中坚**

工作室各级成员成为区域骨干园长，为当地学前教育起到引领作用。很多区域以其为核心，扩大优质教育品牌辐射范围，推进集团化，推动了所在区域学前教育均衡发展。

3. **品牌发展——以"工匠精神"久久为功**

每个成员将"全人""全纳"根植于心，立志以"工匠精神"久久为功，做实教育实践、做深队伍建设，不断努力让四川名园长工作室建设经验普及全国。

五、工作室的问题与反思

（一）创新经验，推动工作室向纵深发展

在全面总结经验的基础上，推动和创新名园长鼎兴工作室"后时代"的建设，担好工作室的责任与使命，讲好四川幼教故事，为不断提升四川学前教育质量贡献力量。

（二）整体改革，全面提升幼儿园的育人质量

以制订和实施"十四五"发展规划为契机，把新时代国家教育决策部署和育人理念落实到具体的办学实践中，不断推进每一所幼儿园的教育教学改革，提升保教工作质量和育人效果。

（三）建好队伍，为学前教育高质量发展提供基础保障

加强党建工作，注重师德师风培训；加强专业修炼，以专业标准为底线，提升素质能力；建好立体多元的共研平台，加强工作室内部以及与其他不同地域同行的深度交流，共谋发展。

李佳名园长鼎兴工作室

点亮儿童的眼睛

李佳名园长鼎兴工作室是由四川省遂宁市蓬溪县广福幼儿园园长李佳（正高职称，省特级教师、省名园长、教育部领航名园长）领衔，由来自全省 11 名幼儿园园长及学员组成的学术共同体。工作室以"点亮儿童的眼睛"为教育主张，以"思想纯净之境、心灵纯粹之境、学术干净之境"为教育价值追求，3 年来，工作室取得累累硕果，产生广泛社会影响。

一、工作室的定位和建设目标

工作室定位：培养一批具有鲜明教育思想和教学模式、引领当地学前教育高质量发展的园长。重点培育具有游戏化领导力、非线性思维力、情境性创造力和演说性表达力的"四力"园长。

工作室建设目标：恢宏生命境界，拓展学术视野，提升教育智慧，增强透视能力，纵深问题深度，追求有效互动。

二、工作室建设规划，运作机制

1. 指导思想

以"恢宏生命境界，拓展学术视野，提升教育智慧，增强透视能力，纵深问题深度，追求有效互动"为建设目标，通过亲历实践进行专业认知的自我建构，实现自我认同与自身完整。

2. 工作思路

资源共享、智慧共融、提升自我、培养骨干、形成特色、带动区域。

3. 工作目标

积极探索园长培养的有效方法和途径，努力使工作室能真正成为研究的平台、成长的阶梯、辐射的中心。

4. 内容方式

课题研究：价值——助力领导力、专业能力的提升。

高端引领：价值——确保专业处于高端水平。

视野拓展——走进名园：价值——拓宽眼界，丰富经验，提升思考力。

视野拓展——国外游学：价值——眼界决定境界，视界开创世界，拓宽眼界，增强思辨力。

交流互鉴：价值——因交流而多彩，因互鉴而丰富。

线上研讨：价值——打破时空框架，提升自身思想水平与行动能力的同时，形成了丰富生动的教育故事与教学案例。

凝练思想：价值——寻找教育的逻辑起点。

支教帮扶：价值——培育教育情怀，促进园所专业发展和教师素养提升。

三、工作室研修模式及研修活动

1. 研修模式：内生性合作研修模式

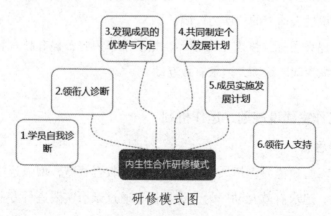

研修模式图

2. 常态研修活动

以"课题研究、课程学习、考察观摩、实践研修、支教帮扶、高端引领、资源开发、思想凝练"等途径展开。每年都以表格的形式安排对应的活动，具体到完成人、完成时间等。工作室立足于实践研修，组织成员走进园所、教育场景，通过对真实案例的剖析，在具体的教育形态中提升专业判断力。

3. 创新的研修活动

工作室以三年为期。采用游戏化思维把过程游戏化，把结果意义化，把游戏中那些有趣、吸引人的元素巧妙地运用于工作中，让工作变得有趣、动态、有意义。

第一，采用核心驱动力一：史诗意义与使命感。让成员认为自己在从事比事情本身更伟大的事情，做一回这伟大事业的主角，为伟大的意义而绽放自己的光彩，从而受到激励。

第二，运用经济学的资源融通：在这个团队里，每个人所拥有的资源不同，能力、技能不同。在共同的价值观的基础上，将分散的资源融通在一起。

第三，命题拆解。制订有创意的命题拆解方案，一定要有明确的刺激点和起点，这样才能让项目呈现出完整的、有价值的故事脉落。尽量让每个人都领衔一个项目，各自肩负使命感，同时每个人又都是他人项目的参与者。

第四，带着共同的信念走向外部。工作室被多次邀请为区域学前教育举办讲座和问诊。在这个过程中，成员收获了新的认知。

四、工作室的问题与反思

第一，时间短。工作室领衔人和成员的成长变化以及品牌只有在一定时限内才能见成效，三年的时间有些短，不利于打造工作室的品牌。

第二，缺乏专家支持。每个工作室应有指定的专家全程参与，对这样的专家是否应从省级层面给予各方面的支持。

第三，平台不够。应为领衔人和成员搭建有影响力的学术交流平台，以促进他们的专业发展。

第四，课程缺乏。缺乏对领衔人成长的具体的课程体系。

第五，推广难。应在不同媒体开设专栏供工作室进行成果展示。

王仕斌名校长鼎兴工作室

共研·共行·共成长

王仕斌名校长鼎兴工作室是由四川省达州市通川区第七小学校长、党总支书记王仕斌（省特级教师、省学术和技术带头人、省名校长、享受国务院政府特殊津贴专家、全国未成年人思想道德建设先进个人）领衔，由来自成都、遂宁、南充、广元、巴中和达州等6个市（州）的小学校长15人及相应学员76人组成的小学校长学术共同体。工作室始终以构建"凝练现代教育思想、提升办学品质"为主旨，以校长的办学思想、特色文化设计、核心课程体系建设为重点，积极探索校长成长及学校发展的途径与方法，开展教育办学研究、培养中青年校长，发挥示范辐射作用，为教育发展建言献策。

一、工作室定位及价值追求

（一）工作室定位

本工作室以集培养培训、理论研究、实践探索和成果推广等功能于一体的校长发展共同体为总目标，充分发挥名校长的示范、引领和辐射作用。

（二）建设目标

通过深入成员校专题调研、实地考察、交流研讨、综合分析的工作方式，全方位了解各校办学理念、发展方向、基本校情、强校手段、管理模式、发展瓶颈。对工作室成员所在校进行个案诊断、分析、评估和交流，总结提炼包括各成员校在内的特色办学经验、形成理论，并在一定区域示范推广，有力助推成员校的品质发展。

（三）价值追求

互相学习、资源共享、取长补短、共同发展。

（四）核心主张

提升校长领导力，科学引领学校发展。

（五）研修模式

集体研讨、考察培训、观摩交流、自主研修、示范指导。

二、工作室建设规划及运作机制

根据工作室研修校长的特长和所在校的特点，为切实发挥工作室的示范、引领和辐射作用，实现提升校长领导力、科学引领学校发展目标。

（一）主要工作举措

1. 确定工作计划

组织工作室成员讨论确定本工作室总体工作规划、目标及年度工作计划，做好工作室成员的任务分工安排，对工作室主要任务、重点项目、具体工作进行初步安排。

2. 确定主研课题

工作室以"新时代学校校长领导力提升实践研究"为主课题，以集体理论学习研讨、边实践、边研究、边提高的方式进行课题研究，定期发布收集的研究资料，每学期组织一次专题研讨会。各成员以读书笔记、研究心得、论文的形式呈现研究成果。

3. 校际交流研讨

广泛开展成员校之间的互动交流。校长：特色办学、学校文化、学校管理理论与实践的研讨。教师：校际听课、评课活动，提升教育质量。

4. 开展巡校诊查

以"提升文化品位，促进特色发展"为主题，组织工作室成员深入成员校，通过专题调研、实地考察、交流研讨、综合分析的方式，全方位了解各校办学理念、发展方向、基本校情、强校手段、管理模式、发展瓶颈，对工作室成员所在学校进行个案诊断、分析、评估和交流。成员校根据诊断分析和评估意见，对各自学校的实践研究方案进行修正和完善。

5. 搭建合作联动平台

强化各学校之间的交流与合作，创建工作室网站，建立工作室成员的微信群、信息库。特别是类型相似、条件相近的学校相互结成友好学校，在办学经验、教学教研、特色办学、课题研究等方面进行深度合作、借鉴交流、互动共享。

6. 举办高峰论坛

邀请国内知名专家、省市区领导、市属及区属小学校长参加，工作室各成员就工作室研究课题、特色办学与学校发展、学校文化建设、校本课程及提升学生核心素养等向大会提交论文或报告。

7. 邀请专家指导

以工作室名义，邀请省内或国内知名教育专家举办讲座，指导工作室工作开展研修活动。

8. 外出学习考察

充分利用工作室成员的资源，组织工作室成员外出培训、学习观摩、考察名校，学习先进学校在特色办学、课程管理、核心素养提升等方面的成功经验。

9. 积极推广示范

借助四川文理学院、达州市教科所、通川区进修校的校长培训班平台，组织工作室成员开展专题讲座，借鉴工作室成员的办学实践成功经验，向区域内学校推广示范办学成效和经验。

（二）运作机制

（1）通过工作室集体会诊、交流和帮助提炼，各研修校长所在校制订具体思路和规划，基本形成各自办学特色，成就一批省市知名品牌学校。

（2）通过学习、考察、培训和取长补短，各校以边学习、边思考、边改进的方式，在学校的管理方法、课程方案设置、课堂教学模式等方面有新认识、新改革。

（3）针对小学生核心素养提升现状，经工作室成员集体研讨后，各校根据本校实际向所在市区教育部门提出切实可行的建议和改革策略。

（4）在研修期内，有1~3位研修校长成为省级或市级名校长。

（5）汇编1~2期工作室研修校长有关学校管理、教育教学科研的论文或课题报告。

三、工作室的研修模式

工作室采取集中研修与研修组自主研修的模式，通过"专家引领、培养对象研修、课题研究、实践考察、学术交流、总结提炼"的方式，提升校长的领导力，促进中青年校长形成自身的办学思想，学校办学水平和特色建设得到进一步提升并呈现良好的发展势头，在全省范围内产生较好的引领示范作用，彰显了高品质学校的办学特色。

（一）锤炼党性，重拾初心，提升校长品格力

工作室通过建临时支部，以党建为载体，提升校长思想道德修养，从"读书学习中提高自己，办学实践中改造自己，党内生活中锻炼自己"三个环节，在学习—实践—反思中不断提升思想道德境界，以此增强校长们的党性修养，提升校长们的品格力。

（二）文化寻根，凝练"校魂"，提升校长领导力

工作室首要任务就是帮助成员提升校长领导力，明晰各自学校的文化核心，了解学校的历史，挖掘学校的优秀文化传统，学习教育理论，认真思考办学思路和学校文化的建设，提出设想，和全校师生共同讨论，形成学校发

展的共同愿景。并据此确立"家国情怀、综合素养、实践能力、创新素质"的细化育人目标。然后精心谋划，共同努力，把理念化为现实，校长们进一步明晰了提升领导力的路径和方法。

（三）顶层设计，规划"全局"，提升校长思维力

学校高品质发展的顶层设计，必须基于对学校教育真谛的正确理解、对学校发展阶段的精准把握、对内外部优势的清晰了解和有效分析。

（四）课程建设，把牢"主脉"，提升校长创造力

工作室从引导学校整体规划课程入手，"从学生的视角，以学生的真实感受为依据看待课程学习；从学校的角度，以课程标准为依据审视课程实施；从育人的高度，以课程实施为依据进行科学架构"。指导成员学校和教师通过选择、改编、整合、补充、拓展等方式，对国家课程和地方课程校本化，使之更符合学生、学校的特点和需要。各成员学校依据学生兴趣、选拔需求及学校教师的课程开发与建设的实践能力，开设课程超市，构建适合学生个性发展的特色课程体系，架构了高品质学校的特色育人体系。

（五）课堂变革，夯实"根本"，提升校长行动力

"教育改革的核心在于课程改革，课程改革的核心在于课堂改革，课堂改革的核心在于教师的专业发展，教师的专业发展在于校长的行动力。"为此，工作室提供专家和团队智慧，助力成员校尽力将资源汇聚于教师队伍的打造上，将关注点放在课堂上，以打造高效课堂为突破口，提高教育教学质量。

（六）课题研究，锤炼"内功"，提升校长研究力

课题引领明思路，苦练内功谋发展。工作室确定"基于新时代背景下校长领导力提升的实践研究"总课题以来，在各课题组的努力下，各研修组通过召开多次子课题研究工作会，稳步开展理论和实践研究，提炼思想成果。通过研究，内修外助，提升校长研究力，引领学校高质量建设。

为充分发挥四川省名师、名校长鼎兴工作室的示范引领作用，工作室积极开展结对帮扶活动。领衔人和资深成员校长都与多位青年成员校长结对互

助帮扶。各研修组举行"校长沙龙"，开展"区际交流夯实三名工程，专家引领助推学校发展""学校特色发展路径探索"等主题研讨活动。

四、工作室成绩成效

两年多以来，工作室各位成员在领衔人王仕斌的带领下，通过不断学习研究并积极参与工作室的各项研修活动，校长领导力有了较大提升，基本实现了工作室制订的"将工作室打造成集现代教育思想观念和管理理论知识于一体的学习型组织"的预期目标。各成员学校也按照工作室年度规划，结合本校实际，开拓进取，奋力拼搏，在教育管理、教学教研等方面充分发挥了示范引领与辐射带动作用。

领衔人王仕斌率领工作室成员承办中小学教师省级高端研修培训 13 次，专题研修活动 112 次，基层学校培训讲座 50 余次，区域中小学教师、家长及学生培训讲座 180 余次，受众达 1 万余人。各成员积极开展课题研究，主研的课题达 100 余项。其中，国家级 2 项、省级 35 项，获得省、市级奖项 100 余项；撰写成长故事、论文和经验文章 200 余篇；各成员获得国家、省级表彰达 45 人次。同时，《教育导报》、今日头条、四川在线、中国教育新闻网、《中国教师报》等媒体对工作室特色活动活动进行了详细报道。

谢建明名校长鼎兴工作室

不忘初心，办家门口的好学校

谢建明名校长鼎兴工作室是由四川省雅安市雨城四小教育集团总校长谢建明（省中小学名校长、省特级教师）领衔，由来自雅安、凉山、乐山、甘孜4个市（州）的川西片区的校长组成的核心团队，以"1+10+10X"的衍生模式，紧

紧围绕"不忘初心，办家门口好学校"的宗旨，以课题研究为载体，通过成员学校系统地对特色学校创建进行实践研究，利用"富文书院"——共品书香、校长论坛——群智共享、专家指导——学习提升等形式，聚焦课题，有目的、有计划地开展系列活动。3年间，成员学校成为当地老百姓信赖的家门口好学校，成员成长为所在地区优秀校长，得到了教育部门的肯定，挑起了集团化办学的重任，真正实现了成员、成员学校、广大同道的共同成长。

一、工作室定位和建设目标

工作室的建成是以搭建一批优秀的校长团队平台，充分发挥辐射、引领和示范作用，以名校长带出名校长，提升校长的教育理论素养和学校领导管理能力，凝练教育思想，促进协同创新，打造集理论研究、实践探索和培养培训于一体的校长发展共同体；以建成"主动担当，真诚相待，团结务实，

求真创新，有所作为"的工作室为目标，形成一支胸怀教育理想、具有先进的办学理念、较强的研究和管理能力、鲜明办学风格的优秀中小学校长团队；使名校长工作室成为专业成长的加油站，成为名校长的孵化器。

工作室的建设与运作始终以"不忘初心，办家门口的好学校"为核心主张。依托工作室，以核心团队为纽带，抱团成长，构建以线串点、以点带面的教育命运共同体，从而辐射、引领、带动川西地区基础教育良好发展。

二、工作室建设规划和运作机制

（一）工作室建设规划

教育的智慧主要从学习积累、实践研究、交流分享、写作凝练中获取。工作室始终基于学校实际和学校历史文化出发，开展学校管理、发展路径的实践研究，提升校长办学能力，把先进的、适宜的教育理念，落实到教育教学的实践中，落实到每堂课、每个学校活动中，落实到每一件校园里的小事中去，进而真正办好家门口的学校。所以工作室以"基于本土文化，创建家门口特色学校的实践研究"为课题，主要从以下几个方面开展工作规划。

1. 学习积累

主要分为集中培训和自主学习。

集中培训：集中在一个地点（北师大、成都）持续一段时间的培训学习，主要围绕校长专业能力提升等进行系统培训。

自主学习：重读中小学校长专业标准系列丛书，聚焦课题研究互荐好书，按照年度读书计划持之以恒地读书，并定期开展读后分享交流活动，开展校长自我学习成长之路。

2. 实践研究

基于学校实际，从"校长的价值是什么""好学校怎样来""好学校的内涵是什么""办好学校的路径和方法是什么"等问题出发，引导校长开展实践研究活动。如入校指导、校长论坛、问题探讨等活动。以实践研究带动校长专业发展。

3. 交流分享

定期组织线上线下交流，交换学习成果，分享办学经验，探讨办好学校的方法和路径。

4. 写作凝练

围绕以上工作和课题研究，开展论文评选、课题总结、校长专业领域的案例和教育案例的征集活动，以工作室动态月刊等形式呈现。

（二）工作室运作机制

工作室以建成学习发展共同体为基本单位，实行扁平化管理，全员主动承担、分工协作、及时反馈、不断优化、明确职责。在运行保障上，工作室从学习交流、研修培训、考核评价、经费保障四个方面制订了相应的规章制度以确保工作室的良性运行。

学习分享制度：主要搭建了"书香工作室——富文书院"平台，围绕课题研究、学校发展，成员互荐书目，以"自主学习＋团队研讨"的形式，定期开展"以文为富，以文会友"主题读书活动。

研修培训制度：全面推进"基于本土文化创建'家门口'特色学校的实践研究"课题，根据成员需求，以"走出去、请进来"相结合的方式，制订每月一探讨、每期一论坛、每年一研修的制度模式。

考核评价制度：主要运用"积分制"，实行动态管理。以各类活动参加情况、学习情况、培训情况、重要成果凝练情况等方面积分，按 30% 评出优秀成员和优秀青年学员。同时对参加活动比例不过半、不求上进、不主动学习、不参与课程研究工作任务者进行劝退。

三、工作室的研修模式

"实践是检验真理的唯一标准"，工作室校长需要在不断追问自己"校长的价值是什么""好学校怎样来""好学校的内涵是什么""办好学校的路径和方法是什么"这些问题的过程中，开展办好学校的实践研究。以"实践—反思—再实践—再反思"的形式，通过团队研修带动自主学习的模式，达到以个体学习促团队研修的目的，形成团队合力，提升团队力量，打造团队优势。从以下 6 个方面进行实践研修活动。

（一）书香工作室建设

工作室秉承"让读书成为一种生活方式"的学习理念，聚焦课题、聚焦特色学校建设，购买或线上阅读国内外出版的特色学校建设相关书籍，根据年度读书计划制订了相应的读书分享计划，并将校长们提交的读书心得汇编成"富文书院"成果集。工作室全体成员分工合作参与汇编，将读书、实践、反思形成的文字进行分享。经过三年的学习坚持，读书思考已经成为工作室成员的一种学习方式。

（二）专题学习

工作室通过"走出去，开阔视野，学习先进的办学思想；请进来，传经送宝，接受前沿的教育理念"的方法，围绕校长专业成长、课题研究、特色学校建设3个方面，为校长搭建了路径更广阔的学习成长平台。

工作室坚持集中研修、线上线下学习常态化，分别参加北师大、成都等地的研修培训，学习先进地区的办学经验；邀请教育专家为成员进行专业培训，让专家深入各学校，实地调研，共同"会诊"，为学校工作把脉，提供帮助；成员学校间互相学习借鉴，入校、研讨达20余次，开展了"好学校之好课堂""好学校之好老师"等系列活动。

（三）课题研究

工作室提出"基于本土文化，创建家门口特色学校的实践研究"课题，并成功申报省级课题。工作室就"本土文化是什么""家门口的概念""特色学校的内涵是什么"等问题，聚焦课题开展系列读书学习、问题探讨，组建专家团队进行入校指导等实践研究活动。成员群智共享，以课题研究带动个人发展和学校发展，将以研促思、以研促学、以研促改落到实处。

（四）脱贫攻坚

工作室成员大都来自四川西部经济欠发达地区，对教育领域如何更好地服务于脱贫攻坚的战略要求、在精准扶贫过程中名校长的作用如何发挥、学校的规划发展、教师的专业发展、课程建设、课堂教学改革等如何促进脱贫攻坚任务的完成这些问题进行了深入探讨。根据国家提出的"扶贫先扶智"的原则，工作室以成员学校为点，以送教入校、结对帮扶、研修培训、资助等方式，开展了脱贫攻坚工作。

工作室先后组织奔赴甘孜藏族自治州、凉山彝族自治州的乡镇送教活动6

次，送去优质示范课 12 节，培训讲座 5 场；为凉山彝族自治州布拖县拉达乡中心校制定了"阳光彝娃"扶智助学活动方案，资助金额达 26 万元。各成员在区域范围内积极开展了"控辍保学""入村帮扶""送教送培""结对帮扶""走村入户""捐资助学"等精准扶贫活动。

（五）辐射引领

工作室积极发挥"培养一个，带动一批，辐射一片"的作用。各成员在虚心学习、不断进步的同时，勇于承担区域内辐射引领示范的责任，帮助区域内薄弱学校发展，共同学习进步，促进教育均衡发展。三年建设期间，工作室的足迹延伸到省外。工作室成员开展入校指导、专题讲座、专题交流、送教等辐射引领活动 60 余次，辐射人数达 10 万余人次，成员也在其中得到了学习成长。

（六）反思探讨

倡导教育家办学是新时代教育的要求，培养教育家型校长是名校长工作室的目标，让"研究"成为一种工作方式是工作室一直追求的工作态度。立足工作中的实际问题，通过反复的研究、实践、反思、再研究、再实践、再反思，促进校长深度思考和反复研究的能力。如每月定期聚焦课题的问题进行探讨交流，并编进工作室动态月刊的问题探讨板块。

工作室成员在这些活动中，即是分享者又是学习者，每位成员都在团队影响下将学习作为一种生活方式。

四、工作室的成绩成效

1. 校长个人专业成长

各成员利用工作室搭建平台，积极参与工作室的各项活动，在个人成长方面取得了良好成效。以领衔人谢建明为代表的 3 名校长获"四川省中小学名校长"称号；杨开锦校长先后获"百千万康巴英才工程"优秀中端人才、"全国红军小学优秀校长"等称号；徐育刚校长顺利通过了"乐山市沙湾区教育人才特别岗位"评选；宋华校长进入全国"马云乡村校长"前 40 名，并参与入围前 20 名的答辩；董群武被评为"阿坝藏族羌族自治州第一届小学名校长"，并拟申报担任下一届名校长工作室领衔人；宋如伟和董群武入选为四川省首届卓越校长培训班成员；刘文桥、宋如伟在工作室建设期间，挑起了区域内胡长保小学教育集团、四川省名山中学教育集团办学的重任。其余成员均在自身的岗位上，提高了管理修养和能力，向着做教育家型校长努力奋进。

2. 学校发展

各成员校在工作室成员的互促互助下，立足课题研究，基于各校的基础与特色做强、做大、做特、做优了学校文化，开创了成员校之间"一校一品"的良好局面，把学校推向特色学校创建的快车道，学校获得区级以上荣誉120余项。工作室成员始终坚持的"不忘初心，办家门口的好学校"理念在学校所在地区也得到了社会认可，学校越办越好，纷纷成为当地具有代表性、示范性的窗口学校。

3. 教师成长

学校教师队伍是学校教育发展的核心竞争力，是提高学校教育质量的关键。工作室充分发挥名校长示范引领作用，推动学校教育教学健康发展，到各校开展了"好学校之好课堂""好学校之好老师"系列论坛研讨活动，为成员校带去了教师专业成长的策略和方法。

成员学校教师在校长的引领下迅速成长，实现了教育理念的转变和教学水平的提高。成员学校教学质量屡获一等奖、先进集体等荣誉；成员校教师获市级以上荣誉500余项。获奖数量和质量相比以前得到了很大提升，在所在地区名列前茅。

五、工作室的问题与反思

1. 交流辐射受限

工作室成员众多，在地域特色汇聚的基础上，地域、时间的限制也阻碍着工作室的沟通交流，造成沟通不畅和学习辐射引领效果不够理想的问题。通过总结经验，建议工作室组成人员不宜过多、地域分布不宜过广，建议人员以5~8人为宜；地域分布应相对集中，便于沟通交流。

2. 各工作室之间联动不足

工作室建设期间，受到新冠肺炎疫情影响，与省内其他名校长工作室联动机会较少。期望建立全国校长工作室间的联动机制，打开思路，拓宽视野，整合教育资源，促进全国校长工作室的系统建设与发展。

李维兵名校长鼎兴工作室

立教留痕

李维兵名校长鼎兴工作室是由四川省泸州师范附属小学城西学校校长、党支部书记李维兵（全国优秀教师、全国中小学领航名校长、省教书育人名师、四川省教学名师）领衔，由来自全省 6 个市（州）17 个核心成员的小学校长及对应青年校长学

员组成的小学校长学术共同体。工作室在三年周期内认真组织专题学习、专家讲座、管理探讨、入校指导、课题研究、课堂教研等活动，聚焦教育管理、五育并举、课程建设、课堂教学、评价改革、艺体推进、家校共育等专题，促进教育理论素养、管理素养和教育科研能力的进一步提升，做好示范引领，收到了较好的成果。

一、工作室定位及建设目标

一是引领本校高位求进。工作室主持人所在的泸州师范附属小学校作为区域窗口学校，积极推进高品质学校与集团化办学实践，学校教学品牌已发展为附小本部、城西学校、城南学校、习之学校、高新区学校等集团化学校。

二是走进学校助推发展。工作室主持人坚持邀请专家学者深入成员学校，如走进宜宾市叙州区柏溪小学校、凉山州西昌市第五小学校、宜宾市南溪区

前进小学校、乐山市嘉州学校等举行大型专题活动，帮助学校厘清办学理念，找准形成学校办学特色的切入点和发展方向。

三是借力专家顶天立地。邀请北京教育学院教授胡淑云、华东师大基教所教授李政涛、四川省教科院院长刘涛等全国知名的专家学者以及区域优秀的校长、教师开展专题讲座，到成员学校深入指导；成员学校间举办专题讨论，及时传递先进的管理理念，提升教育管理水平。

四是推进教育均衡发展。聚焦教育教学热点、难点问题，如立德树人、"五育"并举、高品质学校建设、研学旅行、课后服务、教育评价等，有序、有力推进，开展成果推广应用，推动区域教育高位发展。

二、工作室核心主张、价值追求与运作机制

校长工作室要努力建成校长互帮互学的学习型组织、校长治校经验交流的平台、校长合作研究的载体、校长教育思想和办学实践展示的窗口、基础教育改革的实验基地、校际深度合作的纽带、优秀校长的孵化器和成长的摇篮。

工作室有成员学校 17 所，涉及四川省凉山、攀枝花、内江、宜宾、乐山和泸州共 6 个市（州）。因地域分布较广，路途遥远，工作室活动开展采用"全员活动"与"片区活动"的方式，共编印工作室简报近 40 期。

3 年以来，工作室举办了"挂牌系列活动""办学理念梳理""高品质学校建设""大凉山支教""整本书阅读""数学文化""教师素养提升""专家进室"等近 20 次"全员活动"，惠及校长、教师数千人。泸州、宜宾、乐山、内江和攀凉片区共 5 个片区成员学校独立或联合开展了"五育融合""家校共育""劳动教育""留守儿童教育""校园文化建设""书香校园""乡村教育振兴""中华优秀文化传承""课后服务"等 40 余次"片区活动"，参与校长、教师 1 万余人次。

2020 年受新冠肺炎疫情影响，各成员学校按照教育行政部门"停课不停学"的要求，一边坚持疫情防护，一边坚持教育教学，按工作室年度工作计划，采取"线上活动"与"线下活动"的工作方式，开展了 10 余次活动，惠及校长、

教师 4000 余人次。

三、工作室的研修模式与研修活动

校长专业成长，需要从主体内生性养成和外塑性制度建设两方面着手。主体内生性养成主要是基于校长的自主学习及自我反思来培育校长的专业素质，外塑性制度建设主要是基于校长培训及评价体系的完善来实现。工作室采用导师引领、专家指导、个人读书等多种方式，切实撬动校长个人的内在生长动力，激发校长投身于教学变革的实践。除了校长个体积极深刻进行反思外，更需要加强同伴互助式互动环节及专家引领式指导，加速校长逼近教育真理、洞察教育真谛的步伐，从而进一步清晰自身独特的教育理念。

一是理论学习和名著品读。结合校长自身成长实际，有目的、有步骤、有计划地开展个人自学，包括经典理论著作、教育教学著作、经典管理著作、经典哲学著作以及人文社科类著作等。养成良好的学习习惯，更新自己的知识结构，扩宽自己的知识范围，提升自己的综合素质。

二是导师指导和同伴互助。全国大多数地区都在开展校长高端研修，在培养过程中，为校长成长选配学习的理论导师、实践导师，紧密围绕培训主题，通过导师的高端引领，校长学员间的同伴互助、互为师友，结合教育教学实践工作，努力提升自己。

三是影子跟岗和境外研学。开展校长高端研修班学员间的相互走访、观摩活动。到全国各类特色学校及境外相关学校考察，实地感受国内外知名学校的办学思想、办学理念、课程建设、校园文化等。让校长学员互帮互学，学习先进、反思改进，促进学校可持续发展。

四是诊断反馈和课题研究。开展理论导师和实践导师到校指导、学校管理案例研讨、在线研讨和经验交流等跟进研修活动，指导并解决校长办学实践中的突出问题。针对教育发展中的热难点、学校办学特色与优势等内容，开展校长各类专项课题研究，凝练研究成果，提高校长的理论素养与教育研究能力。

五是成果分享和能力提升。通过参观交流、活动宣传、出版文集、专题讲座、办学思想研讨等多种活动形式，促进校长对自己办学思想的反思与提炼，对校长及所在学校办学成果进行展示和分享，在更大范围内推广经验，促进资源共享，扩大示范引领作用。

六是自我发展和团队共进。校长的首要任务是促进自我发展，他们应该在教育行政部门的支持下，建立名校长工作室、校长专业成长共同体。吸收优秀的中青年校长加入工作室，开展团队合作学习。使校长工作室成员在相互交流中沟通所思所想，共同商讨教育中的热点、难点问题，从而实现自我成长与团队发展。

经过三年的领航培养、深度学习、实践探索，在工作室任务和目标达成中取得了较好的效果，有力地促进了室内校长的快速成长，较好地引领了区域基础教育的更好发展。

一是提升了专业理论和管理水平。依据《义务教育学校校长专业标准》提出的校长应该具备以德为先、育人为本、引领发展、能力为重、终身学习的五个理念，规划学校发展、营造育人文化、领导课程教学、引领教师成长、优化内部管理、调适外部环境的六项专业职责。这些要求都需要工作室的每位成员校长通过学习实践来达成与提升。工作室的每位成员校长认真学习国内外先进的学校管理经验和学校管理等方面的专业理论，更新知识结构、拓宽知识面，用先进的理论来指导实践，使自己的知识水平和工作能力始终跟上时代前进的步伐。

二是进一步完善了学校办学理念。校长具有正确的教育理念，是学校办学的灵魂，直接影响着学校的办学行为与实践，决定着学校的办学质量。树立正确的教育理念是工作室校长成长的立足点。工作室通过成员学校校长办学理念专题报告，组织相互走访各自的学校，进行入校诊断指导，深挖办学历史，分析办学特色与存在的问题，进一步凝练了各校办学理念，使各成员学校进一步明晰了办学思路与方向。

三是促进教育家型校长团队的成长。工作室每个成员校长以争做一名教育家型校长为目标，努力使自己更具有专业性、独特性、引领性、实效性。专业性主要体现在坚定的教育信念、高远的教育境界和高超的教育智慧。独特性指校长对教育的独特理解和创意主张，并能对教育理念深刻而通俗的表述。引领性指在校长领导力、思维力、创造力、表达力等方面进行引领。实效性指校长要促进每个学生健康成长、培养专家型教师团队、促进学校持续发展。

四是推进了区域教育高品质发展。根据教育部、四川省教厅关于校长工作室建设的要求，在培养基地导师的指导下，在各级教育部门的支持下，校长工作室在区域内开展了丰富多彩的活动，以其深刻的思想内涵和独特的实践形态，把所在学校的办学目标、办学体制、组织管理、规章制度、学校文化等方面有机结合，在一定的地域范围内起到引领示范作用。有力地帮助了一批青年校长快速成长，推动区域基础教育高位均衡发展，努力办好更加公平、更高质量的基础教育。

四、工作室的成果成效

3 年来，工作室成员学校互帮互学，共同成长，每个学校都获得了一定的发展，成为当地的优质教育资源，为推进区域教育高品质发展贡献力量。

泸州市梓橦路小学校作为一所百年老校，立足学生创新能力培养，连续几年参加全国中小学生创意大赛，在央视多次夺冠。新成立的泸州市实验小学城西学校做实教育科研，开展的"城市新建学校高品质建设新路径的实践研究"课题研究成果在区域新建学校中推广。宜宾市南溪区前进小学校获评"全国第三批国防教育特色学校""十三五全国基础教育课业改革先进单位"。隆昌市大南街小学校书香校园建设在省内外引起广泛关注，《四川教育》2020 年第 2 期以《围绕办学理念构建特色学校文化》为题做了专题报道。泸州国家高新区小学校立足家校共育，被评为全国规范化家长学校。凉山彝族自治州昭觉县工农兵小学校地处贫困地区，却把中国传统文化教育做出成效，获评 2020 年度全国传统文化教育示范学校。

3 年来，工作室各成员学校校长积极承办各级教育教学活动，主持参与课题研究，结合教育教学实际工作撰写文章，参加各级教育教学学术活动，为区域校长教师培训开展专题讲座，促进室内校长迅速成长。

3 年中，工作室主持人参与了 2 项省级课题的研究，分别获得四川省课题研究成果一、二等奖。出版校长工作室建设成果《言说教育》《立教留痕》两本专著。在《中国教育报》《中国教师报》《中小学校长》等刊物发表文，10 余篇。在教育部教师工作司支教凉山推进会、四川省教育厅名师、名校长培训会、凉山州中小学骨干校长培养工程、"国培计划（2020）"——隆昌市青年骨干教师培训班、泸州市第二批名师、名校长工作室建设等项目中举行《高品质学校的建设路径探索》《推进工作室成果产出》《助力教育家型校长成长》《给青年教师的八条建议》《校本研培促进教师幸福成长》等讲座近 20 场。2019 年 10 月《中国教师报》以《向教育家型校长目标前进》为题，2020 年 9 月《中国教育报》以《和雅共育·自主成长》为题，做了专题报道。

五、工作室建设与实践反思

一是以点带面全面提升。工作室成员学校之间相距太远，各地办学条件差距较大。工作室设想在各片区筹建工作站，增强活动的实效。如南溪区代麒麟工作站，以开展片区活动为主，定期指导，以点覆盖面，带动区域提升。

二是优化资源取长补短。工作室成员校都有自己的办学特色，也存在短板。要多开展校际交流，通过"外出考察、校际互访、专题研讨"等方式，探讨办学思想、管理经验。相互借鉴取长补短，促进成员校共同提高。

三是反思拓展规划完善。工作室将对今后的活动进行整体规划，分类梳理，落实到点。对开展的各项活动既要详细规划，又要及时总结提升，提出改进措施，形成活动纪要，才能对以后开展活动有所借鉴。

汪伟名校长鼎兴工作室

用魅力语文唤醒生命自觉和潜能

汪伟名校长鼎兴工作室是由四川省乐山实验中学校长汪伟（正高职称，省优秀教师、省特级教师、省中小学名校长）领衔，由来自全省7个市（州）10个核心成员的初中、高中校长及对应青年校长学员组成的校长学术共同体。工作室秉承名校长倡导的"唤醒教育"办学思想，以"国际视野、文化治校、合作交融、共享发展、追求卓越"的文化内核，3年来，工作室开展了丰富多彩的研修活动，极大地提升了工作室成员的专业成长。

一、工作室定位与目标

坚持以凝练办学思想、丰富教育感悟、创新教育方式、培养教育人才、打造教育品牌为宗旨，实现校长领导力、创造力和学校教育教学能力的共同提升。整合四川省优质校长资源，充分发挥导师的专业引领作用，力争让工作室成为名校长的摇篮、研学的基地、交流的平台、辐射的中心。具体目标：带好一支团队、抓好一项研究、做好两次展示、建好一个宣传平台、出好一批成果。

坚持唤醒教育为办学指导。以唤醒生命自觉和潜能为核心指导思想，以唤醒为主要策略，以培养和呵护为过程，以激发内生动力为目的，为学生的优长发展、终身发展奠定基础教育。

二、工作室建设规划及运行机制

（一）思路与目标

把工作室建成为校长"发展理论""生成理念"的发源地和"名校长成长"的平台，实现各成员校共同进步、联动发展。将学校发展规划、课程建设、文化建设、教师专业发展等的研究作为工作室工作的主要内容。通过项目驱动、建立平台、资源整合、交流联动、成果共享、示范带动等途径，构建校长发展共同体，提升工作室成员合作意识、管理领导力、专业化水平。

（二）运行机制

1. 梯队建设

领衔人是乐山市实验中学校长汪伟，工作室共 10 名成员，下设 10 个工作站，每个工作站 5 名成员。形成了工作室的梯队结构，工作室引领、示范、辐射一方教育。

2. 组织机构

在领衔人汪伟统一调度下，工作室成员分成 3 个工作组。

课题组：负责课题的开题论证、问卷调查的设置和调查数据的整理和分析、研究策略的调整、各成员学校研究成果的收集整理、阶段性研究报告的总结提炼、研究成果的推广应用、结题的相关工作等。

策划组：负责每学期研究活动的策划，负责"相约星期三"网上研修活动的话题和整理，每月线下活动的时间、地点和内容的安排。

信息宣传组：负责每次活动的宣传报道，对每次活动成员和工作站成员的心得收集整理，对工作室活动在每个区域产生的效果进行宣传推广。

（三）规划引领

1. 制订"三大计划"

主要有工作室三年建设规划、工作室年度研修计划、工作室成员个人发展三年规划。

2. 确定"六大路径"

分为主题研修、课题研究、任务驱动、读书讲书、集体会诊、校长论坛。

3. 形成"一种成果"

凝练办学思想，即每一位工作室成员通过工作室研修学习后形成自己独特的办学思想。

三、工作室的研修模式

工作室采取"四结合"即"线上与线下相结合""专家引领与课题引领研究相结合""理论学习与任务驱动相结合""思想凝练与实践运用相结合"的原则，确定活动任务承担学校，精心设计，精心筹备，任务驱动，反思分享。

（一）主题研修：专题讲座，专业引领

精心设计主题，围绕主题，形成系统而立体式的学校教育教学管理理论体系，引领工作室成员站在系统的高度思考学校管理问题。由领衔人汪伟或邀请到的专家进行专业引领。

（二）课题研究：任务分担，落地实践

工作室确立了研究的总课题——"新时代初中教师专业发展的困惑与对策研究"，将总课题分解成 11 个子课题，由成员组织在本校开展研究。课题从 2019 年 9 月开题以后，每次活动各校都要进行课题研究经验分享。

各成员学校校长带领本校管理团队着力于"教师专业成长"，对子课题进行研究。各校开展教师专业发展问卷调查、完成问卷分析报告，组织课题组集中研讨，探索教师专业发展的实施策略。课题落地实践，各校教师教学水平明显提升，在各级各类教学技能赛中获奖等级数量明显提高。

（三）任务驱动：自主研修，汇报分享

承办校工作室成员做相关专题分享交流，要求交流前做好相关专题理论研究、实践操作、经验反思等，以 PPT 方式进行呈现交流；每次研修活动后，每位成员还要用心撰写心得体会。

（四）读书讲书：好书分享，心得交流

三年研修活动，好书一路陪伴。成员的成长离不开系统的阅读。每位成员每年阅读 2~3 本书，至少 1~2 本为深度阅读。为此，领衔人汪伟还专门组织举办了一场"教育思考"的读书分享交流活动。

工作室成员各学员汇报了自己研读名著的情况，把自己研读的感受、体悟、困惑与全体参会人员进行了分享和交流。

（五）集体会诊：专题研究，共商对策

在领衔人汪伟校长的组织带领下，工作室 10 位成员带着研究问题进行成员学校走访，集体走进成员学校共 12 次。

（六）校长论坛：思想碰撞，凝练思想

工作室把成员校长思想凝练为工作的重要内容，以"校长论坛"活动为载体，要求做到：全员高度重视，活动精心筹备，进行系统梳理，深度思考凝练，智慧碰撞分享，专家全程指导，引领辐射共鸣。

四、工作室的建设成效

1. 开发省级课题 1 个

工作室课题为"新时代初中教师专业发展的困惑与对策研究"，下置 11 个子课题。各成员学校围绕子课题开展教师队伍专业发展的校本研究，形成了一批各校教师专业发展的重要成果和经验，助推各校高品质发展。

2. 组织开发优质资源

工作室组织团队深入成员学校，通过专题调研、实地考察、交流研讨、综合分析的方式，全方位了解各校办学理念、发展方向、基本校情、强校手段、管理模式、发展瓶颈，对工作室成员所在校进行个案诊断、分析、评估和交流，成员校根据诊断分析和评估意见，对各自学校的实践研究方案进行修正和完善。

3. 带动区域发展

工作室在西昌市、宜宾市、乐山市、自贡市、泸州市、雅安市开展学校文化、德育工作、教师专业发展、办学思想与学校品牌建设等方面的专题交流研讨，推动了成员学校所在区域学校建设和发展。

4. 培养造就了一大批优秀校（副）长

工作室共吸纳了 46 名青年学员。青年学员一般都是工作站所在区域的骨干校长或副校长，他们在工作站站长（工作室成员）的带领下参加工作室的研修活动，开阔了眼界，理论水平和管理能力提升迅速，基本实现了"培养一个，带动一批，辐射一片"的目标。

五、工作室的问题与思考

（1）工作室建设周期可适度延长，更有利于工作室成员专业成长。

（2）工作室应多"走出去"，到教育的前沿、到名校去汲取先进的办学思想和教育理念。

（3）校长工作室的评价方式和内容侧重于理论（文本型）的研究成果，符合教育家型校长的要求。但是校长的工作场所和作用地在学校，学校发展是校长工作的出发点和归宿点，校长的专业成长理应反映在学校实践和发展中。单一的文本或理论研究成果很难全面涵盖校长的专业成长，也不能完全保证理论研究到实践情境的有效转化。

漆英名校长鼎兴工作室

行走的风景

漆英名校长鼎兴工作室是由四川省遂宁市大英县实验学校教育集团总校长漆英（正高职称，省特级教师、省名校长、省基础教育先进个人）领衔，由来自遂宁、广安、南充、广元、巴中、达州、阿坝州等 7 个市（州）的 14 名核心校长及对应学员组成的小学校长学术共同体。三年建设周期内，工作室始终秉承一个理念"共生共荣，共创共赢"凝聚共同愿景，以"育四有好老师，建四个引路人"为精神引领，收到了显著成效，获得良好口碑。

一、工作室的价值追求与核心主张

教育的根本任务是立德树人，办好教育的关键在校长。四川省漆英名校长鼎兴工作室以"一个理念"——"共生共荣，共创共赢"凝聚共同愿景，即全体成员基于工作室平台借力、借势、借智，共同生长，共同荣光，共同创造，共赢未来。此理念得到大家的广泛认同，并把它作为工作室成员共同的价值认同和办学追求。

工作室以"精神引领"为核心办学主张，着力培养"四有"好老师，建设"四个"引路人，使每一位干部和教师都要有坚定的政治信仰和崇高的精神境界，为解决"如何培养人"的方法问题和"为谁培养人"的根本问题进行实践探索。

二、工作室建设规划与运行机制

在工作室理念的引领下，制订了相关规划、规程、考核等必备要件。工作室相继完成了《工作室成员遴选办法》《工作室聘请指导专家的意见》《三年发展规划》《工作室管理规程》《工作室考核办法》等有关制度建设，明确了三年培育一批在当地有影响力的名校长、名学校的成长目标，明确了统一指挥、分工合作、民主参与的管理原则，明确了"优秀""合格""不合格"三个层次年度及终期目标考核的办法。按照《四川省中小学省级名校长工作室建设实施办法（试行）》，通过自主申报、当地教育主管部门推荐、领衔人审核、报备等程序，科学、合理、规范地遴选出有代表性的学校校长（副校长）成为工作室的"+10"成员，各成员又根据要求遴选5名青年学员。

三、工作室的研修模式

课题研究步步深入，提升校长研究力。工作室把省级立项课题"精神引领培育学校核心发展力的策略研究"作为总的研究课题，成员们根据总课题，结合各校实际，制订本校的子课题，进行深层次的研究。课题组通过巡、看、问、听、议、导等环节，重点关注精神引领细节的落实情况，通过百家争鸣的形式相互碰撞、学习；通过专家诊断指导和引领讲座等形式，成员学校更系统和更全面地思考本校精神文化建设的路线图。工作室多次开展了线上钉钉视频工作研讨会，组织成员们对课题研讨建言献策，确定研究的方向、措施、阶段、流程。

聚焦办学质量，提升校长教学领导力。静下心来抓教学，工作室把"提高课堂教学质量"作为每年的重点工作来抓。校长做到亲自任课，引领教师研究教学；校长坚持听课评课，科学有效指导教学；领衔人深入各成员学校实地调研，提高各校教学管理水平。工作室形成联合教研机制，领衔人3次带领工作室内名优教师到工作室成员学校广元零八一中学、阿坝藏族羌族自治州松潘县白羊九年一贯制学校、阿坝藏族羌族自治州理县桃坪小学等开展"同课异构""名师送教"联合教研活动；广安实验学校、九寨沟县七一南坪中学、南充市第五中学教育集团、遂宁教育考察团等工作室成员学校及其他学校先后到领衔人学校观摩交流，听课、评课、议课、磨课，提升了学校教学教研管理水平，大幅度提高了教育教学质量。

坚持基地考察学习，提升校长的蝶变速度。工作室确立了专题考察学习和综合考察学习两种基地实践考察方式。2019年7月，8名成员、20多名学员到南京参加"影响校长·2019年品牌学校校长高峰论坛"。领衔人做专题报告，参观考察了南京十三中学，从中感悟到教育不仅要脚踏实地，更要创新创造，才能行进致远。2019年11月，全体成员齐聚绵阳，参加四川省陶行知研究会初中校长年会，实地考察绵阳东辰国际学校，听取东辰学校相关领导的专题报告，进一步了解本土优质教育的内涵，对成员办学理念的建构、教育理念的形成、管理理念的提升起到了积极的推动作用。

坚持读书交流，提升校长的文化内涵。读书交流是工作室每次活动的常规项目，每月一次的读书交流让学员们汲取了丰厚的营养。工作室于2018年12月建设了"漆英名校长工作室业务平台"和"漆英名校长研修大平台"2个微信交流平台。2020年春季学期全民抗疫期间，领衔人一方面指导成员校积极抗疫；一方面开展线上研讨、读书、交流活动，每位成员通过多种阅读方式至少精读2本专著，完成读书笔记6000字以上，撰写阅读心得2篇，着力"书香工作室""书香工作站""书香校园"建设。

加强工作室交流，提升校长的借鉴力。漆英名校长工作室与李笑非、汪伟、周丽工作室组成省级名校长工作室联盟，开展联合研讨活动。先后开展了"高品质课堂建设实践研究"的主题研讨活动、"国培计划"中西部项目"省级名师、名校长工作室领衔人"高级研修班的线上培训活动、"国培计划·四川省农村中小学校长培训班"、"三人行小组建设"研讨活动等。

四、工作室建设成效成果

四川省漆英名校长鼎兴工作室的高效运行，激发了各成员学校的校本研修活力，提升了学校教学教研管理水平，大幅度提高了教育教学质量。大英县象山中学在大英县义务教育中脱颖而出；遂宁六中实现凤凰涅槃，教学质量跨入区级前茅；松潘县最偏远的白羊九年一贯制学校教学质量荣登阿坝藏族羌族自治州第一。工作室成员杨俊、杨秀成被评为正高职称，杨秀成、李朝晖被评为"四川省教书育人名师"，易鹏程被评为"四川省卓越校长"，胡满金被评为"四川省川派（初中）名校长"，王林、谭加健、唐曙光被评为市级"名校长"，有5位同志获市级称号，其余同志均获县（区）优秀教育工作者称号。

五、工作室建设的问题与反思

问题促进思考，反思引动升华。四川省漆英名校长工作室在成长过程中，还做得不够完善，不够完美。

（一）工作室建设的问题

一是时间保障不充分。因为领衔人及各成员的日常事务较多，时间在限，导致个别成员参加活动不能准时或者请假，使活动不能尽善尽美。

二是经费保障不充足。上级拨付给本工作室的经费没有及时得到保障，更没有当地教育主管部门的经费支持，致使本工作室活动经费捉襟见肘，影响了工作室的正常运转。

三是工作室成员思想水平还有待提高。工作室个别成员对自身职责的认识不到位，对校长的使命感不强，还需要加强学习，进一步提高思想境界。

四是工作室成员管理能力还有待增强。尽管大多数成员在领衔人的带领下成长起来了，但还有个别成员缺乏接受新鲜事物的智慧，因而成长缓慢。

（二）工作室建设的反思

1. 教育理论水平亟待加强。校长的卓越成长，需要校长具备深厚的理论水平，理论与实践相结合，才能引领高品质学校的建设。

2. 校长间需加强交流。校长要善于沟通交流，要善于借力、借势、借智，才能加快自身的成长。

3. 工作室建设需要高屋建瓴。工作室的卓越建设，除了自身的深入思考与努力实践外，还需要专家团队的指导，这样才能看得更高，走得更远。

李笑非名校长鼎兴工作室

智慧共融　创新发展

李笑非名校长鼎兴工作室是由四川省成都七中初中学校党总支书记、校长李笑非（正高职称，省名校长、省特级教师、省三八红旗手、省优秀班主任，国家督学，全国少工委委员）领衔，由来自成都、绵阳、德阳、眉山、达州、攀枝花、甘孜等 7 个市（州）的 16 名初中校长核心成员及对应学员组成的初中校长学术共同体。工作室在建设周期内实施"室地合作，联动共建"，将课题研究、学校建设、教师培育、课程改革等融为一体，取得显著成效。

一、创新引领高质量发展

（一）在使命担当中坚定发展方向。

教育关系到国家的希望、民族的未来。工作室以习近平新时代中国特色社会主义思想为指引，坚持立德树人、"五育"并举，坚持以校长的办学理念和实践研究为主线，充分发挥名校长的示范、引领、辐射作用，发扬工作室成员团结合作精神，承担起培养中青年校长、提升校长队伍专业化发展的主要职责与任务，使工作室成为培养名校长和未来学校教育领军人才的摇篮。

（二）在教育内涵中寻得价值取向。

一个国家的价值观对全体民众的行为具有驱动、制约和导向作用，影响着民族的行进路径和未来图景。一个工作室的价值取向则决定了它的实践路线和抵达目标。李笑非名校长工作室以"先进引领，智慧共融，创新发展"为核心理念，以"扎中国教育之根，创未来教育之新，示四川教育之范"为奋斗目标，全面、优质、高效地推进工作室的建设与发展。

（三）在智慧共融中实现专业成长。

工作室在导师的带领下，成员与学员多方面、全方位地探索追求、研讨学习，形成了工作室六大运行机制，全力推进工作室的建设。

1. 制订三年规划，明确发展目标

经过全体成员和学员集体研讨和导师指导，形成《四川省李笑非名校长鼎兴工作室三年建设规划（2018—2021年）》，包含文化理念、指导思想、目标与任务、具体措施、时间安排、保障措施、预期成果等方面。同时，根据发展规划，制定《四川省李笑非名校长鼎兴工作室管理制度》，涉及活动制度、领衔人工作职责、成员学习制度、考评制度四个方面。通过科学规划，有效指导了工作室发展。

2. 坚持高位引领，促进内涵提升

聘请全国和省内教育专家以及一线知名校长担任导师，定期开展专题讲座。邀请华东师范大学教育部中学校长培训中心代蕊华教授、万恒博士、刘涛博士，中国陶行知研究会副会长姚文忠教授，华东师范大学柯政教授，成都大学陈明华教授，四川师范大学张利娟教授、吴定初教授、刘永康教授，四川省教育科学研究院、成都市教育科学研究院的多位专家以及市、区的各级教育专家进行指导。从2019年成立以来，工作室开展了近30次各项主题研讨活动。

3. 立足多措并举，深研培养策略

工作室以"校本主体研究"为重点，引领成员"找准自己的问题、开展自己的研究、发表自己的见解、提升自己的素质、改进自己的管理、形成自己的思想"。

4. 探索结对帮扶，进行优势互补

工作室与学校建立帮扶关系，以因地制宜的教学思考、点对点的有效指导，提高薄弱地区教育水平，缩小教育发展差距。一是与民族地区学校牵手，与薄弱学校开展"一对一指导"，让帮扶学校的教师队伍快速成长；二是工作室学校之间共享课程课堂，提质增效；三是注重工作室联动发展，取长补短。

5. 开发教育资源，助力优质均衡

2020年，"四川云教"成都七中初中学校联盟直播教学启动，1所主播学校、32所接收端学校、5000多名师生同堂上课。依托"四川云教"，各成员、学员学校的办学思想、办学特色汇集云端，共研共享共进，既促进教育均衡发展，又生成工作室新的资源平台。

6. 制定评价办法，量化发展实效

明确名校长工作室成员发展评价标准，督促参学人员按时参加各类学习与活动，提升工作成效。每年年末对工作室成员进行考核，诊测问题，提出下一阶段的发展目标。

二、多措并举，推进优效共育。

工作室以"专家引领、自主研修、课题推动、实践考察、学术交流、总结提炼"等方式，凝练教育思想，提升校长领导力。

1. 以"凝"为根基，构建成长共同体

工作室成员和学员组建以工作室为单位的学习成长共同体。在共同体建设过程中，以主题引领、课题研究等方式抓研究和促实践，高质量完成共同体成员管理能力发展和学校间对口帮扶等任务。

2. 以"实"为目标，达成共享理念

工作室坚持"整体规划、个性指导、协同创新"的学习理念，以领衔人学校的办学理念和实践探索为主线，通过一月一活动、一活动一主题、"轮值主持，区域分享"、线上线下研讨等方式，关注团队整体、聚焦区域特色，互鉴互研，协同提升。

3. 以"学"为重点，坚持自主研修

领衔人牵头制订工作室每学期的自主研修计划，布置每个学期的阅读任务、学习任务、研究任务，并阶段性组织主题发言、交流研讨，带领成员每年撰写高质量教育管理研究论文，以促进各成员校长的自主研修。

4. 以"思"为底色，承载课题研究

以课题研究为切入口，聚焦教育问题，速寻问题破解之策，提升教师研究水平和校长的办学能力，为四川省教育教学创新改革提供科研借鉴。在工作室"'三全育人'的学校特色课程体系建设研究——以四川省名校长工作室成员学校为例"总课题的指引下，成员学校9个子课题有序推进。

5. 以"绩"为考量，定期集体诊断

领衔人一方面组织成员跟岗学习；另一方面做好成员学校发展的集体"把脉"工作，到6所成员学校进行精准帮扶与指导，促进共同体学校科学治理水平的全面提升。同时，通过现场调研、案例分析、问题诊断等形式，引导工作室成员治校能力再上台阶。

6. 以"延"为扩展，促进专业提升

作为工作室领衔人，李笑非校长积极提供各项会议参与、交流访学机会，让工作室成员的知识输入转为教育输出。如带领成员赴凉山彝族自治州校长培训班讲学，在分享交流中拓宽工作室成员的视野；带领工作室成员参与第四届成都未来教育家论坛，与来自省内外的专家、名师交流学习。

7. 以"时"为变化，创新学习模式

2020年新冠肺炎疫情暴发，工作室及时调整学习思路，创新研修模式，在为期半年左右的时间里，依托网络技术，就在线教育教学实践、抗疫保学等工作进行研讨。同时也邀请有其他名校长工作室及教育同仁参加。

三、开拓进取，赋能教育

1. 厚积薄发，成员成长迈出坚实步伐

工作室成员深入学习、加强研究，不断提升学校科学治理能力，把工作室"三全育人"总课题理念融入成员和学员学校办学特色中，成效显著、特色鲜明，社会满意度持续上升。例如，工作室领衔人李笑非校长，成员郭光恒校长、凌明川校长被评为"四川省中小学名校长"；成员杨勇校长和刘中

立校长分别被评为当地的"十佳优秀校长"和"优秀教育人才";成员刘中立校长成长为崇州市知名专家型校长;成员王国贤校长以课程意识和大课程观带领老师们对学校"雅智课程"进行再丰富、再完善和再升级,形成了"校长引领、教师参与、学生喜欢"的良好格局;成员宋廷方结合工作室课题和学校实际,提出了阳光育人、和谐发展的学校发展目标;成员孙昌均为所在学校确立了为生命出彩奠基的"珠玉人生"育人目标,把学习成果落实到学校建设中,取得了良好效果;成员郭光恒的研究论文《让每个生命充满阳光——攀枝花市实验学校"阳光"课程的开发与建设》发表在《四川教育》上。

3 年来,工作室形成了领衔人引领、成员带动学员的良好发展势态,辐射区域不断扩大。

2. 携手逐梦,共促教育之路硕果盈丰

经过工作室领衔人和成员、学员的不懈努力,工作室建设取得了可喜的成果:获得国家、省、市、区、县荣誉共 80 项,教育科研成果 20 项,论文 34 篇,业务进修 42 人次,交流发言 73 人次。学校办学品质进一步提升、在线教育迅速发展、校长个人能力不断增强。

3. 多方助力,为工作室高质量发展添薪蓄力

各媒体对工作室领衔人学校、成员学校报道 150 余次,包括央视、四川电视台、成都电视台、新浪以及《成都日报》等。

四、在理性思辨中继续砥砺前行

总结和回顾工作室三年的发展历程,梳理出以下问题:一是如何更好地、全面地把工作室研究成果推广到成员和学员所在学校,帮助他们进一步实现学校的高质量发展。二是如何继续保持工作室成员及学员的高位发展、可持续发展,并对各自区域的教育发展起到示范、引领作用。这些问题如何解决,工作室也在不断思考:一是要继续开展工作室成员与学员的系列化研修活动;二是要加强区域之间、成员学校和学员学校之间的优质融合;三是进一步做好后疫情时代在线教育和线下教育教学的有机融合;四是研究推广工作室研究成果的实施路径。

田间名校长鼎兴工作室

以引领、示范和辐射，助推区域教育高品质发展

  田间名校长鼎兴工作室是由四川省成都市石室中学校长、党委副书记田间（正高职称，省学术和技术带头人、名校长）领衔，由来自宜宾、攀枝花、泸州、仁寿、峨眉山、资阳、西昌、雅安、内江10个市（州）的10名高中骨干校长组建的高中校长学术共同体。3年来，工作室紧紧围绕"学校管理"开展工作，坚持以"学校发展规划治校、拔尖人才培养立校、学术能力提升兴校、集团办学壮大优校、远程教育创新领校、社会资源整合强校"六大战略为核心主张，以省重点课题为专业引领，在丰富多彩的研修活动和办学实践中取得了丰硕成果，为全省高中起到了积极的示范作用。

一、工作室定位和建设目标

以习近平新时代中国特色社会主义思想为指引，以四川省教育厅和成都市教育局的工作安排为指导，以校长的自主研修和管理实践为基础，以课题研究和研讨交流为切入点，本着"以宏观研究提升高度，以微观剖析加大深度，以集体智慧拓展宽度，以自我研修增加厚度，以破解难题确立信度"的发展策略，建设"提升个体专业素养，提升学校办学品质，提升办学思想内涵"的集群成长平台，构建学习交流、研究提高、合作互动、内涵发展的内部活动机制，使校长工作室成为"学习共同体、教学共同体、管理共同体、研究共同体、创新共同体"。

二、工作室建设规划及运作机制

（一）工作室三年建设规划

根据上级文件精神，成立田间名校长鼎兴工作室，组建研究团队，凝练教育思想，促进协同创新，打造集理论研究、实践探索和培养培训于一体的校长发展共同体，助推区域教育高品质高水平发展。工作室三年建设规划如下。

1. 总体目标

实现校长领导力、创造力和学校教育教学能力的共同提升。通过学习，提升教育理念，拓宽办学视野，实现领导核心力的提升、人文素养的提升、教育教学素养的提升、专业学术水平的提升、教育科研能力的提升、榜样示范和指导能力的提升。

2. 具体目标

①工作室以三学年为目标规划周期，加强交流与合作，努力通过学习、研究、攻关、实践，实现自身学校的发展带动区域学校共同发展。

②提升专业理论和研究水平。每位成员都要学习国内外先进的学校管理经验和学校管理等方面的专业理论，更新知识结构、拓宽知识面，用先进的理论来指导实践，使自己的知识水平和工作能力始终跟上时代前进的步伐。

③定位成员各自的发展方向，整理自己的办学思路，使成员的办学理念

更加系统化、特色化。在工作理念的引领下，让每一位学员发现或发展个性特长、学术特长，并创造平台锻炼和发展特长，形成终生受用的能力和影响力。每个成员能够形成个性化的管理模式，积极探索学校管理新模式和新方法，研究解决学校管理中的共性问题，努力实现工作室成员所在校的管理工作有亮点、有特色，体现鲜明的个性。工作室要帮助每一位校长所在学校找到自己的特色定位，真正让研修为成就校长们的事业，使所在学校办学质量和办学效益有明显提高。

④通过理论研修、专题研讨、课题研究的方式，提升个人道德修养、办学理念、管理能力、业务水平；以提升校长领导力作为主要研究内容，开展专题研讨，积累研究资料，定期在工作室发布研究信息，工作室成员相互鼓励，做好科研成果转化；提升工作室团队学习、研究、实践、交流能力，探讨解决工作室成员校发展过程中的难点和焦点问题；工作室成员形成自己的办学思想，推出标志性学术成果。

⑤借助专家先导、典型引导、校际指导的形式，工作室成员团结一致，努力打造一支勤于学习、善于实践的名校长团队，促进每一所学校的健康、快速、可持续发展。在培养期间，工作室成员切实制订个人发展规划。经过三年的学习实践，逐步形成自己的管理风格和办学思想，力争三年内成为本地区有一定影响力的优秀校长。

（二）工作室运作机制

1. 工作室会议制度

每学期召开一次工作室计划会议，讨论本学期工作室计划，确定工作室成员的阶段工作目标、工作室的教育科研课题及专题讲座、考察观摩等内容。

每学期召开一次工作室总结会议，安排本学期学校管理、个人成长等方面需要展示的成果内容及形式，分享成功的经验，探讨存在的问题。

根据工作室计划，每学期至少安排两次阶段性工作情况汇报会议，督促检查课题的实施情况，解决实施过程中的难点问题。

2. 工作室培训制度

工作室领衔人为工作室成员制订具体培训计划，安排培训内容与进程。

工作室成员必须参加由工作室组织开展的培训活动，完成工作室的学习、研究任务，并有相应的成果，努力实现既定的培养目标。

3. 工作室考核制度

工作室领衔人由省教科院考核；工作室成员由领衔人考核，主要从思想品德、工作态度、理论水平、管理能力、教育教学水平、研究能力等方面进行考核。

在工作室培养周期内，采取流动管理的方式，实行年度考核制。

工作室对每次活动实行考勤制，工作室成员需按照安排准时参加活动。

在培养工作周期内，有下列情况之一者，在报请上级有关部门同意后，要求该成员退出名校长工作室：年度考核不合格者；调离教育系统或退休者；所在学校发生重大校园安全、稳定责任事故，造成严重后果者；有违法违纪违规行为，情节严重者。

三、工作室的研修模式

1. 研修模式

（1）理论学习。围绕工作室确立的研究主题，每位成员坚持自主学习，每学期深入研读1本以上教育管理专著，坚持撰写读书笔记和学习反思，并开展读书交流活动。通过对管理理念、教育理论等知识的学习，提高成员的管理水平，促使成员向专家型校长发展。

（2）集中研修。主持人根据研究方向确定研修主题，成员按时参加工作室组织的各类教学研讨、学术报告等活动。

（3）专家引领。邀请国内外知名教育专家与学者开设专题讲座，提升成员理论素养，指导实践探索，开阔专业视野，给予指导引领。

（4）考察观摩。定期组织成员到成员学校调研、外出考察，学习优秀教育理念，借鉴先进办学经验，深化教育教学改革，拓宽办学思路。

（5）线上交流。成员平时以自学为主，根据研究方向，确定主题，制订学期发展计划，利用各种网络平台交流学习心得；利用网络处理好业务进修与学校工作的关系。

（6）课题研究。在工作室领衔人带领下，紧密结合工作室及学校发展实际，确定工作室研究课题，并积极申报立项。各成员积极参与过程研究，努力形成研究成果。

2. 常态和创新的研修活动

工作室自成立以来，共计组织开展、参与各级各类常态和创新的研修活动 30 余次。

四、工作室的成果成效

1. 发展成果

探寻工作室运行模式，拓宽名校长成长路径。工作室培养了一支素质优良、业务精湛、积极开拓、勇于探索、善于创新的优秀校长队伍。

发挥领衔人引领作用，促进工作室成员成长。通过领衔人专业引领，促进校长坚定教育信念，破解教育难题，彰显教育风格，形成教育思想，实现理论素养的再提高、实践经验的再升华。

提升各学校办学品质，带动各区域共同发展。领衔人所在学校带动各成员所在学校发展，各成员所在学校带动所在区域学校发展，形成了资源共享、效益倍增、各成员校集约化发展格局。

2. 成员心语

峨眉山一中娄万强：培训学习期间，我认真聆听了众多领导、专家、教授、名校长、名师以及组内成员的讲座和经验介绍，让我开阔了视野，转变了思想。苏霍姆林斯基说，对学校领导和管理，首先是教育思想的领导和管理，其次才是行政的领导和管理。校长要不断学习提升自己，只有高屋建瓴，才能以前沿的教育思想引领自己，引领教师，引领一所学校，从学校走出的学生才会是有思想、有创新的，才会有"让每个鲜活生命都开出自己绚丽灿烂的花"。

贵州织金育才学校黄在祥：首先，主动的、有计划的学习，才是真正的自主学习。因此，下一步我将结合工作室的研修计划拟定个人发展的研修方案，努力争取学有所获、学有所成。其次，希望强化实践研修。当前，理论研修处处皆是，但实践研修却极少。理论虽然精彩，但实践才是硬道理。最后，希望工作室成员学校加强交流。名校如石室中学能充分发挥辐射作用，除了校长的办学思想，也包括处室、年级、学科、课堂的交流活动，促进全员提高。

汉源一中王剑平：观念新。在这个工作室学习，容易接触到一些新的办学理念、新的教育观点。耳闻目染之下，自己的思想观念更新速度远远超越过去。观念新，接受新事物的速度才快，才能跟上发展变化的新时代对教育提出的新要求。眼界开。通过参观、交流等方式，打开自己的视野。我们在办学过程中，经常出现"不识庐山真面目，只缘身在此山中"的盲目现象，经常感觉自我良好，但是实际上已经与外面发达地方的差距越来越大。

凉山彝族自治州民族中学苏解放：参加"田间名校长工作室"以来，我切实履行工作室成员职责，主动领衔凉山名校长工作室建设，取得了"名师领航、共同成长"的阶段性成效。一是借力"田间名校长工作室"提升自身专业成长。二是着力"学本课堂"建设，探索高效课堂模式。三是领衔"苏解放名校长工作室"带动凉山教育发展。

攀枝花爱德实验学校范志：积极参加工作室的各种研修提升活动，将工作室的研修和学校发展的工作实际有机地结合起来，认真探索"五育"融合的落地途经。通过工作室的活动来引导和促进学校的发展，进一步发挥省级工作室对市级工作室的引领作用。

仁寿中学蒋汉军："学然后知不足。"田间名校长工作室以活动为载体，通过阅读自修、专题研讨、教育考察等形式，我们每一名成员提高了理论水平和管理能力。我看到了自己理论知识缺乏和实践经验不足的问题，也知道了要想成为一名优秀的管理者还有很长的路要走。

威远中学李阳富：在同大家相互交流、相互支持和勉励的过程中，我收获了许多。参加的一次次活动就如同经历了一次次教育思想、教育理念的洗礼、一次次管理策略、管理层次的提升，自己的教育管理视野更开阔了，教育管理思考更深入了。

宜宾六中程帆：在成为四川省田间名校长工作室成员的两年时间里，无论是在学校管理理念的提升上，还是在教育教学创新思路的拓展上，我都收获颇多，增益了很多教育思想和实践经验。工作室组织的很多线上线下活动触及教育教学的各个方面，全面、深刻，有思想、有内涵，极具时代感和创新意识。

资阳中学屈小林：能加入四川省名校长田间工作室，万分荣幸。这一路走来，收获满满。教育大咖的引领、优秀团队的互助、积极向上的氛围沁润、不断学习的姿态调整、深入的学习探讨，无不引导着我走在一条幸福的教育提升之路上。

五、工作室的问题与反思

由于各种因素的影响，工作室工作尚有进一步改进和完善之处，主要表现在以下方面：

（1）工作室活动时间相对紧张，有些具体计划有时不能按期进行，对解决学校管理中存在的问题，特别是学校文化建设、教师成长发展、校本课程建设、科研课题推进等热点难点问题的深入研究不够。

（2）在学校行政管理工作与工作室研修之间，需要找寻到平衡点，这对工作室开展研修活动提出了更高的标准和要求。

（3）只有学以致用，才能真正提升学校的办学品质。如何将丰富的研修成果转化成治理学校的措施，是工作室面临的重要课题。

（4）工作室需要进一步加强成员以及成员所在学校之间的交流与互动，形成良好的学习借鉴氛围。

（5）因为成员所在地域的分散性，导致课题研究推进较为艰难，工作室需要探寻顺利推进课题研究好的路径和方法，集全体成员的智慧和力量，培育优秀的科研成果。

工作室将进一步加强工作的力度，创造性地开展各项工作，促进各成员在共同学习中成长进步，以引领、示范和辐射助推区域教育高品质高水平发展，为四川基础教育事业进步以及办人民满意的教育做出积极贡献。

唐江林名校长鼎兴工作室

为每一个学生搭建成功的立交桥

唐江林名校长鼎兴工作室是由绵阳南山中学原校长唐江林（正高职称、省特级教师、省名校长，教育部首届领航班学员）领衔，由来自全省各市（州）的12名核心组校长成员组建的中学校长学术共同体。3年来，工作室坚持"多元启智、阶梯引领、自主发展"的原则，为每一个学生搭建成功立交桥。

一、工作室建设目标与定位

工作室的建设目标与定位：帮助成员校长提升校长领导力，提升成员校长的理论和研究水平，促使中青年校长从成熟型校长向示范型校长乃至教育家型校长转变；凝练办学思想，让工作室成员在学校发展规划、课程建设、学校文化建设、教师专业发展等方面形成资源优势，扩大提升成员校在基础教育领域的专业影响力，办人民满意的教育；促进区域教育水平的提升。

教育核心主张：开启多元启智、阶梯引领、自主发展之门，为每一个学生搭建成功的立交桥。

工作室建设理念：提升校长专业精神，凝练办学思想，提高办学品质。

二、工作室的建设规划及运作机制

（一）确定建设目标

第一时间召开了工作室建设预备会议，会议确定了工作目标和实施方式，明确了唐江林名校长工作室以凝练办学思想、提升校长领导力、促进学校发展为工作目标；实行双导师制，实施学校调研与办学诊断相结合，对校长学员办学实践进行诊断和研修活动，提炼办学思想，促进学校发展。

（二）以领衔人学校为依托，建立工作机构

将南山中学行政楼设为工作办公室；设立工作室助理，由行政办和教科室主任担任，负责工作室成员间的信息沟通、活动的组织、资料的收集等工作；建立专家指导团队，工作室领衔人是教育部第一期中小学名校长领航班成员，曾接受过人大附中联合总校校长刘彭芝的指导。借此便利，工作室特邀请人大附中联合总校校长刘彭芝和人大附中党委书记周建华做指导，把握工作室的建设方向。

（三）建立考核制度

制订考核制度，以制度促进成员积极学习，提升自我。唐江林名校长工作室考核内容包括参与活动出勤情况考核，专题讲座和指导青年教师情况考核，研修成果考核，成员校开展学校特色、品牌创建活动考核。

工作室还编制了四川省唐江林名校长工作室工作手册，工作室成员人手一本。手册里收入了相关政策文件、普通高中校长专业标准、工作室三年规划以及工作室成员和帮带学员名单，让成员对工作室的性质、定位和任务有了清晰的了解。

三、工作室的研修模式

（一）外出研修长见识

工作室建立之初，依托领衔人所在学校南山中学，设计以"南山中学综合育人模式"为核心的课程。成员通过亲历南山中学学习办学实践以及进行

外出研修，了解先进学校管理经验，更新知识结构，拓宽知识面，提升理论和研究水平。

2019年1月至12月，工作室成员先后赴华东师范大学、苏州十中、上海曹扬二中、上海市西中学、人大附中等学校开展理论学习和实践研修，在华东师范大学教育部校长培训中心的王俭教授和代蕊话教授给工作室成员校长们带来了"提升校长课程领导力"的理论讲座。成员们共撰写了3万多字的研修心得，为后期工作室成员所在校拟定科学实用的学校规划，形成有价值的思想成果，为提升学校办学水平奠定了坚实的理论和实践基础。

（二）办学诊断指方向

从2020年1月起，工作室成员共到绵阳市安县中学、川师大广元万达中学、康定中学、马尔康中学、华蓥中学等成员所在校开展集中研修活动。研修活动通过工作室成员深入课堂听课，与学校部分学生、老师、中层领导座谈，开展问卷调查等方式，深入了解学校基本情况、发展状况和面临的挑战。通过座谈，对各学校的发展规划开展研讨论证，帮助学校梳理办学思想，对学校的发展规划提出建议，以助推学校未来发展，提升学校的办学水平。

工作室领衔人在各校的研修活动中分别开展了题为《新时代教师专业成长面临的困惑与思考》《新时代中国中小学优秀校长十二大素养论》《关于"一流"中小学建设的定位和路径》的专题讲座。来自绵阳市安州区各校校长、广元利州区教体局各股室负责人及各中小学相关领导和教师、甘孜藏族自治州各学校领导、马尔康中学的干部教师、华蓥市各校校长等共600多人次聆听了唐江林校长的讲座。唐校长的讲座由于接地气、理念新受到大家一致好评，研修活动所到之处影响很大，得到当地媒体广泛关注。尤其是广元之行，利州教育网、官员新闻网、四川新闻网、《广元日报》、广元电视台等多家媒体对研修活动和讲座做了专题报道。

（三）课题研究练真功

省名师、名校长专项课题"多元智能视角下的学校课程改革实践研究"进行了开题和阶段成果研讨。各学校做了多元智能前测，进行了课程改革方案实践，已于 2021 年 3 月进行了后测，于 9 月结题并进行总结，撰写报告。工作室的课题阶段成果已收入工作室的专著《自信教育的探索与实践》，已出版；成员校形成了相关的研究成果专著《德外现代课堂建设》，已出版。

（四）思想总结提能力

工作室成员在参加集中研修学习之余，采取分散自学的方式，学习教育管理书籍，学习学科专业书籍，为工作室成员的成长打下坚实的理论功底，丰富了思想，进一步提升了成员的办学理念和理论水平。

（五）交流辐射显情怀

工作室注重教育扶贫，2020 年 9 月专门到工作室成员李开宏校长所在的马尔康中学和赵华强副校长所在学校康定中学开展研修活动，两地领导、老师都感觉学习收获颇丰。尤其在马尔康中学的研讨活动，有甘孜藏族自治州教科所副所长、甘孜藏族自治州教育工委委员、甘孜藏族自治州教体局党组成员机关党委书记，以及甘孜藏族自治州 37 所中小学领导等 100 余人参加活动，活动的参与面和影响力都很大。

四、工作室的成绩成效

（一）学校管理见成效

成员校在工作室建设周期内取得了很多办学方面的突破：开江普安中学 2019 年、2020 年连续两年中高考成绩增幅明显。学校"一体两翼多元化"办学特色日益彰显，办学效益明显提升，逐渐形成了学校的办学品牌，深受学生、家长以及社会好评。巴州区鼎山中学的艺术体育初露锋芒，高考艺体本科上线人数年年攀升；高中女子篮球队在全区中学生篮球比赛中四次蝉联冠军。鼎山中学女子篮球队代表巴中市参加四川省中学生篮球运动会获得殊荣，是该届运动会中全省唯一获得殊荣的农村高中。李渡中学在 2019 年 9 月被评为全国教育系统先进集体，2019 年 12 月获得南充市普通高中教学质量评价市级示范中学组一等奖。安州中学"低进高出、高进优出"，在高考本科上线总人数持续保持千人体量的情况下，特优生人数也大大超过入口基数，连续三年获得绵阳市普通高中教育质量综合评价 A1 组学校一等奖，得到了主管部门和社会各界的高度肯定，学校的区域影响力显著增强。

（二）教育教学有成果

工作室成员的理论和研究水平得到了很大提高，近 3 年，撰写了多篇学术论文和开发了一系列的课程资源：领衔人唐江林的文章《基础教育要为孩子奠基终身发展》发表于《光明日报》，文章《论新时代中国中小学优秀校长十二大素养》收录于中国网；成员李源的文章《课堂教学如何化解思维游离状态的探究》发表于《教育科学》；成员吴勇的文章《农村高中学校教师专业化成长路径分析》发表于《四川教育》；成员姚辉的文章《新时期校长使命与担当浅说》发表于《中小学教育》；成员何艾和学员张东、彭艳蛟的文章《高中生心理复原力的积极心理团体干预研究》发表于《教学研究》；工作室成员和学员报当地教科所 13 节课例，同时上传优酷视频和腾讯视频，领衔人所在学校的成员和学员上传 6 节课例至南山中学微信公众号和哔哩哔哩，其中成员何艾老师的 2 节微课于新冠肺炎疫情期间在绵阳市空中课堂展播中获得好评，并收录到绵阳市教育资源中心；工作室成员朱兴月所在学校指导学生视频在四川省电视台科教频道播放。

（三）个人成长获荣誉

姚辉校长于 2019 年 7 月获中国语文现代化协会"十三五"重点规划课题"中小学语文教育与中华优秀传统文化"课题研究优秀校长称号；2020 年 7 月，由于教育科研成绩显著，被广元市委命名为"广元市市委掌握联系高层次人才"。康学英校长获得四川省正高职称。吴勇校长 2019 年 9 月被南充市委、市政府评为"嘉陵江名校长"；2020 年 9 月，被南充市委、市政府评为"果州名校长"，被中共嘉陵区委、嘉陵区人民政府评为"嘉陵名校长"。吴勇校长所带青年学员任仔东、张凤国、周大勇、庞万棋、刘俐宏也得到了成长与进步。张凤国被提拔为中学校长，任仔东成为南充市名师工作室的领衔人，庞万棋被提拔为政教处主任，刘俐宏被南充一中高薪引进。何艾主任 2020 年被绵阳市教体局聘为"绵阳市何艾名师鼎兴工作室领衔人"。

五、工作室的问题与反思

（一）存在的问题

当然工作室建设还有不足之处，主要有以下三个方面：一是由于工作室领衔人工作岗位变动，工作室研修活动耽误了一段时间，在剩余的时间里将工作室建设好，任务就变得更重。二是个别成员校的课题研究还不积极，后期一定督促到位，真正做到以科研带动自我成长，最终取得高质量的研究成果。三是由于工作室的校长们事务性工作忙，成员们在发表文章方面系统性不强，还没有形成阶梯性和序列性。

（二）持续发展的思考

（1）四川省教育资源公共服务平台已建好"四川省中小学名师、名校长鼎兴工作室"专版，今后工作室将利用好平台，指导成员注重资源的阶梯性和序列性并积极建设工作室平台。

（2）成果推广是工作室下一步建设的关键，建议省、市两级相关部门要为工作室成果推广拓宽途径，如采取交流会、论文发表、网络平台、薄弱学校帮扶等形式，充分发挥工作室的辐射引领作用，不断提升工作室的成果效度与知名度。

黄宗良名校长鼎兴工作室

锚定类型教育，不负职教春天

黄宗良名校长鼎兴工作室是由四川省成都市中和职业中学党支部书记、校长黄宗良（正高职称，省督学，黄炎培职业教育杰出校长、省政协教育咨询专家、省名校长）领衔，由川东、川西、川南、川北、成都5个片区14个市（州）的中职校长组建的学术共同体。3年来，工作室以提升成员管理水平、推动成员学校特色发展和内涵发展为重点，采取集体研讨、参观考察、培训学习、自主研修、示范指导等方式，充分发挥名校长的示范、引领和辐射作用，取得了良好的成效。

一、工作室目标定位与发展愿景

（一）目标定位

好校长成就好职校，好职校要为学生终生发展服好务、引好路。

（二）建设愿景

通过共建、共享、导师引领、自主成长，提升学校、辐射周边；实现学生成才、成员成长、学校发展，锚定类型教育，引领内涵发展，不负职教春天。

二、工作室的建设实践

（一）建章立制定方案，工作室运行有序

1. 组建工作室团队

根据四川省名校长工作室建设文件要求，为带动成员学校管理干部和教师成长，推动全省中职学校强化管理、高质量发展，形成一批建设成果。工作室在全川遴选成员15人，包括14所公立学校、1所民办学校（绵阳理工学校）。工作室成员来源范围广，结构合理，具有典型性、互补性，为后续的团队建设、活动开展、成果推广、辐射引领奠定了良好基础。

2. 建立工作室规章制度

成立工作室领导小组和组织机构，下设办公室，设在成都市中和职业中学。研究制定《四川省黄宗良名校长工作室管理制度》，从人员分工、日常工作开展、学习研讨举办、材料成果收集、成员单位考核、经费管理等方面做出了明确规定。并为更好地明确建设思路和凝练建设成果，拟订《黄宗良名校长工作室三年建设规划（2019—2022）》和年度工作计划，明确了工作室的指导思想、目标与任务、工作周期、预期成果、经费安排等问题，保证了工作室的顺利运行。

（二）圆满完成目标任务，工作室成果显著

1. 认真研读职教政策、专著

在领衔人黄宗良校长的带领下，工作室成员认真研读《职业学校校企合作促进办法》《国家职业教育改革实施方案》《老钥匙解码教育智慧》《中等职业学校"德育生活化"育人模式的研究与实践》。

2. 积极开展教科研活动

工作室遵循"导师引领，问题导向，任务驱动，自主成长"的思路，坚持问题解决为导向，采取"请进来、走出去"的方式，开展招生工作、德育管理、教学管理、教研科研、专业建设、财务管理等主题的研修活动，指导成员学校梳理自身风险点，并提出解决办法，为成员学校规范办学、化解管理风险做出有益指导。

3. 加强师资队伍建设和资源共建共享

通过结对帮扶、青蓝工程、承担项目等有效模式，加强工作室成员对有潜质教师的指导、交流和培养，开展师资培训、管理人员培训，使成员学校在师资队伍建设和育人质量方面取得了明显的进步，发挥了示范引领作用。

4. 探索网络教研活动

新冠肺炎疫情期间，工作室在黄宗良校长带领下，积极响应教育厅"停课不停学"的号召，利用平台开展网络教研，在既定的开学时间如期举行网络教学，以新冠肺炎疫情的知识讲座和学生心理辅导作为第一课率先开讲，稳定了学生情绪，普及了疫情防控知识。随后在义化基础课程和专业知识的教学过程中融入课程思政的内容，取得良好成效，为职教网络教学提供了经验借鉴。

（三）创新解决职教难题，示范引领有力

1. 研讨解决中职招生难题

为了研究中职学校招生难题，解决中职校生存难题，工作室于 2019 年 3 月 30 日在绵竹职中组织工作室成员学校 60 多人召开了招生工作研讨会，交流招生技巧，研讨招生方法。两年来，所有成员学校均完成了既定的招生任务，部分学校还提前完成招生任务，实现了生源结构优化；部分学校达到校园最大承载量，择优录取新生。

2. 积极推动成员学校开展"1+X"试点

工作室积极推动成员学校开展"1+X"证书制度试点工作，探索课证融通新模式，提升教育教学质量。已有多个成员学校积极开展了"1+X"证书试点工作。省档案校档案管理专业、电子商务专业开展了"1+X"证书试点，"1+X档案数字化加工"职业技能等级证书获得教育部批准。中和职中建立了"1+X"证书试点实施方案，汽修、机械、会计、电子等专业均已开展"1+X"证书试点工作，并于 2020 年成功建成一个考核站点，并投入考证工作。2021 年投入近 500 万元进行"1+X"证书试点设施设备购置，以此推动解决中职在专业人才培养、课程建设改革方面的难题。

3. 研讨解决对口升学教学工作的难题

为提高对口升学教学工作的水平和质量，2019年11月7—9日，黄宗良名校长工作室联合尹福泉名师工作室和谯述忠名师工作室共同举办"对口升学教学及应考策略"主题研讨活动。活动包括开课献课、专家点评研讨及专家讲座3个部分，参会人员160余人。一天的交流研讨，激发了教师经验交流分享的热情，增强了教师的课程实践能力，推动了全省中等职业学校语文、数学、英语教学水平提升。

4. 聚焦当前职教改革的热点难题

2020年6月12日，以黄宗良名校长工作室课题"新形势下中等职业教育综合改革研究与试点"为契机，邀请教育厅副厅长张澜涛等领导、专家在成都市中和职业中学就当前职教改革的热点、难点问题进行探讨交流。2020年11月22—24日，由工作室领衔人黄宗良校长发起并联合李颖名校长鼎兴工作室共同举办"大变革促进大发展"专题论坛，邀请了省内外6位职教专家就当前职业教育改革发展的形势等热点问题交流探讨。包括本工作室成员学校在内的全省50多所中职学校领导及教师共330余人参会，受益颇丰。

5. 送培送教助力脱贫攻坚

2020年10月21—24日，黄宗良名校长工作室送培送教活动在阿坝藏族羌族自治州中职学校开展。活动中，工作室成员学校均从不同的角度、层面做了专题发言交流，涉及对职业教育认识、学校文化建设、学校德育工作开展、学校课堂效益提高和学校突发事件处理等方面。这次联合送培送教行动，有力推动了3个自治州脱贫攻坚工作，帮助参培人员更新了对新时代职业教育发展的认识，也坚定了与会人员教育改变命运、大力发展职业教育的决心。

三、工作室建设的主要问题

（一）受时间、地点影响，集中活动次数有限

工作室成员学校涉及川东、川西、川南、川北、成都5个片区，覆盖全川14个市（州），来源范围广。虽然结构合理，具有典型性、互补性，但由于成员学校分布各地，无法随时集中开展研讨活动，只能偶尔集中开展研讨

活动。此外，工作室领衔人与工作室各成员平常工作任务重，只能协调大家一致的时间，也为集中开展活动间接地增加了一定的难度。

（二）活动开展时间比较短，交流还不够深入

工作室举办了好几次大型研讨活动，但由于受各种因素影响，活动安排只能限于一天，好多活动开展时间比较短，工作室成员交流不够深入，还未能针对一个问题进行长期集中研讨、争论。

（三）举行的活动主要是研讨会，方式有待创新

从工作室成立以来，开展的活动形式较为单一，主要都是通过集体研讨、参观考察、培训学习、自主研修、示范指导等途径，尚未能深入一个学校解决问题，而且信息化手段用得较少，工作室活动方式有待创新，需要进一步创新工作方式。

文莉名校长鼎兴工作室

做教育家型校长　领航教育高品质

　　文莉名校长鼎兴工作室是由四川省成都师范银都校长、党支部书记文莉（正高职称，教育部国培办专家、省学术和技术带头人、省特级教师、省名校长）领衔，由来自成都、乐山、雅安、德阳、绵阳、自贡、广安、资阳、眉山和甘孜州等10个市（州）的17名成员及对应学员组建的小学校长学术共同体。工作室三年周期内，进行扎实办学治校实践与研究，围绕做教育家型校长、领航教育高品质的工作室使命，不断探索，取得显著成效。

一、工作室建设的目标定位

工作室牢记"领航使命"。

使命：做教育家型校长，领航教育高品质。

长远目标：教育家型校长，凝练教育思想；教育高品质，发展中国特色世界先进水平的优质教育。

具体目标：人人有发展，培养卓越校长；区域有经验，贡献四川智慧；校校有特色，看见学校变化。

工作室聚焦"领航育人"。

坚守教育本质：育人为本，优质办学。

遵循教育规律：育人为本，扎根本土，面向未来。

工作室模拟"领航学校"。

思路：移植成都师范银都小学办学经验、省文莉名师工作坊经验。

策略：模拟"领航学校"，人人参与体验，校长学校共成长；发现"优势特色"，以学校优势带动全面优质发展；探寻"四川特色"，以典范学校带动区域优质发展。

探索：移植银小经验，工作室模拟领航学校，提升校长专业能力。

二、工作室建设实践机制与运行

（一）探索一：创新"四级联动"运行机制

1. 部省市区"四级联动"

以部级工作室领航，逐级建立省、地市（州）、区（市、县）成员工作室，教育部＋省级＋市级＋区级，成员"1+7+10+50+N"逐级领航校长群体发展。

2. 区域组团集群发展

尊重地区差异，凸显地方特色，区域组团集群发展。绵阳市李海燕校长工作室，成员校长11人；广安华蓥市王小宁校长工作室，成员校长5人；绵阳市李海燕名校长工作室，成员11人；广安邻水县"李志刚校长工作室"，成员校长10人；成都市新津县"张立新校长工作室"，成员校长7人；成都市彭州市"何明春优秀党组织书记工作室"，成员10人。

（二）探索二：创新"众筹共长"组织文化

工作室模拟"领航学校"，共筹共建，人人发展，校校发展，花开七彩。

1. 共建规范

共创《文莉校长工作室工作手册》，共商三年规划，共学相关文件，共约工作制度、共订考核规则等。

2. 共担责任

（1）凝聚工作室成员。

（2）任务分解。细化职责，团队负责，人人负责。

（3）积分考核。过程评价：积分制，自选任务，自评总分。积分使用：

按照排名，推荐参培、讲学、交流等。

（三）探索三：构建"研学创行"系列课程

聚焦"特色化办学"，从课题系统、专业标准、重点难点、实践活动四个方面构建工作室课程体系。

课题系统：工作室——国家级、省级课题。成员工作室——一级子课题、本级立项课题（有的为省级课题）。学员工作室——二级子课题、本级立项课题（有的为省级课题）。

（四）探索四：落实"课题共研"运行措施

1. 工作室专项课题立项

工作室课题"新时代小学特色化办学实践研究"立项为省级课题。以课题引领，探索课题、课程、课堂"三课"联动实践研究，引领每位校长带领学校特色化发展，提升办学质量。

2. 聚焦"学校特色化办学"

发现学校优势，以特色带动学校全面优质发展：特色亮点—特色项目—特色课程—特色办学—全面提升办学质量。

3. 工作室联动研究

（1）扎根本土。

四川省为全国教育大省，基础教育发展在全国中西部具有代表性。各地市（州）学校，如何扎根本土、发掘办学优势、整合本土资源？有待研究并推进改革。文莉工作室成员来自10个地市（州），包括具有"三州"代表性的甘孜藏族自治州。可以努力建立立足本地的优势典范校，提炼"区域经验"；还可以跨市州研究，为优质均衡探索"四川经验"。

（2）团队共研。

①团队建设。

自主参研：自主申报，自主研修，自主实践，自主凝练。

共同研究：分工合作，分组研修，互助实践，共同凝练。

共同成长：案例研修，成事成果成人，成就学校与区域。

共同领航：教科研学，提炼成果，凝练"四川经验"。

②联动研究。

众筹集成式研究：人人参与，深度参与，个性化参与。

情境式研究：教育教学活动中研究，教科研学合一，有实效。

田野研究：分析学校特色发展个案，追溯、跟踪发展历程，提炼有效模式。

（五）探索五：开展"特色化办学"系列研修

1. 研修一：自我诊断，共研亮点，发现学校特色

2019年3—4月，网上研修：特色规划。

2019年7月，送教研修：特色交流。

（1）网上研修：特色规划。

2019年3—4月，拟定学校特色化发展规划，形成人人、校校三年发展规划。

创新：网上研修，共议亮点。

成果：每位成员、每所学校，都有三年特色化发展规划。

（2）送教研修：特色交流。

2019年8月，通过网上自愿申报、共同研讨、提亮办学特色，形成工作室送教课程图谱。工作室8位校长组队赴凉山送教，为凉山校长培训班提供了城区、乡镇、农村不同区域，个性化教育、艺术教育、综合实践、现代学校治理、信息技术与学科教学融合等各具特色的学校特色化办学案例。受到凉山100多位校长的欢迎。

创新：任务驱动，自我诊断＋组团送教，进一步提亮办学特色。

成果：形成工作室特色化办学课程图谱。

2. 研修二：共研现状，聚焦问题，省级课题立项。

（1）网上研修：申报课题。

2019年4—5月，专题讨论，聚焦学校高质量办学问题，从选题、文献、策略、路径、方法等研究，分工合作撰写课题申报书。

创新：网上研讨，共商拟订课题，自主申报参研，分工合作撰写课题申报书、开题报告。

成果：10月，省级课题立项。

（2）现场研修：开题会。

2020年1月，课题现场开题会，文莉、王小宁做开题报告，专家论证通过。

（3）网上线下研修：课题实施方案。

2020年7月，课题实施推进，文莉、王强与自贡市大安区进修校教育科研专家熊伟珍等联合研究，形成课题实施具体方案。

创新：网上＋线下，领衔人网上指导，成员组织所在学校和区域专家指导研讨。

成果：形成课题实施方案。

3. 研修三：学校现场，案例研修，建设典范学校。

（1）学校现场研修1：省会城市城区学校"小班化教育"特色化办学。

2019年3月，在成都师范银都小学召开文莉工作室教育部现场授牌仪式暨四川省首批名校长研讨会，全国、全省260位校长参会。

创新：授牌仪式＋领衔人学校成果展示＋教育部领航工程名校园长代表专题讲座。

成果：将工作室工作手册、授牌仪式模式推荐给国培项目办，在教育部二期中小学领航名师、名校长工作室中推广；形成城区优质学校个性化教育典型样本。《中国教育报》等报道。

（2）学校现场研修2：农村小学的"川剧教育"特色化办学案例。

2019年6月，在成员何明春校长所在学校成都市彭州市隆丰乡中心小学，举办新时代小学特色化办学研讨会暨四川省校长培训研讨会。

创新：成员学校提供特色化办学专题报告、典型课堂、校园文化等，其他成员分组观察、诊断、专题发言，领衔人、专家、艺术家等座专题讲座。

成果：形成农村艺术教育特色化办学案例，落实工作室四级联动领航，《教育导报》报道。

（3）学校现场研修3：地市州城区学校"现代学校治理"特色化办学案例。

2021年3月，成员李海燕绵阳市名校长工作室揭牌仪式暨新时代小学特色化办学研讨会召开。

创新：绵阳市教育和体育局、文莉名校长工作室联合主办，落实工作室四级联动辐射引领；绵阳市教体局、绵阳市高新区教育局领导专题发言，成员王小宁、何明春、郭恒霞、李海燕交流因地制宜特色化办学经验，绵阳市近 200 位校长参与研讨。

成果：形成地市州城区学校特色化"现代学校治理"特色化办学案例，落实工作室四级联动领航，《教育导报》报道。

4. 研修四：专题研讨，区域辐射，提炼本土经验。

（1）四川省名师、名校长工作室建设年度展评会。

2019 年 11 月，四川省名师、名校长工作室（含教育部名校长领航工程成员工作室）建设年度展评会，由四川省教育厅、省项目办主办。全省名师、名校长工作室领衔人、部分成员参会。领衔人文莉在大会做专题发言，成员何明春代表全体工作室成员专题发言。

成果：工作室人人有年度成果集。

（2）举办四川省课题研讨会。

在线公益论坛：2020 年 7 月，工作室承办四川省教育厅、四川省项目办主办"川越视界"在线公益论坛，举办"新时代小学特色化办学"研讨会，8888 在线实时参会，1.19 万人次观看。

创新：教育部领航工程联动，专家定制指导＋办学特色＋辐射。

成果：厘清概念，明晰意义，梳理逻辑框架，形成四川城市、乡镇、农村，"互联网＋"、综合实践、艺术教育等特色化办学案例；《中国教育报》报道。

（3）四川省第二届名师、名校长鼎兴工作室研讨会。

2020 年 9 月，四川省教育厅、四川省项目办组织在线论坛。领衔人文莉代表工作室做《做教育家型校长，领航教育高品质——名校长工作室建设与推进》专题交流，100 多位名师、名校长参会。

（4）四川省新时代第一届卓越校长培训班。

2020 年 12 月，四川省教育厅、华东师范大学主办四川省新时代第一届卓越校长培训班。成员郭恒霞、王小宁、侯旺在全班做特色化办学案例交流，专家现场指导。

（5）四川省新时代第一届卓越校长培训班学校考察学习。

2020年12月，四川省教育厅、华东师范大学主办现场研讨"以课题引领学校特色化发展"。由工作室领衔人文莉所在学校成都师范银都小学承办，主题"深化小班化教育改革，促进每位师生个性化发展"。

创新：以"教师个性化发展"课题为引领，展示课题、课程、课堂"三课"联动成果，以特色化办学持续推进学校全面高质量发展。

成果：城区特色化办学"三课联动范式"，《教育导报》报道。

（6）成都高新区品质课程实验学校成果展示会。

2021年3月，成都高新区教育发展中心主办现场研讨：系统构建课程，引领学校特色化发展。成都师范银都小学承办，主题为"人文化德育，促生命花开七彩"。工作室成员学员学校、区内外约200位教师参会。

创新：立德树人，课题、课程、课堂三课联动，让"德"化为可见可感的人的良好品德、言行。

成果：城区学校特色化办学"德育课程体系建设范式"，《教育导报》报道。

（7）广安市邻水县特色化办学校长论坛。

2020年12月，广安市邻水县，成员李志刚校长发起，邻水县教育科技与体育局、文莉名校长工作室联合主办。邻水县副县长、教育科技与体育局领导发言，工作室成员李志刚校长做主旨引领。全县中小学校长参会。

创新：激发县域教育特色化办学活力，落实工作室四级联动领航。

成果：区域特色化办学推进。《教育导报》报道。

5. 研修五：专题研讨，全国交流，提炼四川经验

（1）"跨省域研讨"。

2019年10月，北京市教科院调研，在成都师范银都小学，领衔人文莉做名师工作室、名校长工作室经验交流，成员何明春、王小宁、郭恒霞、李志刚、李海燕做特色化办学案例介绍。

创新：跨省域交流；扎根本土、因地制宜特色化办学案例。

成果：形成个性化教育、悦纳教育、生命教育、艺术教育、劳动教育等特色化办学案例；提炼四川"扎根本土"特色化办学经验。

2021年4月，教育部名校长领航工程，四川、安徽、河南、福建、山西、内蒙古中小学名校长工作室联动，参与由教育部教师工作司主办、广西师范大学承办的赴广西巴马、东兰、凤山等县（自治县）送教工作。

（2）中国教育报专题报道。

2020年7月，以《植根传统与校情，不为特色而特色》为专题，报道文莉工作室举办的在线公益论坛。特别报道了乡镇小面积学校综合实践、农村学校艺术教育特色化办学案例。

2020年9月，以《追寻个性化教育》为专题，报道工作室领衔人文莉教育理念与教育人生故事。

三、工作室建设成绩成效

（一）培育一批优秀校长

凝练教育思想，努力成为教育家型校长。领衔人和成员15人，工作室建设期间，人人发展：全国专委会委员1人、省学术和技术带头人1人、省名校长3人、省首届卓越校长班学员4人、地市州优秀8人、区县级优秀5人。

文莉被评为"四川省学术与技术带头人"（中共四川省委、四川省人民政府，2021年5月）；郭恒霞为教育部基础教育教学指导专业委员会委员（中华人民共和国教育部基础教育司，2020年12月）；王小宁、李海燕、赖小英被评为四川省中小学名校长（四川省教育厅，2020年9月）；文莉、王小宁、郭恒霞、侯旺入选四川省新时代第一期中小学卓越校长培训班（四川省教育厅，2020年12月）；李海燕被评为绵阳市首批名校长鼎兴工作室领衔人；张洪明被评为德阳市优秀校长；李志刚被评为广安市名校长；王强被评为"自贡市优秀教育工作者"，被推荐参加省国培骨干校长提升研修培训；黄光军被评为雅安市首届、第二届高中语文学科带头人，推荐为雅安市中语会常务副会长；郭恒霞被评为德阳市三八红旗手；赖晓英被评为资阳市三八红旗手；余伶俐被评为康巴青年菁英；张立新被评为新津区十佳校长；张俊勤被评为高新工匠；徐红遴被选为"区名师工作室领衔人"、区教育管理学科带头人；

王云章被评为区"管理学科"带头人。

（二）成员学校发展

工作室各学校发展见成效，其中7所学校获得全国、省、市级称号，特色化办学等典范经验在全国和全省辐射。

成都师范银都小学被评为教育部中小学中外人文交流特色学校建设计划学校，被省教育厅评为四川云教直播课堂主播学校，被省教科院和电教馆评为四川云教电视课堂线上教学资源建设基地校；出版了学校小班化教育系列专著之五《小班化教育体育与艺术教育》。文莉校长、张俊勤副校长作为主编，带领教师56人，历经2年，对20年学校体育与艺术教育进行系统梳理与提炼。由四川大学出版社出版，发行全国，为全国小学体育与艺术教育提供"银小经验"。

德阳市岷江路小学被评为全国文明校园、全国家庭教育创新实践基地、全国青少年人工智能活动特色单位、四川省艺术教育特色学校。德阳第一小学被四川省教育厅授予四川省优秀传统文化艺术传承学校、四川省中小学美育实践基地、四川省优秀学生艺术团、全国青少年人工智能活动特色单位称号。彭州市隆丰小学被评为四川省优秀传统文化传承学校、成都市天府文化优雅时尚特色学校、成都市环境友好型学校等；校长何明春带领全校教师，从学校川剧社团—川剧课程—艺术教育—特色教育—特色化办学，逐步探索出农村学校特色化办学的"隆小经验"，在全省推广。眉山东坡区苏南小学被省教厅评选为四川省优秀传统文化艺术传承学校。广安市高兴小学被评为华蓥市2020年课改工作先进集体。都江堰龙江路小学万达校区被评为成都市阳光体育示范校、成都市艺术特色示范学校等。

（三）领航区域教育高质量发展

工作室"四级联动"，助推四川教育高质量发展。领衔人及成员18人，通过"部＋省＋市＋区"四级联动机制，努力实现"1+7+12+60+N"的辐射。2020年，成员学员开展二级三级培训交流近百次。成员王小宁、李海燕、李志刚、张立新、何明春等建立了工作室，多次组织学员校长开展研修、送教等。3年来，工作室共开展活动 106 次，覆盖 12 个市（州）、30 余个区（县）、100 余所学校，涉及 22360 人次；聚焦了学校特色化办学、教育深度帮扶、课堂教学研讨、科研课题指导等主题，采取了讲座引领、深度研讨、教学观摩、现场诊断等形式。

工作室合力抗疫保学，创新教育教学方式。文莉校长承担了省教育厅抗疫保学云教名师课堂。据不完全统计，防疫中成员（学员）学校完成诗歌或随笔等文艺作品 1197 份，指导学生作品 18444 份，撰写有关抗疫论文 529 篇，完成在线课程资源（含时事教育视频、名师课堂、学科教学视频、在线培训等）4215 课时，完成其他类别资源 193 份，为四川教育"防疫不停课"做出了应有的贡献。

工作室创新方式，探索常态化支教。2020 年 9 月以来，作为省云教直播课堂主播学校，银都小学组织学校教师团队，每天进行一至六年级语文、数学、英语教学直播，远端收看小学 17 所，包括凉山彝族自治州喜德县民族小学、甘孜藏族自治州德格县亚丁小学等。共 80 多名教师担任直播教学，约 1500 节。工作室还继续与云南省德宏州芒市江东乡、甘肃省兰州市新区、邻水县、四川省 3 个自治州的德格县、黑水县、康定市、小金县等 30 余所偏远农村小学结对帮扶，工作室组团 8 名校长赴凉山做专题讲座；文莉校长随教育部广西师大基地班赴广西红河流域送教下乡，受到一致好评。

工作室躬耕课堂，深入课堂教学研究。工作室校长们还彰显名师课堂引领作用，带动教师发展、课堂质量提升。文莉校长、张俊勤副校长任省云教直播课堂主播教师。文莉校长执教语文课获得成都市教师课堂大比武一等奖；侯旺校长为眉山市特级教师课堂教学展示活动，执教数学示范课。

初步形成一批新时代小学特色化办学的四川样本。

"新时代小学特色化办学"工作室成员及学校特色简介

校长	学校	特色	区域
文 莉	成都师范银都小学	小班化教育	省会城市城区
张俊勤	成都师范银都小学	人文化德育	省会城市城区
何明春	成都市彭州市隆丰镇小学	农村小学艺术教育	农村
王 强	自贡市大安区何市镇中心学校	农村小学集团化办学	农村

郭恒霞	德阳市岷山路小学	幸福种子教育	地市（州）城区
王小宁	广安市华蓥市高兴镇小学	悦纳教育	乡镇
余伶俐（藏）	甘孜州康定市回族小学	民族地区教育均衡	地市（州）民族地区
李海燕	绵阳高新区火炬第三小学	心理健康教育	地市（州）城区
李志刚	广安市邻水县鼎屏镇第二小学	综合实践活动	乡镇
张洪明	德阳市第一小学校	书院式小学	地市（州）城区
侯　旺	眉山市东坡区苏南小学	艺术教育	地市（州）城区
张晓蓉	成都天府新区第六小学	习惯养成教育	城区新校建设
徐　红	成都高新区尚阳小学	少先队课程	城区新校建设
赖晓英	资阳市雁江区第七小学	综合实践活动	地市（州）城区
张立新	成都市新津县第一小学	数字化管理	县城
王　锦	都江堰市龙江路小学集团万达校区	融创教育	县城，从引进办学到自主优质教育品牌
王云章	成都双流区棠湖小学南区	爱的教育	县城
黄光军	雅安市教育科学研究所	民族地区教育均衡	地市（州）民族地区

四、工作室建设和学校发展成为全国典型样本

工作室建设成为全国典型样本。文莉工作室授牌仪式暨研讨会、工作手册等，受到教育部和国培办充分肯定，推荐给全国名校长工作室借鉴。文莉工作室建设与办学经验，文莉校长与北京、上海、广东、浙江、重庆、澳门等全国各地专家和校长交流，在莫斯科中国驻俄大使馆、中国教科院全国STEM创新教育大会、教育部学校规建发展中心中国教育现代化 2035 暨未来学习方式变革会议、全国小班化教育研讨会上交流。

撰写小班化教育系列专著，出版推广，系统构建特色化办学典范经验。2020 年 3 月，领衔人文莉主编出版小班化教育系列专著之六《小班化教育体育与艺术教育》。成都师范银都小学已出版系列专著 6 本：《银小印象——学校发展与小班化教育》《小班化教育课堂教学》《小班化教育班集体建设》《小班化教育爱的故事》《小班化教育体育与艺术》，其中 3 本作为全国中小学图书馆馆配图书推广至全国。

第三篇

成员（学员）成长故事

但使书种多，会有岁稔时

四川省陈家武名师鼎兴工作室学员　　曾德强

春风化雨润新芽，只盼梨园满桃花

经历了入职、初中两届、高中两届的语文教学和班主任的磨砺，跑完了"站稳讲台，跑好教材，管好学生，上好课堂"的征程，我以较为优异的教学业绩完成了教师的第一轮成长。下一步该如何走？是一届又一届按部就班"重复昨天的故事"，还是继续向前？前方又在哪里？

人生的迷茫很多，而我只是那只坐井观天的蛙。

三生有幸，让我在"四顾心茫然"之际，遇到了尺度相同的人，有幸加入了四川省陈家武鼎兴名师工作室。在这里，我见识了专业成长的广阔前景，领略了语文人的热忱与情怀，明白了一名老师的价值和意义，找到了当下和未来要踏上的漫漫征途……

工作室成员无一例外都是一线讲台的坚守者，其中最抢眼的是主持人陈家武老师：年近花甲，本该到了钓鱼养身、含饴弄孙的时节，桃李满天下的他，依然不辞辛劳，带着高三年级两个班的语文，做着班主任，当着教研组组长。上课、改作业、阅卷、讲学、写文章、做课题、出专著，一样都不少。此外，他还带着四川省首批名师工作室，提携后浪，培育新人。如果不是热爱，不是情怀，我实在想不出其他答案。

榜样最能感染人，陈老师的存在本身就是一种证明，一种语文人该如何经营专业"田地"的示范。

青年教师该如何规划自己的职业生涯，除了知道，他们还要看到。

事在心上练，心在事上磨

踏入工作室，就迈入专业成长的快车道。

磨课参赛是教师成长的捷径。普通教师要参加校级、市级比赛易，参加省级赛事则难，参加全国性比赛则难上加难。工作室为我们搭建了一个高且好的平台。

借助工作室，我于 2019 年 11 月参加了全国第十五届文化教学中小学优质课大赛，并获得一等奖。

从遂宁中学的三尺讲台走上全国大赛的领奖台并非一帆风顺。为了备好参赛课，我前后 9 次修改教学设计，辗转 5 所学校，走进 6 个教学班进行试讲，参与评课的老师多达 30 人。磨课期间，陈老师带着几位往届获奖选手，给了我全方位的指点和帮助，让我的课脱胎换骨，具备了成为优质课的可能。

更难能可贵的是，在山东临沂参赛期间，我平生第一次和 9 位特级教师出现在同一个讲台上。其中包括全国著名特级教师，如清华附中的韩军老师，我也是平生第一次与韩老师有了面对面的交流。听了韩老师有关"伪阅读"的思考，感觉"如听仙乐耳暂明"，韩老师的学识令人佩服，韩老师的担忧令人警醒。阅读教学的未来该怎么走？似乎我又多了一丝觉悟。

返校后我将参赛课做了整理，写成文章，发表在《中学语文》2020 年第 8 期，并受邀在文化教学和正道语文 QQ 群开展了两次专题讲座，获得好评。

这一次赛课，不仅让我领悟了王守仁"心在事上磨"的密义，也让我明白了工作室建立的一层意义。

男儿有求安得闲，莫向光阴惰寸功

一线教学离不开试题研究，在陈老师的鼓励下，我参与了《教学考试》杂志与"天利38套"联合举办的原创命题审题项目。在编辑老师的带领协作下，已有 5 种公开出版物，我也成为该杂志社 2020 年公开感谢的合作教师。该项目仍在进行中，将来会有更多的作品问世，我从中已受之益、将受之益实在难以尽言。

研究教材教法是教师教研的的一项重要内容，也是工作室大力推进的一件大事。工作室为成员购买了统编教材，并邮寄到家。借着这套教材，我参编了《高中语文"1+X"比较阅读：必修，上册》，已出版。伴随参编过程的深入，我对 2017 版课程标准和统编教材有了更深的认识。相信在未来的教学中将会有用武之地。

走向反思，梳理问题，总结经验，"把问题变成课题"，是工作室对成员的又一要求。

参与课题研究是走向专业发展的重要节点，也是一线教师"大有可为"之处。依托工作室，我参与了四川级重点课题"新时代润心名师工作室研究"、教育部"'十三五'重点课题'健康中国背景下学校建设指标体系研究'"的子课题（已立项），并担任主研。跟着卓有成效的陈老师和众同门，学习把学到过的、实践过的梳理提炼为成果。

发现问题，求解问题，形成经验，在摸索中做一名有思考有行动、敢于尝试、敢于研究的老师。

2020 年突发的新冠肺炎疫情打破了计划中的相聚，但是学习没有停，交流不能止。

2020 年 7 月 28 日，由四川省教育科学研究院主办，资阳市教育科学研究所协办，四川省陈家武名师工作室承办的"中学班级文化建设策略"论坛，在 CCtalk 平台"四川省名师、名校长论坛"开展线上直播。

这一天，专家、名师云集，阵容强大。来自粤、渝、川三地的名师工作室联动，分享中学班级文化建设的实践案例，探索新时代班级文化建设策略，展示班级文化浸润学生心灵，变班级管理为班级文化育人。优质的信息，彰显了强大的魅力，论坛当日，共吸引了全国 8000 余名班主任在线收听，受到广泛好评。

汪桂琼所长的讲话鼓舞人心，重庆巫正鸿老师《构建思想和灵魂的家园——用文化经营班级》的专题讲座，陈家武老师的《文化润心，活动立人——

普通高中"生命成长"班级文化建设策略》令与会老师振聋发聩，大呼过瘾。

作为参与者，我再次体验了浸润式学习带来的畅快，不光更新了班主任工作理念，而且厘清了班级文化育人的具体路径。所学有所思，所思必有所行。未来的路上，我将更专业、更有的放矢地开展工作。

融入教研，会花费许多时间和精力，这样会不会影响日常教学？我的答案是否定的。真实有质量的教研还会有益于日常教学，2019届我所带的高三毕业班，两个班均完成上级下达目标任务。每个班语文上120分的人数均居同层次第一，我也因此获得了"遂宁市2019年高考先进个人""2019年校职称优秀""2019年优秀班主任""2020年遂宁市最美教师"等称号。

国之大事，首推教育，育人是一件极为重要的工作，育师又是育人的重要前提。教育强国，少不了强师强研的实在之举。用榜样去证明，用协作去提携人，用更艺术、更美好的方式去塑造心灵。名师工作室助我不断前行！

【专家点评】

要成为名师，应先有成为名师的眼光、名师的胸襟、名师的格局。"国之大事，首推教育，育人是一件极为重要的工作，育师又是育人的重要前提。教育强国，少不了强师强研的实在之举。用榜样去证明，用协作去提携人，用更艺术、更美好的方式去塑造心灵。"此段文字包含了上述内容。榜样最能感染人，示范是最好的引领！愿曾老师循着榜样的足迹，在事上炼心，在心上磨事，以事育人，成事成人。

感恩相见相扶持

成都市新桥小学校　　　段静波

成都街头寒意正浓，我们齐聚在成华小学，那是四川省名师工作室成立的日子。校门口电子屏幕上的一句话深深打动了我："愿你天性纯良，不舍爱与自由。"罗素说过："美好的人生是为爱所激励，为知识所引导的人生。"我们这一群人爱着画画，像一个孩子。因为共同的爱好与相同的专业，我们跟随着胡老师学习，学她的治学态度、她的敬业精神、她的为人。这些都是让人心生欢喜的事。在名师工作室我们得以亲近名师，学习了岩彩画、工笔花鸟画，看到了胡老师怎么辅导儿童美术创作。这两年，我们一起去宜宾送课、西昌支教、甘孜支教……我们还共同参加网络课程的学习。这两年是饱满的两年，镌刻着我们每一个工作室成员协作、进步、成功、快乐与幸福。这两年过去了，胡老师带给我的影响像血液一样将永远在我身上流淌。

一、不要轻言放弃

胡老师是一个执着的人，认准了的事情，她从来不会轻易放弃。我印象最深的是交申请表的事。工作室成员的申报与遴选表是教育厅发到各区、市、县教育局的，教育局把通知发到学校。学校把申报表汇总到县（区）教育局，最后反馈给市教育局和省教育厅。完成了这个步骤，各个名师工作室的领衔人才能看到自己工作室成员的名单。那是个冬天，我正在为区上的老教师作品展览做泥塑，接到了胡老师的电话："名单上怎么没有你？你怎么没有报我的工作室？"其实，我没有接到报名通知。胡老师转给我一份通知。一看这个通知，我立马懵了！第二天就是申报截止日期啊！填写申报书内容不说，仅仅是公章，就需要学校签章、区教育局签章、市教育局签章。别说盖章，就是签个字，找人也难。想一天之内办好，我感觉好像比登天还难。但胡老师鼓励我马上行动，尽力去办，努力争取一下。胡老师都那么上心，我怎么能偷懒退缩，试试吧！当晚我填好申请表，第二天我拿申请表找相关单位主管负责人签字盖章。找校长盖章后又往区教育局跑。区里签字盖章后又去市教育局签字盖章，做完这一切刚好近下午5点。我马上把表格拍照发给了胡老师。这么折腾了一天后，我竟发现自己高效率做了一件我简直不敢想象的事情。这件事对我的触动太大了。我亲历一遍这种不可思议的事件，深深体验到胡老师那种不轻易放弃的精神，而这正是我缺少的。后来，我在和胡老师的相处中仍然处处感受到她的执着与坚持。她的"一直变"与"经常变"就是明证。这么多年来，她经常改变各种辅导学生的方法，她是聪慧且思维灵活广博的。但她一直不忘初心，永远牢牢抓住"凉山文化"这一主题。这么多年来，胡老师的教学硕果累累。

二、把工作与学习融入生活

胡老师身体素质很好。我不知道是因为她特别勤奋认真的习惯成就了她的好身体，还是她的好身体成就了她的事业。她工作起来是那么的亢奋而不知疲倦，这是一个人发自内心对生活、对艺术、对工作的热爱啊！每次和胡老师一起，我们都会不自觉地投入自己。就像一首歌里所唱的："投入地爱一次，忘了自己……"记得有一回，我们跟着胡老师学习岩彩画，为了挤出更多时间画画，我们住在教室旁边的酒店里，并且通过外卖和面包解决吃饭问题。我们在家画画会偷懒、会怕累，跟着胡老师画画、做事，很开心，都不会累，甚至还想把时间掰成几瓣来用，这真的很奇怪！或许是胡老师对工作学习的投入让我们深受感染吧！胡老师的生活就是工作与学习，工作与学习也是她的艺术人生！现在我渐渐学会胡老师利用时间的方法，把碎片时间利用起来。比如，在接送孩子补课的路上，我带着速写本和书，利用碎片时间做很多事。只是因为家庭事务繁杂，我始终做不到像胡老师那样忘我。

三、爱是一切动力

胡老师爱着学生，爱着教学工作，爱着艺术创作，爱着养育她的土地，爱着故乡的文化，并努力传承故乡优秀文化。她也爱着工作室的老师们，她不仅在专业上引领我们，生活中也关心我们，犹如我们的亲人！大家亲切地称呼她为"胡妈妈"。有一次，胡老师带我们到甘孜州支教，胡老师带了好多抗高原反应的药，谁有不适马上递药过去。胡老师是美的使者，她不仅把美带给了孩子们，也带给了我们。她爱美，像个小女孩。她粘了很长很长的睫毛，见到我们就使劲眨眼睛，怕我们没有注意到她！她热爱生活，一粥一饭的简单也是她的所爱。在西航画画的日子，我们每天中午一起出去在小面馆吃午饭。那是夏天，热得很，胡老师每天都是一碗面，再加一碗冰粉。她说："吃一碗面，再吃一碗冰粉，感觉自己好幸福啊！"那种天真，如孩子一样的天真，深深打动着我。

四、将家乡民族风情融入事业

胡老师出生在西昌，虽然走出了大凉山，对家乡的爱却是永恒的。这两年胡老师带着我们去大凉山支教，让我们对大凉山也多了几分感情。彝族的民族服装、火把节、热情淳朴的民风以及彝族小孩那种自由奔放的玩耍方式等，都让我难以忘怀。我对彝族这个民族的了解铸就了特殊的爱，我总觉得这个民族最有诗意、最神秘、最美，这种情愫也将陪伴着我的一生。

胡老师是不知疲倦的永动机，她一直在奔忙，从不曾停下脚步，只是为了追逐心中的太阳；胡老师是一个执着的筑梦人，凉山是她魂萦梦牵的地方，也是她艺术人生所寄；胡老师是一个爱着美的孩子，用她的简单、单纯，把生活过成了一首诗；胡老师是一个无私的引路人，带着一群人，爱着最初的爱，做着太阳底下最光辉的事业。

这两年虽然匆匆而过，但胡老师像一束光一样照亮了我们的人生之路，感恩胡老师对我们的所有付出，祝福胡老师爱她所爱，健康常在。

【专家点评】

件件小事，记录了青年教师在名师工作室的成长历程，反映了青年教师在名师工作室思想、行为发生变化的心路历程。名师工作室领衔人的引领作用是不可或缺的，优秀的教师有激活"一池春水"的力量。胡琳老师的热情、执着、友爱及其工作与生活态度，影响着工作室的成员，使段老师置身其中成为追寻爱与光的人。热爱生活、热爱故土、热爱工作，友善待人，惜时提效，深深地理解爱，学会付出爱与接受爱，这些都是血肉丰满的生命成长！

那灯塔，照亮前途

杨梦奕

2018 年 7 月，我从大学毕业，走入中学英语教学岗位。作为一名新老师，我经历了许多的不安、疑惑和挑战。正当我迷惑、渴望进步之际，有幸于 2019 年 1 月正式成为四川省周丽名师工作室中朱婷子工作室的一名学员。这犹如一盏明灯，为我在教育教学和专业发展的道路上，指明了化解疑虑和直面挑战的方向，更催促着我快些找到自我，快点成长。工作室定期开展的行之有效的教育教学活动，更成为我弥补不足的有力方式。自此，我与工作室同行的故事随着时间的推移慢慢续写开来。

一、怀揣梦想进入名师工作室

2019 年 1 月 19 日，四川省周丽名师工作室举行启动仪式。启动仪式上周丽老师宣布了工作室长远清晰的发展定位，精心设计了工作室 Logo，提出工作室以坚持"理论学习＋课题研究＋课例探究＋区域调研＋反思调整＋总结梳理＋成果展示"作为总体发展思路。强调以"培养一个、带动一批、辐射一片"作为工作室的发展目标，更提出要让全体成员浸润在不忘初心、怀揣梦想、砥砺前行的文化氛围中，明确地指明要为青年教师的发展提供方向和锻炼的舞台。作为工作室的一名学员，我倍感荣幸和兴奋，更被这一切深深地感染着。我渴望跟随工作室同伴的步伐，共同出发，共同学习，健康成长。

二、在"做"中实现专业成长

成立之初，工作室安排了许多丰富的教育教学活动，通过青年教师上公开课来促进其更好地成长。在2019年3月朱婷子工作室的教研活动中，不到1年教龄的我，上了一节7年级下册U10 I'd like some noodles 的听说课并进行了现场说课。在备课的过程中，子工作室的学员为我提供了很多帮助。他们主动来听我的先行课，并针对教学流程和课堂活动提出了许多宝贵且可行的建议，让我明白了各教学环节需要紧密相连的重要性及自己课堂教学的不足。在我磨课期间，周丽老师耐心帮我深度解读教材文本，帮助我梳理上课思路，提出了许多宝贵的修改意见。说课前一天，周老师特意让我提前说了一遍，并针对不足提出修改意见。对我而言，如沐春风，如吮甘霖。这一次的展示课，让我第一次真正地弄清楚了深度解读教材文本的重要性以及听说课的教学流程。周老师还提醒刚为人师的我，要通过不断学习，提高自己的课堂教育教学能力。

2019年10月，我进入工作室近一年之际。子工作室负责人朱婷老师为我的专业能力发展提供了新的机会。那时，她坚定地支持我参加青羊区"熊猫课程"视频课竞赛。接到这个通知后，我既紧张又兴奋。既担心自己正入八年级这一关键阶段，无法将日常繁忙的教学工作和赛课的准备工作做到完美的平衡，又十分愿意接受这次艰巨而又充满意义的锻炼机会。在紧张和期待中，我欣然接受了这次挑战。然而，在备课过程中，我对于非教材所学的熊猫文化课程无从下手，更不知道我要选择与四川哪类相关文化内容进行授课。正在焦虑之际，具有先进理念和丰富教育教学经验的朱婷老师为我的参赛课程指点迷津，提出从三国文化切入。她的建议使我茅塞顿开，最终选定了三国诸葛亮这一研究视角，并逐步确定了上课的内容和流程。

随后，我准备了一堂试水课，朱老师听课后，提出了以下意见：选择的阅读文本难度太大、读后检测形式太单一，学生参与度不高，应降低文本难度和练习难度，并借助视频加深学生对三国人物的理解。朱老师的细心指导，我受益良多。当天晚上，我便熬夜修改阅读文本，随即对其他内容做出调整，并再次征求朱老师的意见。完成了现场的录课工作。第一次的录课是下午第一节课，学生们刚结束午休。他们的思维和活跃度难以达到理想状态，整个课堂也不像往日那样积极活跃。我不希望留有遗憾，当即调课再录一遍。第二遍虽有瑕疵，但总算是过了自己内心那一关。

事后回想，我很满足于这次赛课为我带来的教学灵感和心得。比起依照课本内容为依托的日常教学活动，这次无固定教材的课外文化知识教学活动更具有挑战性，这令我豁然开朗，更有力地缓解了我的日常教学压力。与此同时，我更感激工作室提供的机会以及朱婷老师用心、细心、真心的提点和帮助。令人欣喜的是，我的这堂名为"三国诸葛亮"的文化课，最终获得了青羊区一等奖的好成绩。这便让一切辛苦都留下了"值得"二字的烙印！

三、在"练"中厚实专业底蕴

2020年是我加入工作室的第二年。我惊喜地感受到，工作室构建了一个多元化的学习平台，多彩的活动，不仅为青年教师的成长注入更多的发展可能性，更加速了青年教师的健康成长。周丽名师工作室为我们提供了更多专业发展机会。2020年4月23日晚，全体成员和子工作室的学员们在工作室周丽老师的领衔下齐聚云端，开展工作室省级课题"基于主题意义探究的初中英语单元话题复习课的建构研究"云系列培训活动。工作室旨在通过这样的活动，提升工作室成员和子工作室的学员们规范完成论文写作的能力。对于毕业后便停下论文写作的自己，无疑是一次强而有力的鞭策和契机。会上，我认真聆听了子工作室负责人杨名老师针对课题研究的经验分享。了解过程性资料在课题研究过程中的重要性，以及如何通过"三步"做好资料的收集工作。周丽老师发表了对课题研究的见解，从参与课题研究的广度、深度、宽度等多维度地阐述了研究过程。这引发了我对日常教学工作的反思，分别于2020年5月和6月，完成了一篇7年级 Starter U3 的主题意义解读，以及该单元对应的题为《Starter U3复习课教学中的主题意义探究》的论文。加深了我对课题研究的理解，激发了教学研究和论文写作的动力。

工作室不仅开阔了我的视野，更促使我把学到的理论和经验内化提升。我充分感受到这个温暖集体带给我的快乐和收获。工作室负责人和学员们乐于创新、好学上进、勇于开拓的精神给予了我很大的前行动力。

工作室就如同那前方高耸的灯塔，照亮前路，引我前行。我坚信，我定会与工作室续写出更为精彩的成长故事，并在教师专业成长的路上披荆斩棘，勇往直前。通过不懈努力，在现代教育探索的路上走得更远、更好。

【专家点评】

故事反映了"我"在有如灯塔的名师工作室引领下，从一名普通的新教师迅速成长为研究型教师和优秀教师的过程；凸显了名师工作室细致而睿智的导引教师发展作用，使教师们在"做"和"练"中厚实了专业底蕴和促进了专业发展；也肯定了"我"在教育探索与实践中乐于创新、好学上进、勇于开拓所取得的成绩。

音为有爱 伴我成长

吴雅锌

2018年我有幸加入了谢红梅名师鼎兴工作室，成为工作室的一员。回想自己在工作室的点点滴滴，真是令人难以忘怀。学习中有过困惑，工作中品尝过艰辛，但更多的是体会到了交流的愉悦、收获的快乐、成长的欣喜。在工作室领衔人谢校长的引领与指导下，在工作室聘请的专家顾问——四川师范大学杨瑜老师的教导下，在和工作室各位老师的学习交流中，在工作室严谨、务实、求真的学术氛围里，我不断成长，不断收获。

我们的工作室是一个团结合作、乐于学习的团队。学员们虽然工作繁忙，地域跨度很大，但每次活动都积极参加。我非常喜欢像工作室这样充满学术氛围的团队，谢校长给予我们很多外出学习的机会，让我们看到了外面高水平的教学课程设计以及最新的教育理念。谢校长还鼓励工作室成员多看书，提醒我们日常的教学中可以多写写随笔，提高自身的素质。这一路走来，我也学到了很多具有思想性、可操作性很强的方法。

工作室的发展目标是立足课堂，科研引领，搭建平台，促进交流，用爱传递，塑造美好心灵。工作室的成员教师们全部来自小学的一线，"立足课堂"就是工作室开展一切活动的基石。工作室的成员们平均年龄在30岁左右，是具有一定工作经验的较为成熟的教师。但大部分都做了妈妈，在下午五点半回家之后，在家里继续上岗，辅导孩子作业、陪伴孩子的特长学习，基本上把孩子弄睡觉后，才有那么一会儿是属于自己的时间。上班期间，就拿我来说，我是一名副校长，除了正课10节以外，还有很多行政工作以及合唱社团的授课，加上中午值班、下午的延时，还要承担学校各种活动的排练任务。

说实话，每天上班都忙得鸡飞狗跳，回到家都有点筋疲力尽。那在这种情况下，怎么办呢？怎样找到幸福感？我们工作室搞活动时，大家在聊天讨论的过程中，通过相互比对，发现每个音乐老师的情况都差不多，互相找到了心里安慰。其实无论什么职业都是很辛苦的，有些职业经常晚上甚至周末都还经常加班，都辛苦，而既然选择当了老师，对职业的认同感是有的。或许我们的职业正是别人所羡慕的，找到了心里安慰，其实感觉自己还是挺幸福的。大家还彼此分享着自己的工作经验、生活经验、育儿经验等，明白了生活需要技巧——"会过得井井有条，不会过得一地鸡毛"。还记得第一次工作室会议结束时，杨老师和谢校长让我好好准备全省的微课比赛，对我寄予厚望。但工作的忙碌让我没有那么用心地去设计课程，太久没有接触到新鲜知识，让我还停留在以往的教育教学方法中，第一稿教案被杨老师严厉批评，同时从各个方面对我的教案给出了很详细的修改意见，最终我的教案没有通过审核。这时候的我是失落的，但我深知即使自己忙于行政工作，也必须立足于专业。于是我开启了女超人模式，教学上强迫自己把平时的每一节课都要按照公开课的标准去设计。我组织本校音乐教师，共同研讨、共同设计，把每一个年级的课程都设计成规范的音乐课范本；同时在全校范围内定期组织公开课，以此推动青年教师研究课堂教学，促进教学质量的提高。2019年，根据工作室的要求，可以在我的片区带领5名子成员，于是我进行了初步筛选，确保城区学校以及周边乡镇学校都有教师代表进入工作室。结果大家的学习积极性非常高，子成员有20位教师加入。子成员的加入，让工作室增添了新鲜的血液，她们平均年龄30岁，我就像她们的大姐姐一般。2019年5月，疫情过后开学没多久，省教科院举办第二届"唱家乡的歌"微课比赛，我组织策划了全县的"唱家乡的歌"微课比赛，35周岁以下的教师全部参加。因为疫情原因，初赛全部视频看课，最终选定了8节微课将在全县范围内进行展示。我对这8节微课老师的每节课都进行了指导，并给出了一些建议。每位教师不断磨课，那段日子，我每天平均要听8节微课（15分钟一节）。老师们在磨练中慢慢成长，子成员何晓薇的微课"喝酒歌"获得了全省初中组一等奖。杨雅云的微课"采花"获得市二等奖。卢强镪、曹思宇的微课获得了全县的一等奖，陈婧婷、李萨、李鑫杰、胡敏的微课获得了全县的二等奖。

大学毕业后很多专业知识和技能没有经常用到，就会慢慢退化，很多时候都要去翻书确认，因此，我们定期开展的教研学习就非常重要，包括我们当初的歌唱技能、钢琴弹奏技能技巧、视唱练耳等。一节好的音乐课一定需要更好的专业技能和专业素养做支撑。尤其是音乐欣赏课，老师对作品的理解和分析很重要，对作品要素和特征的把握，直接影响着课堂教学的质量。唱歌课中的合唱教学也给老师的合唱素养提出了很高的要求，包括对老师的听力、对合唱音色的把握、指挥技能、对音乐的情感表达以及合唱训练的方法等。于是鼓励老师们必须重拾专业，苦练专业基本功，因为"不进则退"。因为工作室的原因，有幸与著名青年指挥家罗乐老师结缘，并迅速成立"风信子"教师合唱团，每半个月接受罗乐老师的专业训练，提升自我专业水平与音乐素养。

加入名师工作室后，教学业务水平有很大提升，论文和课题也先后获奖。课题"融入童谣的小学音乐校本课程构建与实践研究"阶段性成果获省级一等奖，课题"以美养德——艺术教育与德育相结合的实践研究"获市级三等奖；论文《小组合作构建初中音乐探究课堂》《童谣融入小学音乐课程的课堂教学研究》发表在省级期刊上；2020年四川省课堂大比武获优秀晒课奖；2020年被评为眉山市"三八红旗手""眉山市优秀教师"。从2019年起前后10多次到我县偏远地区送教，并有幸参与省教科院组织的全省艺术名师送教武胜活动、西昌喜德县瓦尔学校送教活动以及雅安宝兴县送教活动。这一次次的送教对我的成长起到了非常大的促进作用。工作室成员的赞美表扬让我备受鼓舞，离"名师"的要求和标准虽然还有很大的差距，特别是在深入开展教学研究方面做得还很不够，但我相信，融入精英团队、拥有一颗平常心、做好一个课题、阅读一本好书、撰写一篇美文，假以时日，我会更加优秀，朝着那个目标努力奋斗吧！

【专家点评】

融入精英团队，在辛苦、忙碌、疲劳中慢慢成长，在合作、学习、研究中超越自我，在立足课堂、科研引领、搭建平台、促进交流、用爱传递、塑造美好心灵的目标下实现团队共进；做好一个课题、阅读一本好书、撰写一篇美文，使自己变得更加优秀。

沐名师光辉　砺破茧成蝶路

自贡市蜀光绿盛实验学校　　张贵兰

　　"高山仰止，景行行止"，这句诗带给我们一种"虽不能至，但心向往之"的景仰之情，亦如深爱着教育事业的老师对名师的向往。追梦的日子忙碌而充实，匆匆的步伐诠释奋斗的意义。两年来，我借助四川省李敏名师鼎兴工作室、自贡骆春秀名师工作室、高新区张贵兰名师工作室平台，积极开展工作，用心诠释班主任、教研组组长、教研员和领衔人、成员的角色，和团队伙伴一起遇见更好的自己。

一、感恩——"敏姐"的邀约

　　2018年12月5日，带着对"名师"的向往，我认真填写好"中小学省级名师工作室成员推荐表"，上交到自贡市教体局人事科。在热切的期盼中，2019年的钟声敲响，寒假将至的一个傍晚，电话铃声响起，来电显示宜宾，莫名的欣喜涌上心里。电话里一个响亮的声音传来：我是李敏，你愿意加入我的团队吗？半个小时的交流之后，便开启了一段新的旅程，成为四川省李敏名师鼎兴工作室自贡团队负责人。感谢我的"名师"之梦，让我幸运地遇见了这个在边远山区坚守30载的优秀的领衔人。是她的坚持、热爱、努力向上坚定了我的又一段追梦之旅。

　　2019年1月15日，通过李敏名师工作室QQ群，我收到了李敏老师给我们的一封信，其中有这样一段话："工作室是个平台，更是一个团队，因为共同的目标，我们走到一起！一次相识，终生相知！让我们一起努力，将工作室做出特色、办出实效，让我们用智慧和汗水收获一路花香！"这情真意切的话语，一直激励着我和团队砥砺前行！

我们因工作室结缘，走进彼此的生命。常忆起夜深人静时，我们还在网上畅谈教育的困惑和期待，畅想工作室的未来，在我无助时的安慰和帮助。每一次点滴进步都有李敏老师及时的肯定和鼓励。她已经不只是我们工作室的领衔人，她是我们敬仰的"敏姐"。

二、引领——一起"折腾"的日子

还记得工作室启动仪式上李敏老师平实而又充满真情的分享，她不断地"折腾"，才有了破茧成蝶的美丽。"没有人可以随随便便成功"，一个特级教师、一个领衔人的背后，是坚守，是汗水，还有眼泪。李老师的成功，鞭策着我和我的团队在"折腾"中砥砺前行。我根据省工作室的宗旨、理念、工作部署，结合自贡的实际，制定自贡团队的发展规划，围绕省级课题下的子课题开展系列工作。以同样"折腾"的姿态追逐理想的教育，在守正创新中践行"学高为师，身正为范"的信条，推进新课程改革，落实立德树人根本任务，着力培养适应未来发展的"全人"。

（一）为有源头活水来

"问渠那得清如许？为有源头活水来。"为了适应这个飞速发展的时代，我充分利用各种机会和平台充电，储备丰富的知识，尤其是教育教学方面的相关方针政策和前沿理论，为课程和课堂改革提供理论支撑。

作为思政人，应该有坚定的理想信念，高度的政治站位。为此，我认真学习习近平新时代中国特色社会主义思想、习近平总书记在全国思想政治理论课教师座谈会上的重要讲话以及《中共中央　国务院关于深化教育教学改革全面提高义务教育质量的意见》《关于深化新时代学校思想政治理论课改革创新的若干意见》，阅读《从优秀教师到卓越教师》《好老师的五大支柱——一位首席教师的专业成长路径》《教学过程最优化》等书目；每天进入"学习强国"平台，通过一系列学习，及时了解国家在教育方面的大政方针政策，更好地指导自己的教育教学，做有能力、有情怀的教育人。

培训研修活动，拓宽了视野，丰富了知识，增强了自信心。我珍惜每一次培训机会，近距离聆听专家们的讲座，主动向专家们请教在教育教学中遇到的困惑，分享自己的经验。这两年，参加或组织的集中研修学习近30次。在凉山的美姑县、双流的"统编初中道德与法治学科培训者培训活动"中以及宜宾学院行政管理学院、攀枝花第三十六中学、重庆市荣昌初级中学、自贡的五区一县，都留下了我用心学习的足迹。"梦想不灭 脚步不停""明方向，添措施，提效率""培育生命成长的共同体——浅谈文化育班""道德与法治中考备考指导""同心同行同成长"等话题的交流与分享，赢得了许多同行的高度赞誉，产生了较广泛的影响。

（二）相击生灵光

"水本无华，相荡而生涟漪；石本无火，相击而生灵光。"围绕子课题"基于核心素养的初中道德与法治学科教师教学行为改变的策略研究"，通过"教赛研"三维立体指导法实现全员参与、集体抱团成长。

作为自贡团队的领头羊，我不仅仅是规划者，更是组织者、参与者。在各级研讨活动中，带头上示范课、公开课，积极参加各级各类优课比赛、论文评比等。在李敏名师鼎兴工作室启动仪式、自贡市教育扶贫、疫情期间线上教学、"一师一优"课、课堂大比武等活动中，都有我引领示范的身影。

"独行快，众行远。"为了帮助年轻人更快地成长，我尽所能搭建平台。围绕工作室子课题精心组织系列活动，如自贡高新区学科微课比赛、公开课活动、优秀论文和课例评比。和他们一起积极参加省市论文评比、优课竞赛，参与省工作室和自贡市教体局组织的送教送培示范活动。一系列活动，收获的不仅仅是一张张荣誉证书、教育教学能力的提升，更赢得了友谊、尊重和信任，扩大了团队影响力，增强了团队凝聚力，培养了一批眼里有光、心里有爱、理想信念坚定和专业素养较高的思政课教师队伍。

（三）日新之谓盛德

"教育让人善进，既能应对生存，又能超拔精神。"我把思政课堂教学方式的创新改革作为工作室的重要目标，积极关注每位学生的内心和精神生活，真正树立"以人为本、面向全体学生"的育人观，积极追求和建立有温度的课堂。围绕"基于核心素养初中道德与法治学科课堂教学模式的研究"这一重大课题，积极开展教学探索和实践，创新课堂教学，力求通过课堂变革更具活力和生成性。让学生有深刻的学习体验，积极培育学生的核心素养，帮助学生成为一个具有自主性、独立性、创造性的人。每一次课例研修，每一次课堂打磨，每一次网络研修，都指向孩子的成长，关注的都是孩子成长的课堂。结合学科特点，探索适切的有学科特色的"学—展—点—练—评"的课堂教学模式。教学中大胆创新，师生角色反转，让课堂成为师生共同成长的舞台。

突出课程思政，巧用《话说天下》。思政课，承担着"铸魂育人"的使命，要给孩子们的心灵埋下真善美的种子，培养社会主义核心价值观，增强政治认同感，厚植家国情怀，帮助他们树立正确的世界观、人生观和价值观，成为能担当民族复兴大任的建设者和接班人。为此，我和我的团队充分利用学科优势，引导孩子们做到"家事国事天下事，事事关心"，《话说天下》由此应运而生。从2014年开始，6年的坚持，让我看到了无数孩子因《话说天下》，从羞涩到从容，从敢说、能说到善说的转变。如此，一股幸福和成就感填进我心的罅隙，如温水里煮溶的糖块，细枝末节里透出的都是甜蜜。

三、笃行——构筑梦想

回顾所来径，苍苍横翠微。24个月的足迹，可用一串数字来见证。

张贵兰2019-2020年个人教育教学成果表

张贵兰个人成果汇总（2019—2020.11）　　　　（次）																	
论文获奖（次）		论文发表		课题		示范课公开课		讲座			送教		组织或参加各级研修活动				指导青年教师成长
省级	市级	省级	市级	省级	市级	省级	市级	省级	市级	区级	省级	市级	国家级	省级	市级	区级	5人
2次	2次	1	3	1（在研）	1	1	4	1	6	3	2	3	2	10	8	12	

团队活动简报共48期,被自贡市教体局官网采用有20期,接受《教育导报》和四川教育电视台采访共2次。

"越努力,越幸运",两年的"折腾",换来了丰硕而甜美的果实。特别是2020年教师节被评为"四川省教书育人名师",让我感受到为师的荣光,是对我26年教育生涯最好的诠释。感恩这个伟大的时代,遇见一群志同道合的朋友,让我的人生因为遇见变得更有意义。

路也漫漫,遥遥其途,奋斗追梦,未来可期!"十四五"规划蓝图已描绘,作为思政教师,责任重大,使命光荣。余生,我将继续追逐理想的教育梦,让师生彼此的"遇见"成为生命中最美好的记忆!

【专家点评】

做有能力有情怀的教育人,做"铸魂育人"的思政人,充分利用各种机会和平台充电,抱团成长,大胆改革课堂教学,关注学生成长。"越努力,越幸运",张老师的勤奋努力,换来了丰硕而甜美的果实。机遇偏爱有准备的人,成功属于奋斗不息的人,这是本文给我们最大的启示。

破茧才能成蝶

四川省吴逢高名师鼎兴工作室　　王国彬

一个人，如果你不逼自己一把，根本不知道自己有多优秀。一个人，想要优秀，必须要接受挑战；一个人，想要尽快优秀，就要去寻找挑战。

故事一：幸运昆仑此世缘

2018年12月，经过市级推荐省级遴选，我加入四川省吴逢高鼎兴名师工作室。初始谋面，似曾相识，其渊博的学识、过人的涵养皆令人折服；笑眯眯的面容、亲切的言语，感受到了他的人格魅力。

"把复杂的事情简单做，把简单的事情做得有创意"，这是第一次工作室集中研训时领衔人的"经典之言"。一句看似简单的语言，在我心里"震动"。颠覆我过去的很多认知，更新我的很多做法，催生我进行新的思考。

在成员展示课交流环节，吴老师"科学课要注重学生思维的建模，不是简单教做实验"的点拨让我大开眼界，反思自己觉得"得意"的课堂。余下的时间思维碰撞、课堂交流、私下细语，让我知道什么是"幸运昆仑此世缘"。

故事二：学贵得师

2019年7月，我代表德阳市参加四川省实验教学说课（学科融合）活动。吴逢高老师亲临德外小学，在他的指导和帮助下，坚持STEM理念而进行创新设计、反复打磨、试讲，多此修改。三天中，自己也坚持善学好问、虚心求教，勤于思考、创新，在学科融合教育路上理解了"以跨解锁　解思维之锁，以跨拓界　拓学科之界，以跨触底　触底层建构之底，以跨攀高　攀创新创造之高"。

人生最美是相遇，学贵得师，亦贵得友。每次相遇都是一次精神的洗礼，灵魂的升华，思想之花绽放萌芽，前进之路明晰透彻。在每次研修中，认识自我，认清自我，做回自我，探寻本心，教育漫道真如铁，名师引领向前越。

故事三：拨云寻古道

重庆之行：让书籍的厚度成就人生的高度

2019 年 8 月，我与领衔人一路东行，到西南大学"取经"。路上之语、大师之言、言传身教，让我明白了读书的意义。我购买了《科学的历程》《世界观》《学习的升级》《孩子如何学习》《高手父母的教养观》等著作。我边读边在书上做标注、做读书笔记和撰写读后感悟，开阔了眼界视野，丰富了自己的教育思想，温暖了自己的教育情怀，坚定了自己的执着坚守，收获了自己的思想升华。我倘徉于书海，通过一本本书籍的积累，慢慢地成就了人生的高度。

武汉之行：让课堂成为传播幸福的地方

2019 年 11 月。吴老师在全国第五届小学科学特级教师及名师论坛上进行展示课。11 月初他来到我的学校试讲，我与他一起研究、磨课、修改、试讲。吴老师热爱教育，热爱学生，热爱科学教育。我深深被吴老师的这份热情感染和打动，也更全情地投入他的课堂中去"共成长"，慢慢明白课堂是传播幸福的地方。从武汉回来以后，我的课堂开展更加注重趣味性和情境性，学生在课堂上踊跃参与，积极思考，主动交流，收获知识，体验成功，浸润幸福。

雅安之行：走上幸福的教育科研之路

苏霍姆林斯基曾说过："如果你想让教师的劳动能够给他们带来乐趣，使天天上课不至于变成一种单调乏味的义务，那你就应引导每一位教师走上从事研究的这条幸福的道路上来。"2020年五一节，我随吴老师前往雅安，与工作室资深教育科研成员李斌研究本工作室的省级科研课题。他们的理念、思路、做法和对课题的规划，使我醍醐灌顶，带着我走上了幸福的教育科研之路，让我成为他所主持的省课题的课题组主研人员，跟随着他开展相关的研究工作，一步一步地走进教育科研的探索殿堂。

故事四：倚石听流泉

加入吴逢高鼎兴名师工作室，随着各项工作的推进，随着与领衔人和成员的汶川、旺苍、马尔康、康定、德阳、武汉等处之行，于课堂、于理念、于理论、于讲座、于STEM、于科研、于闲谈……领衔人与成员、成员与成员、成员与教师，在碰撞、在交流、在反思、在提升！

工作室为我们提供各种学习机会，开展各种培训和活动等，学习先进的教学理念，先进的教学方法，提高课堂效率。让学生喜欢科学这门学科，课堂上学生学得轻松，乐于参与，培养学生的科学素养。在课堂教学中充分发挥学生的主体作用，采用自主探究、合作交流的学习方式，让学生积极参与到学习中。"一切为了学生"，这种理念回归到教育的本真，以人为本，关注学生的终身发展。今后的教学中，我将不断学习新课程理念，并在新课程理念的指导下开展教学活动，做到课堂的引导者、组织者和参与者。真正把学习的自主权还给学生，引导他们自己去探索，去发现，使他们成为学习的主人。

故事五：吹尽黄沙始到金

因为不坚持，云彩才能展现万般风貌；因为不留恋，树木才有春天的新生；因为不停留，小溪才能涓涓不息。学以致用，助我成长，"小荷才露尖尖角"。

2019年2月，我撰写的《小学科学教学有效性的策略探析》《小学科学教学中如何培养学生的动手操作能力》分别在《教育科学》《教育》杂志上发表。

"基于 STEM 理念的杠杆实验教学新设计"获四川省实验说课二等奖，教学设计在《四川教育》上发表。

"磁铁的两极"的课堂教学实录获国家级一等奖。

指导的青年教师参加德阳市青年教师小学科学赛课荣获一等奖。

专题讲座《一线四步量两体验》在 2019 年德阳市小学科学年会上获得在场教师的点赞；《打造生态课堂　促进学生和谐发展》在马尔康活动中引起老师的共鸣。

2019 年我被评为德阳市学科带头人。

故事六：学至乎没而后止

"知止而后有定，定而后能静，静而后能安，安而后能虑，虑而后能得。"学名师之路，虽感忙碌与辛劳，但每天沐浴着太阳的光芒，呼吸着雨露的清香，在那些活力四射的孩子身上感受着生命的美丽，深感自己是幸福的。亲近一种新的思想，走向一种新的高度。人生需要一种精神，人生需要一种信仰。我愿追寻着名师的足迹，一如既往地攀登，无怨无悔地在教海中泛舟！

【专家点评】

人生需要一种精神，人生需要一种信仰。一个人，想要优秀，必须接受挑战；一个人，想要尽快优秀，就要去寻找挑战。王老师在不断地学习、实践、反思中，开阔了自己的眼界视野，丰富了自己的教育思想，温暖了自己的教育情怀，坚定了自己的执着坚守，收获了自己的思想升华。

我的二次"发育"

四川省教育科学研究院附属实验小学　　李　智

　　我的人生中有许多遇见，遇见工作室是其中最特别的，这段携手同行的经历十分宝贵，教育教学迎来二次生长。

一、提醒，为教学"顽疾"精准"诊疗"

　　2018年11月，我加入四川省李海容名师工作室，成为正式成员，倍感荣幸。

　　其实，在之前就认识李海容校长，周围的人都叫她海容姐。我不好意思这样喊，怕她在心里骂我"大胆"，"李校长"这个称呼就一直叫到现在。

　　李校长的微信名叫"微笑如花"，见了本人，确是如此。与她交流，毫无距离感，有时真的像一位大姐姐，因为她经常"微笑"，在课堂上也如此。

　　而我，恰恰相反，常常板着个脸，性格内向，面浅。

　　"李智，你上课的时候，一定要笑！"

　　"李智，你去杭州上课的时候，一看见学生就要微笑哈！"

　　"李智，你笑起来真好看，严肃的时候不好看哦……"

　　……

　　李校长与我以"微笑"为内容的谈话，不下十次。现在知道为啥一会儿谈"李校长"，一会儿聊微信名了吧！对，这正是导师的厉害之处，精确诊断，"对症下药"，所以，我不敢造次——叫她"海容姐"。

　　特定场合中简单的一个微笑，对于性格内向的老师，特别是男老师来说，真的有点难为情！没人指点，自己对于"微笑"，不屑一顾；没人反复指点，

"微笑"对于自己，那也是匆匆过客。

学会微笑，拉近距离，消除紧张感，释放孩子天性……课堂上，还真有这效果。

从此，我学会了微笑，特别是在课堂上的微笑。

二、打磨，为教学效果铺设通道

记得在成都锦西小学试教"我有一个想法"时，可没少给这所学校添麻烦，当然，李海容校长也搭着遭殃。

第一次到成都的学校试讲，面对不同的学生，出现了许多新的问题。面对新的问题，心里总想着有个完美的回应，但每次回应总是不如意。在这堂课的设计上，有个很大的问题就是学生的思路没打开，用图片的方式引导学生反而束缚了他们的思维。

怎么办呢？同课同构。

第二天，锦西小学的陈明华老师接着上。在李海容校长的指导下，陈老师的演绎让我找到了新的路子。对"打开思路"的这个环节，大家一致决定采用"老师口述"的方式推进。其实从一开始设计这个环节，我就使用了视频、图片等不同方式教学这个环节，但是没有一次效果是理想的。

后来，连续在锦西小学试讲两次，每次都有不一样的收获，每次都出现了不同的问题。李海容校长总结道："每次出现新的问题是好事，这是一个积累的过程，一个研究的过程。"李校长召集团队思考对应之策，反复演练，对于新的问题，究竟哪一种回应最为恰当？

记得当时，我客串了一下各位专家的老师。我演老师，他们扮学生。刘晓军老师、李海容校长和工作室成员当临时演员的那份敬业，应该不比专业的差到哪儿去。那场面，真像拍戏现场。遇到不理想的环节，马上停下来研究，进行第二遍演示。还不理想，第三遍、第四遍、第五遍……直到满意为止。我知道，他们比我还焦急。

这让我联想到《喜剧之王》电影里面周星驰握着的那本书《演员的自我修养》，"教师的自我修养"应该就是这样练就的吧！

这个过程，至少有两点改变了我：一是对话系统的建立。以前的课堂，像在讲"单口相声"；现在的教学，努力践行着"师生对话"。二是要用"无数招"应对学生，而不是用"一招"来应对学生的"无数招"。教学前，对某一环节的设计，考虑一定要全面，应对的招儿至少得达到"三招"以上。如果教学时，学生的回答超出了你的预设，那怎么办？教研员都说要机智应对，但就是做不到啊！

其实，这样的机智是建立在丰富的教学经验和学习经验上的。教学经验不用说，都懂。教师的学习经验可能只有通过阅读来丰富了：教育专著，让我们在教研的道路上不容易走偏；各类杂书，就是丰富我们学习经验的生活因子。简单一句话，教学中的机智应对，不是说脑子反应快就能做到，还得靠积淀做支撑。

从此，我学会了对话，特别是学会了如何在课堂上与学生对话。后来，才有了在杭州"千课万人"上展示"这样想象真有趣"这一课的精彩生成，才有了在国赛场上展示"我有一个想法"这一课的自然流畅，才有了更多去外地讲学的机会。

三、阅读，为教学生命注入生长因子

作为一名小学老师，只会上课，那只会成为一名会上课的好老师。如何能让会上课的好老师走向优秀、迈向卓越呢？答案很简单：阅读＋写作。

进入工作室之前，阅读还是有的，但是，阅读的书籍零碎，杂乱，与教育相关的专著几乎没有。相信这是大多数一线普通老师共同的现象吧。那自己又是如何从不爱读专著到读了很多专著的呢？

很简单，任务驱动。以前不读，没人管你，现在不读，有人催你。名师工作室就有这个功效。

"李校，能推荐一些关于'习作'教学方面的书籍给我吗？"

"你读读王荣生教授的《写作教学教什么》这本书嘛！王教授在这方面研究很深入的。"

马上购买。

读了《写作教学教什么》这本书，我知道了：

"我国写作教学长期以来重'为抒发的写作'而忽略'为交流的写作'，但'为抒发的写作'先天具有不可教性。那种煽情、滥情式的写作指导，好像没啥，实际上这个东西带来了一种后遗症就是情感的虚假。'以读促写'的研究和实践，现在还有一个误区，就是所谓的语言模型的构建。语言模型的构建，是非常复杂的事情。艾德勒讲过，为获得资讯的阅读对语言模型的构建作用是有限的……"

后来，工作室陆续购买了《阅读教学设计的要诀》《月迷津渡》《迦陵论诗丛稿》等书籍供成员阅读。

我想，只是阅读工作室推荐的书还不够。要想做一个研究型的教师，必须得有理论支撑，有了理论高度，才会是一位有教学主张的教师。两年来，所阅读的书籍，既有教育专著，又有诗词，还兼顾杂书。

现将所读过的书罗列如下，以此激励自己：

教育类：《核心素养导向的课堂教学》《致教师》《语文气象》《叶圣陶语文教育论集》《落花水面皆文章》《听王荣生教授评课》《从"教课文"到"教语文"》《语文气象》《杜威教育名篇》《吴中豪与小学语文名师磨课》《何捷老师的游戏作文风暴》《薛发根教育文丛》《温儒敏论语文教育》《教师花传书》《教出阅读力》《让学生学会阅读》《美国学生写作技能训练》《一篇一篇解读编》。

诗词类：《赏词如风》《赏词如月》《人间词话》《唐诗百话》《古诗词课》。

其他：《泥步修行》《行者无疆》《乱读术》《罗素自选文集》《文字之道》《雅舍小品》《梁实秋散文精选》《古典今译》。

这样阅读的效果真的不错，接受多了，就有很多自己的想法。想法如何倾诉？写出来是最好的途径。

两年来，一篇论文在国家核心期刊发表，参与两本教育专著的编撰，写了一些市区级的教育论文，还写了很多教育随笔……

我知道，这样的产出量是不达标的，常常在想：为什么撰写论文的量这么少？窃以为，积淀不够、思路混乱、时间规划不科学等因素都可以作为托词，但最大的一个原因还是主动性不强、自我要求太低。

学会微笑、构建对话、爱上阅读、持续写作，这就是参加工作室以来的二次"发育"。我很期待自己的第三次"发育"。

【专家点评】

犹如医生对病情的准确诊疗，专家对新教师的教学提醒十分重要。课堂上的微笑，可以营造良好的教学氛围，让孩子释放孩子天性；用教师的"无数招"应对学生的"无数招"，构建课堂对话系统。良好的阅读习惯，使我们的教学引入汩汩流淌的源头活水；持续的写作，使我们思想深化，教学的成果不断累积，这些都是使教师从普通迈向卓越的推动力量。这些言说，看似简单，实则深刻。

做一个有实力的人

成都市实验外国语学校　　李燕林

贾樟柯说过："我们在这世上选择什么就成就什么，你是什么你便选择什么？准备塑造自己，也塑造自己，做过的事情，涌出的念头，构成了此时此刻的我们，再走向下一步。"

我是一个在操场上、课堂中能感受到快乐和价值的体育老师。这个职业对我而言是幸福的来源，心理学家米哈里·契克森米哈赖定义"心流"为一种将个体注意力完全投注在某活动上的感觉；心流产生时同时会有高度的兴奋及充实感，而我就是在体育课上能找到心流之感的体育教师。

在过去的很长一段时间里，体育课被认为是放松课、玩耍课。体育教师团队的发展远不如语、数、外这样的科目受重视。有些体育教师也对自己的角色定位不准，慢慢地体育课似乎沦为豆芽科，有部分体育骨干有想法，但迫于大环境也是心有余而力不足。

2019 年一个偶然的机会，我有幸加入四川省何为名师工作室。何为老师作为领衔人，格局大、胸怀广、有思想、做事有行动力。他带领着一群和自己一样对中国体育教学有想法、有付出、有行动的体育教师群体迅速成长、不断前进。

工作室的成员都是热爱体育的一线教师，是一群对四川体育教育有情、有自己想法的体育人。参加这样的队伍，工作有激情，职业规划清晰可见，有团队带领的体育人从不同的地区为着同一个目标——"叩问体育，用体育的力量挺直民族的力量"而聚集在一起，团队的成长引领每一个教师逐渐找到自己的职业定位，让这群体育人奋斗的方向更清晰。

回顾两年来的名师工作室历程，我收获颇多，也成长了许多。看到无论工作如何繁忙，依旧保持每天锻炼 1 小时，奔跑 8 公里的何为老师，在攀枝花培训时也不忘记在市区跑步，让我真切地体味到自律的强大，我也逐渐养成了自律的习惯。生活习惯的高效自律，会让你收获颇丰：烟酒可以戒，饮食逐渐清淡，坚持运动，开始正常作息，告别啤酒肚、告别脂肪肝，获得健康。

体育老师的自律，会让你收获不少：对自己的职业定位有新的思考，工作态度越来越主动，不断学习的主动性加强，学以致用的成就感、教学后的反思能促进教学的再提升，还有很多随手拈来的好文章、好点子。

自律让我学会高效利用时间，碎片时间有空就听听"樊登读书"，用新的学习方式吸取精神营养；有空就读读好文，提升自己的文学素养，将课堂的反思总结沉淀，积累为自己的文章。在这个团队的支持下，我和工作室成员们一起完成了《体育的眼睛》一书，并于 2021 年 12 月正式出版。

除了自律，新媒体时代的到来，终身成长将是每一位21世纪老师的必修课。

美国心理学教授卡罗尔·德韦克认为终身成长需要成长性思维。成长性思维认为人的能力可以努力培养，虽然人的先天才能、资质、性格各有不同，但都可以通过努力和经历来改变。

你既要赚钱谋生，独立自主生活，也要不断充电学习，终身成长是现代这个社会的趋势。吸取有价值的技能，琢磨消化，才能够将得到的间接经验转化为实实在在的自己的本事。

体育教师具有专业性，花一点时间在自己的专业上，日积月累就会成为这个领域的专家。"一万小时定律"是体育教师专业化发展、终身成长的有效路径。

体育老师的终身成长是在生活中慢慢积累起来的，除了通过专业的书籍获取知识，课堂的反思可以让你拥有第一手素材。体育专业技能的更新也因为自媒体时代的到来，通过手机 APP 唾手可得。

找到一个志同道合的团队，无论是平常的日常教学和每学期的集中培训，甚至是新冠病毒肆虐的特殊时期，都可以实现快速成长。

何为老师带领名师工作室的 180 名成员，以体育人的特有的方式为抗疫做出体育人应该有的贡献。疫情期间工作室以居家锻炼为主，以团队学习、同伴互助为表征，以学术交流、教艺切磋、互动提高为宗旨，以青年教师培养为主要目标，组织了数次线上的业务研讨学习。

与此同时，何为名师工作室积极抗"疫"、勤于笔耕，通过微信公众号，上传了许多体育教师自创的居家锻炼的视频和精彩文章。做到按期更新，形式多样，向居家隔离的家长和学生们提供了健身锻炼指南和精神动力。

作为经过疫情洗礼的体育老师，我们应该有这样的信念：你所站立的地方，正是中国学校体育的操场；你怎么样，中国体育便怎么样；你是什么体育老师，中国体育教育便是什么；若你光明，中国体育教育就有希望。

作为名师工作室的一名成员，我的成长离不开团队的支持，正应了那句老话："一个篱笆三个桩，一个好汉三个帮。"

"终身成长，做一个有实力的人"，是名师工作室带给我的启迪。

我热爱这个团队！

【专家点评】

《易经》中说："天行健，君子以自强不息；地势坤，君子以厚德载物。"实力是内在的，魅力是外在的。当你很有实力的时候，即使其貌不扬，但是自然会散发一股有内涵的魅力。作为一个体育教师，李燕林老师不把自己放在豆芽科的位置，准确定位自己的角色。从李燕林老师的成长故事中，我们看到，李老师的实力，来自自律，来自终身成长，更是来自志同道合的团队和一个师傅。更难能可贵的是李老师还从积极心理学的"心流"的角度来探讨成长的感觉，并把内心的幸福与社会的使命，特别是抗疫期间的创新性贡献结合起来，把个人的工作与中国体育的希望结合起来。

与优秀同行

绵阳二中　　张蜀仙

我的指导老师——区教研员张伟老师曾说："学习的敌人是自己的满足。"也许是他发现了我在拿到全国中小学音乐教师基本功大赛一等奖和全国中小学音乐教师优质课一等奖以后所展现的自满苗头，2018年底，他又把我推荐到了四川省中学音乐名教师陈双工作室，希望我在优秀音乐教师荟萃的省级工作室磨磨锐气，继续努力进步。

通过层层筛选，我很荣幸地被工作室领衔人陈双老师录取。

陈双，四川省双流艺体中学副校长，四川省中学音乐名教师（陈双）鼎兴工作室领衔人，成都市双流区音乐名教师工作室导师，四川省特级教师，四川省骨干教师，四川省优秀艺术教育工作者，四川省中小学正高职称，中国教育学会音乐专委会会员，四川省教育学会音乐专委会理事，成都市教育学会音乐专委会副会长。如此多荣耀的头衔，多项课题获省政府、国家教育部奖项，可在他身上看不到一点"官威"。他说起话来总是乐呵呵、笑眯眯的，仿佛就是在家里常见面的父兄长辈。第一次见面大家就认可了这个工作室的一家之长，亲切地尊称他"师父"。我也在这个温暖的大家庭，在师父的教导引领下，开启了愉快的学习成长之旅。

一、向书本学习

师父在第一次集中研训时就教导我们："读书可以滋养教师的底蕴与灵气，促进教师的专业成长。"从工作室学员的自我介绍中我就找到了自己的差距，这差距正好压制了我那刚想萌发的自满苗头。工作室的每位学员都是省内各地推荐上来的优秀教师。他们不仅综合素质好，工作能力强，且对于音乐课堂教学都有自己的见解。而我虽手捧双一等奖，却毫无思想，只能人云亦云，这大概跟我不爱阅读有直接联系吧。我很少有时间静下心来读书，即便读也是在教学中遇到了疑问需要求解，功利地阅读。系统的理论素养非常缺乏，与他们真的还有很大一段距离。于是我积极响应师父号召，也为了丰厚自己的知识底蕴，阅读了大量与教育教学相关的书籍。特别是音乐学科教学方面的书籍，如余文森的《核心素养导向下的课堂教学》《爱弥儿》《窗边的小豆豆》《点击苏霍姆林斯基》《义务教育音乐课程标准》《义务教育音乐课程标准解读》，还有谢嘉幸的《学会聆听》、王晓蓉的《中小学音乐课程标准与教材分析》、章连启的《音乐教育教学经验》、金亚文的《初中音乐新课程教学法》、曹理老师的《音乐学科教学》、吴跃跃的《新版音乐教学论》、郭声建的《琴歌舞笔》等。我还观看大量优秀课例，从课例中学习课堂教学的直接经验。通过阅读学习，我能站在更高的角度审视自己的教学活动，更加关注课堂、关注学生，我常反问自己："这课堂是高效的吗？我跟学生的交流对话是有效的吗？这堂课究竟还存在哪些问题？"反思之后又在课堂上实践，努力使自己的课堂教学上新台阶。

二、向学员学习

所谓"近朱者赤，近墨者黑"，与优秀的人相处，才能更优秀。随着学员之间熟悉程度的不断递进，大家的优点也不断呈现。记得第二次集中研训中，夏栋梁上了一堂见面课《山丹丹开花红艳艳》。他嘹亮的歌声、抑扬顿挫的语调、笑容可掬的表情，瞬间让学生投入他的教学情境中，仿佛就是磨合许久的师生情谊，其实他是借班上课。我也有多次借班上课的经历，师生的关系却始终没有达到这样的效果。后来我还观摩了他执教的《川江船夫号子》《我和你》，都非常有感染力。刘启，一位多才多艺的年轻女教师，不仅音乐专业技能好，课也上得很好。在工作室专项培训活动中，我和她就《这一封书信来得巧》进行了同课异构教学展示。尤其佩服她小小年纪对教学就有深刻准确的认识，在课堂上语言准确流畅、思路清晰；她能说会写，每当师父让我们集思广益讨论问题的时候，我们基本都是采用她的点子；她对现代教育技术手段也捣鼓得很熟练，工作室微课制作、微信推送等都是她在做。工作室像这样优秀的弟弟妹妹还有张馨月、邓晓兰、张艺倩、罗翛、曹佳、罗茹文、伍茂瑜、邓文兵、吴仕均，也有像陈川、曾春燕这样已然是当地学科领头人，但对待工作和学习仍然兢兢业业、孜孜以求的姐姐。与他们相处的这两年，我从他们那里学到很多自己不曾有过的知识。

三、师父引领，积极进取

在工作室最大的收获还是得到师父的指导和熏陶。从他身上我理解了什么是"德艺双馨"，什么是"师者，传道授业解惑也"。每次集中研训，师父都为我们安排好可口的饭菜和安全干净的住处，让我们即使出门在外也能体会到家的温暖；无论多忙，他都会陪着我们一起学习，课后陪着我们一边吃饭一边谈天说地拉家常。有几次师父生病了吃不下饭，只能看我们吃，那乐呵呵的样子像极了老农看到了长势喜人的庄稼油然而生的喜悦表情。还有一次师父刚做完胃镜检查，麻药劲还没过就赶到学习现场，督促我们好好向请来的专家学习。2021年暑假他带着我们去西昌送培，为了给每一位送培教师加油鼓劲，连续5天，上下午各两个半小时的专题讲座他都默默地全程陪同。哪怕是感冒发烧、肠胃痛得脸色煞白，他仍然坚持听完曹佳和吴仕均的专题讲座。

师父就是这样以身作则教导我们做人做事的道理。他曾语重心长地告诉我们：要做学者型教师，要有自己的职业规划。尤其是女老师，在家是妻子、母亲的角色，在学校你就是老师，要促进自身的专业成长，积累自身成长所需的专业知识。因此每次研训活动，师父都安排了扎实的研训内容：耐心地给工作室学员解读最新课标理念，灌输最前沿的教学思想，分享课题研究专题讲座，指导我们做课题研究；先后多次聘请汪桂琼、王真东、徐伟、牛琴、李萍、朱曦等专家到工作室对我们进行专项培训并现场指导；督促学员上见面课、开展同课异构等活动。工作室的学员虽然工作繁忙，但都积极投身到工作室的学习活动中。我也在一次次的学习活动中，在师父的教诲中逐渐成熟起来，先后到资阳、泸州、宜宾、西昌送教送培，践行工作室辐射引领工作；在第二届四川省"唱家乡的歌"微课比赛中获一等奖；2021年还被评为涪城区首届专家教师；在省教科所举行的"初中音乐高品质课堂音乐教学范式"网络培训活动中，我和刘启的同课异构展示课再次受到好评。

加入名师工作室后，我获得了更多与省内名师、同行交流学习的机会，进行了很多理论上的探讨，积极探索新的教学路子，不断完善自我，促进自己专业成长。

【专家点评】

很多人都把学习挂在嘴上，很多人都认为自己在努力学习。这也许是一种自我激励的方式，也可能是一种炫耀的方式，或者是一种自我安慰。作为一个教师，怎么去实实在在地学习，为自己的专业成长开辟一条通达之路，成就自己的精彩专业人生？张蜀老师的"向书本学习；向学员学习；师父引领，积极进取"，不失为一种思路清晰、方法明了的学习。

"傻妞"成长记

德阳市沱江路小学　　彭玲玲

　　2020 年 10 月 12 日—13 日，伴着迷人的秋色，我与家人们在"大美语文的理论与实践研究"课例展示的盛会上相聚。由四川省教师培训项目办公室主办，德阳市教育科学研究院和四川省冯学敏名师工作室承办，德阳市东汽小学和中国教师研修网协办的"大美语文的理论与实践研究"阶段成果推广暨经典课例展示活动在德阳市东汽小学顺利举行。来自四川省冯学敏名师鼎兴工作室全体成员及来自德阳、绵阳、广元、乐山、峨眉、雅安、阿坝、甘孜等地的优秀教师代表 300 余人参加了为期两天的阶段成果推广暨经典课例展示活动。我作为交流十二堂展示课成员之一，再次上了"图书借阅公约"口语交际课。这也是我第一次站在那么大的舞台上上课。从上课前的紧张到课堂上关注学生、环节落实，和学生们一起讨论、进步。一堂课下来，虽然有遗憾，但我成长了！请大家一起来听听我成长的故事吧！

　　瞧！这是我们一家。分别是来自德阳市外国语学校的葛荣弟老师、沱江路小学彭玲玲老师、德阳市外国语小学张巧林老师、德阳东电外国语小学尹玉华老师、什邡市国人小学吴海燕老师和德阳外国语小学舒小莲老师。我们的长相、高矮胖瘦不一样，却都因为热爱小学语文，结缘加入四川省冯学敏名师工作室，成了一家人。葛荣弟老师是我们的大哥，幽默风趣，才华过人，被家人们称为"师父"。舒小莲老师、张巧林老师、尹玉华老师、吴海燕老师都具有秀外慧中的气质！而我，则是一家当中的小妹，我叫彭玲玲，来自德阳市沱江路小学一名普通的小学语文教师，别名"傻大妞"。其实，加入工作室时已身怀六甲。

一、初次见面，期待满满

2019 年 3 月 12—13 日，四川省冯学敏名师工作室全体成员会议暨"大美语文"学术研讨会在德阳外国语小学举行。来自省内 7 个地市（州）的 92 名工作室成员和德阳市直属小学及各县（市、区）的小学语文教师代表近 300 余人参加了此次盛会。盛会历经一天半，分别进行了启动仪式、领导致辞、课例展示、风采展示和学术报告等 5 项议程。13 日早上 9 点，领衔名师冯学敏老师为工作室全体成员做《从优秀到卓越》学术报告。冯老师从理论构建、操作策略两方面对"大美语文"做了翔实解读。引领大家从汉字、汉语、阅读、表达、语文生活五个方面对"大美语文"进行理论挖掘。以"读""写""讲"三大招数对"大美语文"开展实践操作，并对行动指南及责任担当做了重要指示。在风采展示环节活动中，我们这一家子在组长葛荣弟老师的带领下，完成了小品《瞧这一家子》的编排及展示活动。通过展示活动，我们一家人彼此了解更多了，对后期的任务也更清晰了。而那时的我，内心多了一份忐忑与焦虑，工作室成员都是当地小学语文的精英代表，我的加入会不会拉低了大家的水平？我要从哪些方面做才能缩短我与他们的差距？怀揣着一颗焦灼、期盼的心，我走上了四川省冯学敏名师工作室的培训之旅。

二、小组研究，深度开展

2019 年 4 月 2 日，在那个春暖花开的日子里，我们一家人再次齐聚德阳外国语小学，共同研讨如何撰写《大美语文》和《三招教好小学语文》中小组负责的相关篇章。

研讨中，家人们纷纷汇报了自己近期阅读相关书籍的心得体会，并且谈到了自己对所要撰写篇章的理解。葛荣弟老师认真地聆听了家庭成员们的汇报，并且就大家的谈话，真诚地提出了自己的见解。最后，葛老师给家人们提出两点建议：一是成员们每天至少阅读一个小时，大约 1 万字的阅读量。二是每天写好读书笔记，并且每天按时在家庭群内打卡。

　　说实话，原本平时教学工作量已经很多了，加上每天带着重重的"肚皮"，还要挤出一个小时进行阅读，写好读书笔记，感觉有点吃不消。许多次，在肚皮发紧、疼痛的时候，家人都劝我放弃……可是，想到那么多优秀的老师都有难处，但没有一个人退缩，我怎么可以！于是，当每次肚皮发紧时，我就站着看书。看累了，我就请家里人帮我读书，然后自己做笔记，起草文稿。功夫不负有心人，我和吴海燕老师负责的《大美语文》"章法"一栏，经过多次修改后，得到了组长葛荣弟老师的肯定，在 2019 年 9 月定了稿。这期间我和搭档吴海燕老师共同完成了近 10 万字的读书笔记。

　　从起草《大美语文》中的"章法"一节，到立足儿童本位，谈部编版教材中的章法表现形式，我经历了一次又一次的蜕变。

　　原本以为经验交流只需要把"研究"所得结合部编版教材论述一番即可，可哪里知道真正的学术绝不是照本宣科，而应该是落地扎根的朴实无华。

　　2019 年 12 月 27 日，我们齐聚一堂，聚焦课例研讨，再次开启寻美活动。活动中，家人们聚焦课例教案设计拉开序幕，为呈现一堂"大美语文"课，每位成员建言献策。葛荣弟老师还言真意切地分享了他多年的教学心得、课堂技巧等。东电外国语学校尹玉华老师说道："听了师父的建议，前进的灯光更亮了。"活动最后，葛荣弟老师还从三个方面对后期工作进行了详细安排：一是每位学员利用假期，再次修改课例教案，细化上课流程，下学期初小组成员将在德阳市部分学校开展上课、磨课活动；二是连续半个月，每人查阅与课题有关的理论知识，每天在小组微信群进行分享，利用假期完成课题理论知识的架构，调查研究，分小组讨论整理，于 2020 年 4 月形成课题研究定稿。

　　6 月 4 日上午，家人们再次聚首德阳外国语学校，开展为期半天的口语交际课例研讨活动。这一次，我把前期准备的一堂题为"图书借阅公约"的课例课上了一遍，家人们参与了听课及评课活动。葛荣弟老师在研讨中指出：教师必须具有高度的目标意识，在教学设计中，每一个环节都应明确设计意图，有意识地给学生搭建语言支架，这是教师引导学生习得语言的重要途径。以本堂课为例，在第一个环节中，学生在真实的情境中发现图书借阅过程中出现的问题，教师提供"我发现"的语言支架，让学生练说。但学生的发现是零散的，这就需要教师在课堂小结时将之梳理归类，为后一步教学做铺垫。口语交际课的教学目标应指向学生的语言能力的提升。就本堂课而言，可聚焦一个图书借阅问题，借助"我发现……我打算这样解决……"的语言支架，让学生充分开口表达。教师顺势提出编儿歌帮助记忆的方法，学生思考并交流后，教师精心指导押韵。待学生习得后，放手让他们继续创编儿歌。如此有"收"有"放"，让课堂层次分明，学生只有在这样的师生交流、生生交流中，能力才能真正得到提升。

6月19日上午，我与家人们聚首国小，与国小全体语文教师一起开展了为期半天的"大美语文"课例研讨活动。课堂上，根据之前课例的修改建议，我让孩子们近距离观察图书角，以发现图书借阅过程中存在的问题。借用"我发现……"的语言支架，鼓励学生主动表达，收集梳理图书借阅前、借阅中、借阅后的问题。在讨论解决办法的环节，引导学生聚焦借书拥挤现象，再次给学生搭建语言支架"我发现……我认为……"训练学生表达能力的同时，设计创编儿歌的环节，体现了语文要素，将公约化为学生自己创编的儿歌，更便于知行合一。紧接着的课例研讨会，与会老师纷纷发言，气氛热烈。老师们围绕本堂口语交际课各抒己见。葛荣弟老师强调了大美语文的内涵：大美语文之美，美在语言，美在形式，美在情感，更美在生命气息的流淌。教师必须尊重并关注学生，立足学情，调动课堂现场教学资源，调整自己的教学，联系生活实际，以激励和唤醒学生，让语文课真正成为关注学生生命成长的课堂。各学段教师应该遵循教材序列特点，准确把握该学段目标，循序渐进地实施教学，夯实学生基础，不断激发学生的语文兴趣，以提高学生的语言能力。然而，教育是一场修行，教师只有坚守初心，通过不断地学习，反复地实践与反思，方能到达大美之境。这一堂课，我上起来很费劲，因为整堂课中，我关注学生太少了，一遍又一遍地关心自己的课堂设计是否完善，学生回答的是否是我要的答案。葛老师的建议，则让我拨开云雾见月明。

三、成长喜悦，明确目标

很庆幸能加入四川省冯学敏名师工作室，很幸运遇见了我的家人。如果没有葛老师带领我们一起学习，如果没有家人们一路陪伴，没有一次次的磨课，提出修改的意见，我永远也不会发现自己在设计一堂课时存在的偏差，更不知道自己的方向。我想，在今后的教育教学中，一是我将继续保持积极的心态，不断修行，大量阅读，认真做好读书笔记；二是课堂设计，了解学情，教学中，关注学生；三是做好每一堂课的反思；四是做一个会讲故事的语文老师；五是做一个能写文章的语文老师；六是潜心教学研究，用成长性思维自我鞭策，知行合一，从优秀一步步走向卓越。让自己会讲故事，让自己能写文章，让自己懂学生，让自己更可爱，这些都是我的追求。也许，做到这些，我依然还不够优秀，但是，我一直在成为优秀语文老师的道路上前进！

【专家点评】

彭玲玲老师以在工作室中一堂展示课的磨课研课故事，展示了她的成长过程。从初次见面的忐忑与焦虑，到小组研究，深度开展；从克服种种困难研究章法到聚焦课例；最后实践研讨，深度磨课，在名师工作室成员和300余名优秀教师代表面前展示课堂。在团队中成长，在实践中成长，知行合一，从优秀一步步走向卓越，成为一个能写文章的语文老师，成为一个潜心教学研究、一个用成长性思维自我鞭策的教师。

逐乐前行，与自己再相遇

四川省寇忠泉名师鼎兴工作室　　李新炽

有人说：人到中年，职场半坡，别折腾！偏偏，我就是这个"折腾"的人。

1991 年，我从绵阳师专音乐系毕业，分配到中国第二重型机械集团公司子弟一校担任音乐教师。工作近 30 年来，辗转于小学、中学、特殊教育学校，除承担学校音乐教学任务外，还担任学校少先队大队辅导员、德育主任和副校长，后又担任了德阳市教育局学生科副科长、德阳市教育局妇委会主任、德阳市教育资助中心主任。无论工作岗位怎样改变，我热爱教育事业，珍视"教师"这个称呼，不曾停止过奋斗。

2015 年，国务院出台了《关于全面加强和改进新时代学校美育工作的意见》。我意识到：美育的春天到了！2018 年 10 月，我辞去了行政职务，调至德阳市教科院担任小学音乐教研员。无关名利，只想踏踏实实做点事，为促进音乐教师专业成长、推动德阳市小学音乐学科发展做点事。想法很美好，付诸实施时却不易！当前全国中小学音乐教育发展方向、我市小学音乐教研工作现状、音乐教师成长路径、教研工作模式……如何破局？新岗位必须有新的工作方法和思维模式。

很幸运，我遇上了四川省小学音乐寇忠泉名师工作室。

一、名师指路，笃定方向

寇老师比我年长几岁，和我有相似的工作经历和成长心路，但寇老师对美育的独特思考和教学研究能力是我需要学习的。在师父的带领下，2019 年

5月，我参加了人民音乐出版社在江苏苏州主办的全国音乐教材培训及经验交流大会，观摩了来自9个省份的中小学戏曲主题展示课。同年10月，我与工作室部分成员教师赴上海参加了第二届中国音乐教育大会，聆听了专家学者、一线教师的交流研讨。两次大会，引发了我的深度思考，对音乐教育发展现状与未来发展趋势更加清晰，对新时代语境下音乐课程的改革发展方向有了进一步了解。

为了帮我厘清工作思路，师傅将他编著的《在音符中徜徉的美育》《情趣交响》《美育：价值与路径》三本书赠送给我。细细品读，《研究，寻找有效的教学模式》《教研，从点上开始》《成都电子科技大学实验中学附属小学"1+X"美育特色课程的建构与实践》等为我提供了新的视角，给人以启发；在与工作室的柳良、杨晓、魏平、孟辉、徐伟等专家团队的培训交流中，我学会了使用工具，用理论去支撑自己的教学研究。

二、循道而行，扎根课堂

作为教研员，听课评课是常规工作。看似普通，但对教师课堂教学的规范和改革、教师的专业化发展有着重要的影响。工作室每次的集体教研活动，寇老师都是以课为例，从方法论的角度，将自己研究的《小学民歌教学策略和方法》——"四景三趣"教学法与"作品的六点解读法"予以分享，让学员教师带着问题思考，用理论剖析音乐课堂。这些研究成果是寇老师教学智慧的结晶，对帮助一线教师把握音乐本体、进行教学设计有不可估量的作用。同时，对我的听课、评课能力也有极大提高。受此启发，我在组织开展德阳市小学音乐学科教研活动时，借鉴了工作室开展教研活动的理念和方式，将"小学民歌教学策略"在德阳片区学员所在学校和市直属小学进行实践运用。带领音乐老师深入课堂、研究课堂，通过上课、听课、评课、讲座等途径进行专题教研，让老师们学习、实践、反思、再学习。老师们的研究课经集体磨课后，再面向全市小学音乐骨干老师进行展示、交流。同时，举行全市中小学音乐骨干教师教学能力提升培训，邀请寇请老师现场指导，将"小学民歌教学策略"进行推广，提升了德阳市音乐教师的教学水平和课堂实效。

三、课题研究，拔节生长

教学研究是教师成长的必经之路。但是，这条路让很多音乐老师望而怯步、可望而不可即。10 年前，我曾主研过两个市级科研课题，也经历过迷茫、无措的时光，了解老师们的想法。一番思考后，我决定和老师们先从日常工作入手，结合四川省教科院"唱家乡的歌"音乐唱歌微课比赛和工作室的省级课题"基于文化传承的小学民歌教学方法研究——以四川地区为例"，积极参与研究。2019 年，我邀请市文化馆专干讲解德阳非物质文化传承项目，带学员们到绵竹市九顶山去采风，到德阳市地方志办公室查看德阳市民歌民谣的音像资料，购买《德阳民歌集》和《中国民间文学集成德阳市资料卷》，让老师们了解德阳地方音乐、收集音乐素材；开展了"小课题大研究"的专题培训，查阅专家的学术著作，让老师们明白课题研究的重要性、学习课题研究必要的方法和理论指导。在确定好研究主题后，我带领学员老师申报了市级科研课题"德阳市地方音乐资源的开发与利用"和省级子课题"德阳市小学'唱家乡的歌'微课资源库建设"。两个课题均已立项，教师们课题研究的探索之旅已开启。

四、文化认同，互助共进

"人在一起叫聚会，心在一起叫团队。"在工作室"培育有学养的三明教师"目标指向下，在严谨、务实、求真的学术氛围中，德阳片区的 5 名学员老师教学能力得到了提高，我和团队成员共成长。大家对作品解读的深度和教学设计的效度得到了提升，开始在全国、省、市各级各类比赛和展评活动中崭露头角。如学员老师陈栎，获得四川省第十一届中小学音乐优质课展评活动小学组一等奖、"万叶杯"全国网络音乐微课教学课例展示活动小学组优秀奖；学员老师宋婷婷，获得四川省首届"唱家乡的歌"音乐唱歌微课一等奖、德阳市 2020 年延迟开学期间小学音乐微课展评活动一等奖；学员老师刘宇彤，获得四川省第二届"唱家乡的歌"音乐唱歌微课一等奖、德阳市第九届小学音乐教师基本功比赛一等奖；学员老师张晨萱，获得德阳市小学音乐优质课竞赛二等奖；学员老师陈勇，获得德阳市 2020 年延迟开学期间小学音乐微课展评活动一等奖、旌阳区中小学音乐优质课竞赛二等奖、旌阳区中小学音乐教师基本功比赛二等奖。我本人也获得四川省第十一届中小学音乐优质课展评活动、四川省首届"唱家乡的歌"音乐唱歌微课、四川省第二届"唱家乡的歌"音乐唱歌微课指导教师证书。

折腾，是对梦想的尊重。不管何时，若你愿意扬帆起航，路就在前方！

【专家点评】

从一个普通教师，到学校的行政领导，再到教育局工作，后来又辞去行政职务，专心于音乐教研工作，这一"逐乐前行"历程之中，必然有很多的思考和丰富的情感体验。诚如李老师所言："我热爱教育事业，珍视'教师'这个称呼，不曾停止过奋斗。"在重新回到音乐教学教研的岗位上，加入四川省寇忠泉名师鼎兴工作室，虚心学习；循道而行，扎根课堂；课题研究，拔节生长。李老师这种折腾，是对梦想的尊重，是与最好的自己再相遇。

一步一脚印，一日一成长

广元市利州中等专业学校　　李小蔓

2019 年 11 月，我收到欧光琳老师的短信，邀请我加入四川省欧光琳名师工作室。正是这条短信，开启了我人生发展的新阶段，为正处在工作低谷期的我打开了一扇新大门。

一、机会源自准备

2018 年底，省名师工作室成立时，我曾申请加入欧光琳名师工作室，但是没有收到回复，原本以为此事就此结束，我也收起遗憾继续前行。2019 年初，我主持研究的课题申请结题，整个上半年都围绕着结题工作打转，撰写了 1 万字的结题报告，七八万字的活动实践、心得体会、论文等。课题成果获广元市优秀成果奖，论文获四川省职成教育学会二等奖。成立学校暖阳朋辈心理社团……收获丰厚的上半年，让下半年的我不知如何继续前行。对于中职学校的一名普通青年教师而言，这种实打实的成果是值得炫耀很久的资本，掌声和赞美一度让我迷茫，可是心底一直有个声音："这并不算什么，你还可以更好。"正值迷茫之际，我收到欧老师的邀请，我十分欣喜，这不正是我想要的成长"新纪元"吗？加入工作室，欧老师让我负责微信公众号的运营和推广。我早在 2018 年 10 月就申请了个人的微信公众号，这似乎就印证了那句话："机会总是留给有准备的人。"没有白做的事，没有白费的努力。

二、新征程大展身手

加入工作室后，我接到的第一个任务是写工作室课题的研究综述。虽然自己独立完成过一个市级重点课题，但是整个过程比较粗糙，对研究综述的写作格式、内容等都不太熟悉。"世上无难事，只要肯钻研"，在接到任务后，我从以下几个方面着手工作：首先，我认真学习了刘向东老师撰写的课题开题报告的提纲；其次，在工作群与老师们积极交流，领悟本课题研究的目的和内容；再次，我在"知网"搜索课题"关键词"，学习记录相关研究内容；最后，整合笔记，撰写研究研究综述。整个过程十分耗费脑力，但对我的帮助很大，让我学会了如何写研究综述。2019年12月11日，是我作为新成员第一次参加工作室的线上会议。此次会议的目的是界定课题研究的关键词，明确研究目的和任务，厘清研究思路和方向。老师们分别对相关内容进行了阐述，并提出目前存在的一些问题。最后欧老师对老师们负责撰写的部分提出改进建议。此次会议对我而言，收获也是很大，它让我明白团队的重要性，同时也帮我厘清写作的思路。会后，我根据老师们的建议修改和完善了课题研究综述，最后完成了一篇质量较高的研究综述。12月28日，我迎来了第一次工作室线下会议，结识了10余位来自不同市、县的优秀教师。此次会议是工作室课题开题辩论会，欧老师邀请了四川省教科所刘怀明教授等为课题研究提供指导。这次会议使我学到了更多课题研究的"干货"，也为我后期独立完成省级课题申报书奠定了基础。

三、疫情下的成长契机

2020年的新冠肺炎疫情虽然给工作带来诸多不便，然而"凡事皆有两面"。受疫情影响，学生无法正常返校，教育部号召"停课不停学"，各地响应号召，纷纷开启线上教学。省名师工作室为老师们提供渠道，给工作室成员布置了录制微课、撰写论文等作业，让我这个在疫情中"无所事事"的"懒人"有了方向。第一，我结合实际，搜集了许多与疫情相关的感人故事，加以组织做成PPT，录制了4个微课，提高了自身的编辑水平。第二，结合学校要求，进行心理防疫的网络直播课。在上课的过程中，我尝试发挥团队的作用。此次线上课从选题、编辑文稿到上课，我都采取了分工协作的方法，既减轻了自己的负担，也给其他老师提供了机会，取得了较好的效果。第三，整合各种资源，撰写论文《疫情下中职心理健康工作线上线下结合模式探索》，获广元市论文比赛三等奖。第四，整合疫情期间心理辅导问题，编写了《抗疫复学后学生心理健康指南（中职版）》，并在师生中推广。疫情期间，我也通过微信公众号推送心理防护知识，希望能够帮助一些受疫情困扰的人。我想，如果没有名师工作室这样一个平台的鞭策，我也不会去做这些事情。

四、返校后的生机

漫长的居家生活结束后，我重返校园。为避免人员聚集，心理教育活动以"线上"形式为主。首先，我运用腾讯会议开展了6次全校性的线上心理讲座；其次，组织心理教师团队进班开展心理教育活动20余次；最后，借助"微信公众号""腾讯会议""智慧校园平台"，如期举办了第三届"5·25"心理健康周活动。在这次活动中，我带领学校心理社团拍摄、剪辑微电影，录制开幕仪式，举办线上"心理剧"比赛等活动，大大丰富了师生的课余生活，在一定程度上缓解了大家的紧张情绪。我秉持"将活动成果化"的理念，每次活动后我都会及时写简报，反思总结，这一过程极大地提高了我的写作水平。

人总是要向前看，过去的成绩只属于过去。"5.25"心理健康节活动后，我参加了工作室安排的"首批省级名师、名校长工作室领衔人2019年度在线培训"，认真学习了优秀名师、名校长的成长故事和成果经验，在他们身上我看到深厚的教育情怀和对教育事业的热爱。在感动于他们的教育情怀之余，也激发了我对教研工作的兴趣。培训结束后，我整理了工作室的"中职学校德育工作现状问卷调查"的数据，撰写了论文《广元市中职学校德育工作现状调查分析报告》，荣获四川省职成教育学会二等奖。此外，我还积极参与工作室安排的教材编写任务，文章《掌舵你的人生》获得主编的肯定，并就写作经验与其他作者进行了交流。与此同时，我加入学校心理团队参加四川省中等职业院校教师教学技能比赛，获得广元市二等奖、四川省三等奖的成绩。在活动中，我充分感受到团队的重要性。

2020年上半年，我获得了许多成绩。开学前，我一直很焦虑，不知道新学期要如何开展工作。好在工作室及时提出了工作要求：录制心理微班会、开展子课题研究、总结每月活动上传简报、养成阅读和写读书笔记的习惯……开学后，面临心理社团老成员毕业、新成员经验不足、工作态度不端正的问题。我及时引进学生自主管理会老干部负责社团整体管理工作，引进2020级新生。借鉴学生会自主管理模式，将管理权下放。从开学以来，由我统筹指挥、学生自主开展的方式共进行心理健康教育活动10余次，录制心理"微课"4个，上传简报、微信公众号文章10余篇。在活动中我不断总结经验，将活动成果理论化，已独立完成省级课题申报工作。10月底，我参加了工作室组织的九寨沟送教活动。课前我认真准备教学内容，根据学生特点及时调整教学设计，最后取得不错的效果。在九寨沟送教活动中，我遇见了许多优秀的职教工作者，从他们身上，我学到了许多教育教学经验。在这次活动中，我感受到来自工作室老师们的关爱和帮助，增强了我的归属感。

五、路漫漫其修远兮，吾将上下而求索

加入欧光琳老师领衔的名师工作室已接近一年，获得了一些成果，但是我自觉做得还不够好，有时也会心生怠慢，没有及时落实工作室的安排。今后，我还要不断学习先进的教育教研理念，积极完成工作室的任务安排，戒骄戒躁，克服拖延、懒惰的习惯，更好、更快地完成工作室安排的工作，提高自身修养，成为一名优秀的职教工作者。

【专家点评】

机会总是给有准备的人。李小蔓老师就是那个随时在准备着的人，所以李小蔓老师在专心做着自己的课题和微信公众号的时候，机会降落到她的头上。在这个故事中，我们看到李小蔓老师在工作室活动中，无论研究还是工作，无论线上还是线下，总是投入极大的热情，一步一脚印，一日一成长，取得了丰硕的成果。